中国隧道及地下工程修建关键技术研究书系

海底隧道工程耐久性技术

Durability of Subsea Tunnels

赵铁军　姜福香　编著

人民交通出版社

内 容 提 要

本书在分析海底隧道工程耐久性影响因素的基础上，系统介绍了不同结构形式的海底隧道工程初期支护、二次衬砌结构、防排水系统等的耐久性问题，以及耐久性防护、监测和保障措施。全书共八章。

本书可作为隧道工程设计、施工、相关管理及科研人员的参考用书，也可作为土木工程专业高年级本科生或研究生的学习参考书。

图书在版编目(CIP)数据

海底隧道工程耐久性技术/赵铁军，姜福香编著．—北京：人民交通出版社，2010.8

ISBN 978－7－114－08658－8

Ⅰ.①海… Ⅱ.①赵… ②姜… Ⅲ.①水下隧道—隧道工程—施工技术—研究 Ⅳ.①U459.5

中国版本图书馆 CIP 数据核字(2010)第 173093 号

书　　名：海底隧道工程耐久性技术
著 作 者：赵铁军　姜福香
责任编辑：王　霞(wx@ccpress.com.cn)
出版发行：人民交通出版社
地　　址：(100011)北京市朝阳区安定门外外馆斜街 3 号
网　　址：http://www.ccpress.com.cn
销售电话：(010)59757969，59757973
总 经 销：人民交通出版社发行部
经　　销：各地新华书店
印　　刷：北京盛通印刷股份有限公司
开　　本：787×960　1/16
印　　张：12.75
插　　页：1
字　　数：220千
版　　次：2010 年 9 月　第 1 版
印　　次：2010 年 9 月　第 1 次印刷
书　　号：ISBN 978－7－114－08658－8
定　　价：35.00 元

前言

海底隧道有许多独特的优点，故被公认为跨海峡交通的首选方式。自20世纪30年代起，世界发达国家就不断修建海底隧道。我国海底隧道建设起步较晚，但发展势头很好。随着世界经济的发展和全球交通运输需要的增加，海底隧道必将在世界范围内迎来更大规模的建设高潮。然而，从20世纪70年代起，发达国家的诸多基础设施工程过早破坏问题开始显现，并逐渐引起了国内外相关专家和学者的高度关注。海底隧道工程处在非常严酷的环境中，可以预见，如果不高度重视工程的耐久性，不建立可靠的耐久性保障体系，后果不堪设想。但迄今为止，世界范围内尚无系统阐述有关海底隧道工程耐久性的书籍。

本书是在国家“973”项目“环境友好现代混凝土的基础研究（2009CB623203）”、国家自然科学基金重点项目“海底隧道工程劣化机理与防护技术研究（50739001）”、教育部博士点基金“复合因素作用下海底隧道衬砌混凝土劣化机理与寿命预测研究（20070429001）”和青岛国信实业有限公司（隧道投资方）研究课题“青岛胶州湾隧道混凝土材料与结构耐久性研究及开发（20063702001811）”等的共同资助下研究编撰完成的。全书共分八章：

第一章阐述了海底隧道在当前跨海峡交通中的地位和作用，对海底隧道的建设现状和发展前景进行综合分析；针对海底隧道的工程和环境特点，阐明海底隧道耐久性研究的重要意义；并对全书的内容进行了简要介绍。

第二章分别从环境、设计、施工、养护管理及其他偶然因素等方面，分析了可能对海底隧道耐久性造成影响的诸多因素；结合胶州湾海底隧道的服役环境，简要分析了导致隧道耐久性劣化的潜在危险因素。

第三章结合海底隧道的服役环境特点，分析了支护结构对混凝土原材料的要求；从耐久性角度介绍了锚喷支护和管片（管段）支护结构的原材料选择、配合比设计以及施工质量保证措施。

第四章从耐久性角度介绍了二次衬砌混凝土的原材料选择、配合比设计、结构设计参数确定和施工质量保证措施，并讨论了海底隧道二次衬砌混凝土结构的劣化机理及寿命预测理论方法；结合胶州湾海底隧道二次衬砌混凝土结构，进行了系统的分析与计算。

第五章分析了海底隧道防排水系统的重要性及其影响因素；针对钻爆、沉管和盾构施工隧道的特点，从混凝土结构的自防水和外防水技术两个方面分析了海底隧道防排水系统耐久性提升措施及防排水系统设计的原则。

第六章针对海底隧道工程服役期的环境特点，分析了渗透型涂料、成膜型涂料及饰面材料对海底隧道工程耐久性的防护效果；结合青岛胶州湾海底隧道，提出了表面防护处理方案的设计原则。

第七章介绍了结构耐久性监测技术和胶州湾海底隧道工程监测方案。

第八章初步探讨了海底隧道工程运营期的耐久性保障措施。

在本书的编撰过程中，博士研究生万小梅、曹卫群、张鹏、胡春红及硕士研究生王鹏刚等做了大量工作，F. H. Wittmann 院士、张新华教授提供了许多宝贵意见，在此表示衷心的感谢。同时，对国家科技部、自然科学基金委、教育部及青岛国信实业有限公司等的大力支持表示感谢。

由于作者的水平有限，书中难免有疏漏和不足之处，敬请同行和广大读者批评指正。

作者

2010 年 3 月于青岛

海底隧道工程耐久性技术

目录

DURABILITY OF SUBSEA TUNNELS

Contents

第1章 绪 论

海底隧道能使海峡间交通运输更加便捷,故被公认为跨海峡交通的首选方式。迄今为止,世界范围内已建成的海底隧道超过百座。还有一些大规模的海底隧道工程正在规划拟建中。当前,发达国家的诸多基础设施工程(包括海底隧道)已暴露出过早破坏的问题,工程结构服役寿命的过早衰减和失效已逐渐成为世界性的难题。海底隧道工程服役环境非常恶劣,如何保证海底隧道的百年服役寿命,应引起工程建设各方面的高度重视。

1.1 海底隧道的地位和作用

跨越海峡的方式主要有三种:轮渡、跨海大桥和海底隧道。轮渡受气象条件的影响较大,并且不能直接连通,交通运输量小,等候时间长,致使人员物资转运十分麻烦。跨越海峡的方式越来越多地在修建海底隧道与跨海大桥之间做出选择。选择桥梁还是隧道,主要应依据航运、水文地质及工程地质、生态环境以及工程成本等具体建设条件,经过全面的比较、论证而定[1-5]。修建桥梁往往受跨度、水深的影响,且建成运营后还要受气象条件的影响。修建隧道最大的优点是直达、快捷、通过量大,无需中途装卸;在运营后既很少受台风、浓雾等气象条件的影响,具有稳定的运行能力,又不干扰海面通航;同时还具有较强的抗震能力,而且有利于战备安全,维修费用低,还可以做到一隧多用,长期效益显著。

海底隧道是在海底建造的连接海峡两岸,供人员及车辆通行的海工建筑物。一般来说,海底隧道分为海域段、陆域段和引道三部分。其中海域段是主要部分,两端与陆域段连接,再经过引道与地面线路接通。所以,海底隧道是陆地交通的组成部分,是“生命线”工程,对改变海峡间的运输性质有巨大的作用。

随着我国国民经济和交通运输事业的发展,建立四通八达的现代交通网络,对于进一步发展国民经济,促进文化交流,具有非常重要的意义。同时,随着世界经济的发展和交通运输的需要,从先进国家的国内交通运输网络发展到组成各洲际、各国间的主要联络线,必然存在跨越海峡的问题,海底隧道建设因此会受到越来越多的重视。

1.2 国内外海底隧道建设现状及发展前景

世界上最早的水下隧道是1825～1843年间施工的英国泰晤士河底隧道。后来，水下隧道“伸向”海底，长度也越挖越长。海底隧道以其诸多的优点，已被公认是跨海峡交通的首选方式[6-8]，兴建跨海隧道是世界各国海底交通发展的一种必然趋势，其建设量日益增加。有些国家为了满足海轮进内河和战备的需要，甚至在法律上明文规定跨海不准修建桥梁而只能建隧道。

1.2.1 国外海底隧道建设现状及前景

世界发达国家自20世纪30年代起就开始修建海底隧道。迄今有海底隧道的国家主要包括日本、英国、法国、美国、挪威、澳大利亚、丹麦、冰岛等[5,8-10]。据不完全统计，国外近百年来已建成的跨海和海峡交通隧道超过百座。

日本是较早修建海底隧道的国家。20世纪40年代，日本在关门海峡用盾构法修建了世界上最早的海峡隧道，全长19.3km。之后又在关门海峡修建了两条海底隧道。1988年日本在津轻海峡建成了迄今为止世界上最长的海峡隧道——青函海底隧道。青函海底隧道是一条单洞双线铁路隧道(主隧道直径11m，高9m)，它实现了本州与北海道之间的铁路运输(图1-1，图1-2)。隧道全长为53.85km，其中海底部分23.3km，最大水深为140m，海底埋深为100m，其余为陆地部分。采用矿山法施工。青函海底隧道1964年开挖斜坑道，经过24年的施工，于1988年3月13日正式投入运营。工程总造价100亿美元。此外，于1997年12月通车的日本东京湾越湾公路隧道，全长15.1km，海底部分9.1km，历时8年修建，被称为20世纪日本的最后一项“超级工程”。

图1-1 青函海底隧道地理位置

图 1-2　青函海底隧道内景图

挪威有较长的海岸线及大量的海湾与岛屿。挪威自 1983 年第一条海底公路隧道(Vardø 隧道)通车以来，又先后建造了 24 条海底公路隧道，总长度达 100km。其中，2000 年建成通车的莱尔多(Laerdal)隧道，全长 24.5km，是世界上最长的公路隧道。

丹麦的斯多贝尔特大海峡隧道工程自 20 世纪 50 年代开始酝酿，1988 年动工，1997 年竣工，隧道长 7.9km，最大水深为 53m，海底最小埋深为 15m。隧道包括两条内径为 7.7m 的主隧道，主隧道采用盾构法施工，圆形衬砌均由单层预制钢筋混凝土管片拼装而成。该隧道把丹麦和欧洲本土连接起来，从而使整个欧洲几乎都能陆路相通。大海峡隧道以盾构直径大，所处地层腐蚀性强著称，它与英法海峡隧道、东京湾海底隧道并称为“世界三大水下盾构隧道”。

英法海峡隧道工程横穿英吉利海峡，连接英国和法国，又称为“欧洲隧道”(图 1-3，图 1-4)。它由三条平行隧道组成，中间一条直径 4.8m 的服务隧道，供管理、维修等使用；两条直径 7.8m 的铁路隧道分别位于两侧。另外每隔 375m 设一条联络横通道，联通运行隧道和服务隧道。隧道全长 50.5km，其中 37.2km 在海底，12.8km在两端的陆地下面，最大水深为 60m，海底最小埋深为 21m，总造价达100 亿英镑(合 150 亿美元)，该隧道 1987 年开始动工，1994 年 5 月正式对外运营。英法海底隧道由英法两国用盾构法和硬岩掘进机法(TBM)建成，是欧洲最长、世界第二长的海底铁路隧道，也是世界上最长的水下隧道。

拟建中的海底隧道如日韩海底隧道(也称对马海底隧道)从日本壹岐海峡，经东对马海峡，最后到西对马海峡(图 1-5)，全长 250km，将在海底 80～300m 深处通过，预计造价为 200 亿美元。其长度为青函海底隧道(53.85km)和英法海底隧道(50.54km)的 4 倍之多，建成后将成为世界上最长的海底隧道。日韩海底隧道通过对马海峡将日本、韩国，进而和我国内地、俄罗斯连接在一起，是东海与日本海之间的交通要道。该隧道将由日本和韩国联合建造，经过十几年的勘察及方案设计，现已进入地质调查阶段。

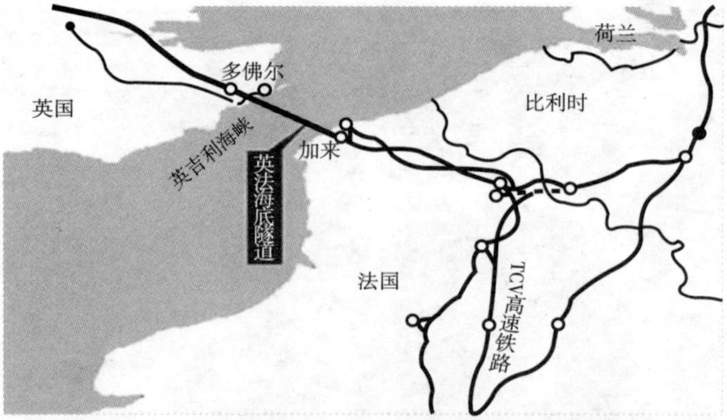

图 1-3　英法海底隧道地理位置

图 1-4　英法海底隧道内景图

图 1-5　日韩海底隧道位置图

规划中的白令海峡隧道是一条贯通俄罗斯和美国的海底隧道(图 1-6),将俄罗斯西伯利亚和美国阿拉斯加连接起来。该隧道全长约 103km,耗资将高达 120 亿美元。

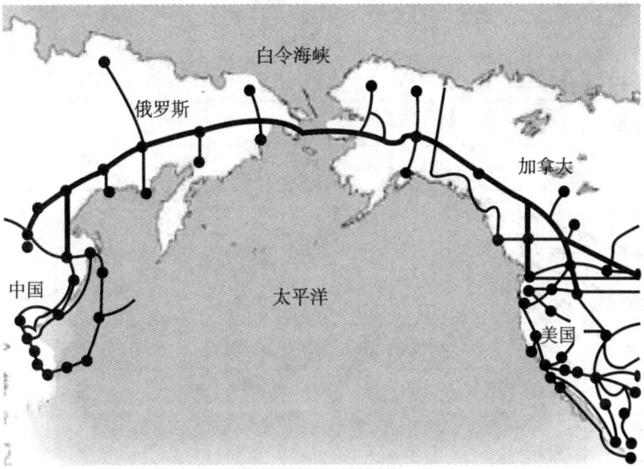

图 1-6 白令海隧道位置图

直布罗陀海峡隧道全长为 39km,其中 28km 位于海底以下 300m 深处,起点和终点分别位于西班牙的蓬塔帕洛马和摩洛哥北部的马拉巴塔角,为铁路隧道。

其他如印度尼西亚爪哇岛与苏门答腊岛之间的巽他海峡隧道,日本和俄罗斯之间的宗谷海峡、间宫海峡通道,马六甲海峡隧道,挪威斯塔万格(Stavanger)峡湾隧道以及连接意大利本土的墨西拿海峡隧道等也均在规划、酝酿之中。

国外已建成和拟建的部分代表性海底隧道列于表 1-1[5,17]。

国外海底隧道一览表 表 1-1

序号	跨海通道名称	所在国家	开工时间	通车时间	交通类型	全长(km)	海面下长度(km)	施工方法	工程造价(10^8美元)	备注
1	关门公路隧道	日本	1953 年	1958 年	公路	3.46	0.78	盾构		
2	新关门铁路隧道	日本		1975 年	铁路	18.70	0.90	钻爆		
3	关门铁路隧道	日本	1939 年	1994 年	铁路	3.60	1.14	盾构		
4	青函海底隧道	日本	1964 年	1998 年	铁路	53.85	23.30	钻爆	37.00	二战前提出构想
5	东京湾海底隧道	日本	1989 年	1996 年	公路	4.40		盾构		桥隧结合
6	英法海峡海底隧道	英国、法国	1987 年	1994 年	铁路	50.54	37.00	盾构	128.00	1751 年提出构想
7	Vardø 隧道	挪威		1983 年	公路	2.60		钻爆		海面下 88m
8	Elling søy 隧道	挪威		1987 年	公路	3.50		钻爆		海面下 140m

续上表

序号	跨海通道名称	所在国家	开工时间	通车时间	交通类型	全长(km)	海面下长度(km)	施工方法	工程造价(10^8美元)	备注
9	Valde røy 隧道	挪威		1987 年	公路	4.20		钻爆		海面下 145m
10	Kvalsund 隧道	挪威		1988 年	公路	1.60		钻爆		海面下 56m
11	Godøy 隧道	挪威		1989 年	公路	3.80		钻爆		海面下 153m
12	Hvaler 隧道	挪威	1989 年	1989 年	公路	3.80		钻爆		海面下 121m
13	Nappstrtaume 隧道	挪威		1990 年	公路	1.80		钻爆		海面下 60m
14	Fannefjord 隧道	挪威		1990 年	公路	2.70		钻爆		海面下 100m
15	Maursundet 隧道	挪威		1990 年	公路	2.30		钻爆		海面下 132m
16	Freifjord 隧道	挪威		1992 年	公路	5.20		钻爆		海面下 132m
17	次峡湾(Byiford)隧道	挪威		1992 年	公路	5.86		钻爆		海面下 223m
18	主峡湾(MastratJord)隧道	挪威		1992 年	公路	4.50		钻爆		海面下 132 m
19	莱尔多(Laerdal)隧道	挪威	1995 年	2000 年	公路	24.50		钻爆		世界上最长公路隧道
20	马格尔岛隧道	挪威			公路	6.98		钻爆		
21	奥斯陆湾海底隧道	挪威		2000 年	公路	7.23		钻爆		海面下 134m
22	Tromsoysand 公路隧道	挪威		1994 年	公路	3.40		钻爆		海面下 102m
23	Hitra 公路隧道	挪威		1994 年	公路	5.60		钻爆		海面下 275m
24	Hvaltjordur Fjord 隧道	冰岛		1998 年		5.48		钻爆		
25	斯多贝尔特大海峡隧道工程	丹麦	1988 年	1998 年	—	7.90		盾构		桥隧结合
26	厄勒海峡隧道	丹麦、瑞典	1993 年	2000 年	公铁两用	4.06		沉管		或桥隧结合
27	VAGAR 隧道	丹麦		2003 年		4.90		钻爆		
28	切萨皮克湾海底隧道	美国	1960 年	1964 年	公路	4.06		沉管		桥隧结合
29	旧金山海湾隧道	美国	1970 年	1972 年	铁路	5.83	5.79	沉管		
30	悉尼海港海底隧道	澳大利亚	1979 年	1992 年	公路	2.30	0.96	沉管	5.50	

续上表

序号	跨海通道名称	所在国家	开工时间	通车时间	交通类型	全长(km)	海面下长度(km)	施工方法	工程造价(10^8美元)	备注
31	釜山—济州连线隧道	韩国	2004年	2009年		4.00	3.38	沉管		
32	马尔马拉海底隧道	土耳其	2006年	2010年(预计)		13.30	1.800	沉管	25.00	1985年提出构想
33	赫尔辛基过港隧道PORVARINLAHHI	芬兰	2004年	2008年	铁路	1.60		钻爆		
34	赫尔辛基过港隧道LABBACKA	芬兰	2004年	2008年	铁路	0.62		钻爆		
35	赫尔辛基过港隧道sAvIO	芬兰	2004年	2008年	铁路	13.50		钻爆		
36	EYSTUROY-BORDOY隧道	丹麦	2004年	2006年		6.20		钻爆		
37	日韩海底隧道(对马海底隧道)	日本、韩国			铁路	250.00		沉管	200.00	20世纪80年代提出构想
38	日俄海底隧道(宗谷海峡隧道)	日本、俄国				51.40	42.00			1994年提出构想
39	马六甲海峡海底隧道	马来西亚、印尼				91.00			30.00	拟建
40	巽他海峡(爪哇—苏门答腊)海底隧道	印尼				39.00			150.00	拟建
41	苏格兰—赫市里底群岛海底隧道	英国				约24.00				拟建
42	苏格兰—奥克尼群岛海底隧道	英国				约10.00				拟建
43	安斯特岛—耶尔岛海底隧道	英国				2.60		钻爆	0.21	拟建
44	耶尔岛—设得兰岛海底隧道	英国				4.50		钻爆	0.35	拟建
45	斯塔万格(Stavanger)峡湾隧道	挪威			公路	14.00			1.36	最大水深为300m,拟建
46	费马恩海峡隧道	丹麦、德国			铁路	19.00				拟建

续上表

序号	跨海通道名称	所在国家	开工时间	通车时间	交通类型	全长(km)	海面下长度(km)	施工方法	工程造价(10^8美元)	备注
47	直布罗陀海峡隧道	西班牙、墨洛哥			铁路	39.00			0.413	最大水深300m,1869年提出构想
48	意大利—突尼斯海底隧道	意大利、突尼斯				136.00			240.00	拟建
49	白令海峡海底隧道	俄罗斯、美国				103.00			120.00	构想
50	刻赤海峡隧道(克里米亚隧道)	乌克兰、俄国			铁路	约4.00			4.50	拟建
51	诺森伯兰海峡隧道	加拿大				13.00				拟建
52	墨西拿海峡隧道	意大利				23.00				拟建

1.2.2 国内海底隧道建设现状及前景

交通运输部资料显示,到2008年底,我国共有公路隧道5426处,达319万延米。相继建成了全长5.4km的雁门关隧道,全长7km的雪峰山隧道,全长18km、长度位居世界第二的陕西秦岭终南山隧道。铁路隧道方面,截至2005年底,我国已成功修建铁路隧道7500多座、总长4300多公里。我国的隧道数量和总长度均居世界前列,已成为世界上隧道工程最多、最复杂、发展最快的国家之一。随着交通运输的快速发展,山岭长大隧道、水下隧道不断涌现,我国隧道施工及运营管理技术不断提升,运营服务不断完善。特别是自20世纪60年代开始,研究用盾构法修建黄浦江水底隧道。1981年在上海建成了第一条越江隧道——打浦路隧道。第一座沉管隧道也于20世纪70年代初期在上海建成。1982年台湾高雄建成一条沉管水底公路隧道。80年代后期,我国城市水底隧道的修建已进入发展时期。

然而,我国海底隧道的建设起步较晚。20世纪70～90年代建成的跨海隧道仅有6条(其中香港地区5条,台湾地区1条),均采用沉管法施工。于1972年8月落成通车的香港海底隧道(Cross Harbour Tunnel),又名红磡海底隧道(简称红隧、海隧),是香港第一条过海行车隧道,将九龙半岛和香港岛两岸独立的道路网络连接起来。隧道全长1.86km,穿越香港岛及九龙之间的维多利亚港海底,工程耗资港币3亿2千万元。该隧道是世界上最繁忙的4线行车隧道之一,也是香港最繁忙、使用率最高的道路。东区海底隧道(Eastern Harbour Tunnel),简称东隧,为香港第二条过海隧道,也是香港第一条公路铁路两用隧道,全长 2.2km,穿越香港岛鲗鱼涌及九龙茶果岭之间的维多利亚港海底,1989 年 9 月建成通车。西区海底隧道(Western Harbour Tunnel),简称西隧,是香港第三条过海行车隧道,是全港首条三线双向行车的过海隧道和全港最大的海底隧道,全长 2km,1997 年 4 月建成通车。高雄港过港隧道于 1981 年 5 月开工兴建,隧道主体和两端引道总长 1.55km,海底部分由六节长 120m,宽 24.4m,高 7.7～9.4m,重 23000t 的沉埋管段连接而成,于 1984 年 5 月18 日正式通车。

2005 年 4 月 30 日,我国大陆第一条跨海隧道——厦门翔安海底隧道开工建设,结束了我国大陆没有海底隧道的历史。翔安海底隧道全长约 9km,其中海底部分 5.95km,是厦门第三条对外出岛通道,兼具公路和城市道路双重功能,既是厦门市交通干线路网规划的重要组成部分,也是厦门环东海域地区发展的重要通道(图 1-7)。它不仅是中国大陆第一条海底隧道,也是第一条由内地专家自行设计的、第一条采用钻爆法施工的海底隧道。翔安隧道连同两端连接线工程,总投资约39.5 亿元,于 2009 年 11 月 5 日全线贯通,2010 年正式通车(图 1-8)。

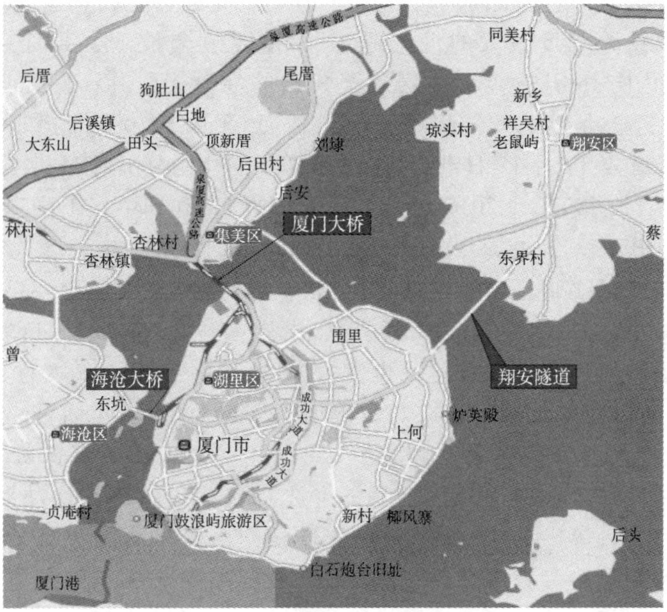

图 1-7 翔安海底隧道位置图

大陆第二条开工建设的海底隧道为青岛胶州湾海底隧道,具体情况在 1.2.3 中介绍。

图 1-8　厦门翔安海底隧道全线贯通(新华社发)

位于广州虎门的广深港(广州—深圳—香港)狮子洋海底隧道是国内第一条水下铁路隧道,也是国内第一条长大水下盾构隧道和国内第一条铁路客运专线盾构隧道,是目前国内最长、标准最高的盾构隧道,同时也是世界上行车速度最高的水底隧道,号称"中国铁路难度最大的世纪隧道"。该隧道全长 10.8km,其中盾构段长 9 277m,工作井长 46m,衬砌为单层装配式钢筋混凝土管片。狮子洋海底隧道于 2007 年 11 月 9 日动工兴建,工程总工期 35 个月,预计 2010 年贯通。

另外,2009 年 12 月 15 日港珠澳桥隧工程动工,其中包括 6km 长的海底隧道,设计使用寿命 120 年,预计 2015 年完工。全长约 6km(其中水下隧道约 3.5km)的大连湾海底隧道工程,正在筹备开工建设,预计将耗时 3～4 年。

我国大陆海岸线北起鸭绿江口,南至北仑河口,长约 1.8 万公里,加上星罗棋布的岛屿和海湾海岸线,总长约 3 万公里,沿岸多优良海湾和港口城市。随着国民经济的发展和沿海地区经济建设步伐的加快,提高海湾和海峡的交通能力问题也日益突出,对跨海峡交通的需求与日俱增。最近 20～30 年内,除了前述的港珠澳跨海工程、大连湾海底隧道工程之外,我国还计划建造 4 条跨海隧道:渤海湾(大连—蓬莱)跨海工程、杭州湾(上海—宁波)海湾工程、琼州海峡跨海工程以及台湾海峡跨海工程等。其中,台湾海峡隧道已经由清华大学进行了可行性研究。鉴于两岸的政治形势和技术条件,初步估计最早要到 2030 年才可能修建。这些跨海工程的修建标志着我国海底隧道建设的全面展开。渤海湾、杭州湾、珠江口、琼州海峡、台湾海峡等海湾地区要真正实现全天候、大流量的快捷交通,必须依靠海底隧道来实现。

国内已建和拟建的海底隧道工程列于表 1-2[5,17]。

国内海底隧道一览表 表 1-2

序号	跨海通道名称	国家或地区	开工时间	通车时间	隧道交通类型	全长（km）	海面下长度（km）	施工方法	工程造价（10^8元）	备注
1	香港海底隧道（红隧）	香港		1972 年	公路	1.86	1.60	沉管	17.6	
2	地铁水下隧道				铁路	约 2.00	1.40	沉管		
3	东区海底隧道（东隧）	香港		1989 年	公铁两用	2.20	2.20	沉管	35.3	
4	西区海底隧道（西隧）	香港		1997 年	公路	2.00	1.36	沉管	46.7	
5	港九西线铁路隧道	香港	1995 年	1998 年	铁路	2.00	1.26	沉管	9.3	
6	高雄港过港海底隧道	台湾高雄		1984 年	公路	2.25	1.06	沉管		
7	厦门翔安海底隧道	福建厦门	2005 年 4 月	2009 年	公路	9.00	5.95	钻爆	39.5（含配套）	20 世纪 80 年代提出构想
8	青岛胶州湾海底隧道	山东青岛	2006 年 6 月	2009 年	公路	8.695	3.30	钻爆	31.8	20 世纪 80 年代提出构想
9	大连湾海底隧道	辽宁大连	2009 年	2012 年（预计）	公路	6.00	3.00	钻爆		2003 年提出构想
10	港珠澳桥隧工程		2010 年	2015 年（预计）			6.00	沉管	720	在建
11	狮子洋跨海铁路隧道	深圳—东莞			铁路	10.80		盾构		在建
12	台湾海峡跨海隧道	福建—台湾			铁路	约 130.00		TBM	1 500	1948 年提出构想
13	琼州海峡海底隧道	广东—海南	约 2010 年		铁路	34.00	18.00	盾构	450	1980 年提出构想
14	港岛—大屿山水下隧道	香港			公路	10.00				拟建
15	汕头市内海底隧道	广东汕头			公路			TBM		预可研
16	杭州湾海底隧道	浙江杭州			铁路			钻爆		拟建
17	长江口隧道	上海			公路		8.90	盾构		桥隧结合，拟建
18	跨渤海湾海底隧道				公铁两用	130.00			1 200	拟建

1.2.3 青岛胶州湾海底隧道工程简介

青岛胶州湾海底隧道工程是连接青岛市主城与辅城的重要通道，南接薛家岛，北连团岛。图 1-9 为该隧道的地理位置图。青岛胶州湾海底隧道为城市快速道路隧道，设双向六车道，设计车速为 80km/h，设计使用年限为 100 年，工程总投资 31.8 亿元。隧道全长 7800m，青岛接线端隧道长 1630m，胶州湾隧道长 6170m(其中海域段隧道长 3950m，陆域段 2220m。

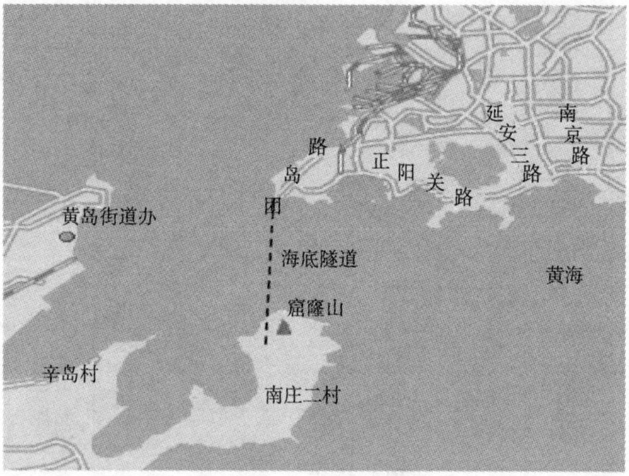

图 1-9 青岛胶州湾海底隧道的位置

主隧道断面为椭圆形，内净空高为 8.218m，宽 15.426m，如图 1-10、图 1-11 所示。主线隧道为左右线分离设置，隧道海域段线间距约为 55m，主隧道间每 250～300m 设置人行横洞，每 750～1000m 设置车行横洞，中间平行设置服务隧道。服务隧道主要作为施工运输、日常维护检修、过海管线和紧急救援通道。埋深根据合理埋深 25m 进行控制，局部最小安全埋深 20m。

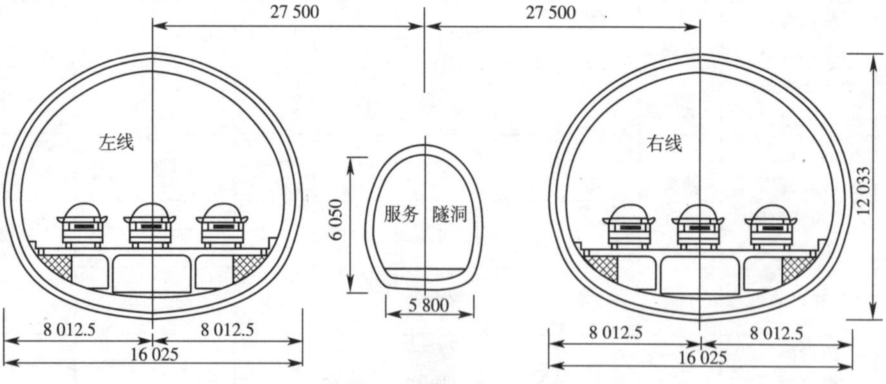

图 1-10 胶州湾隧道横断面[11](尺寸单位：mm)

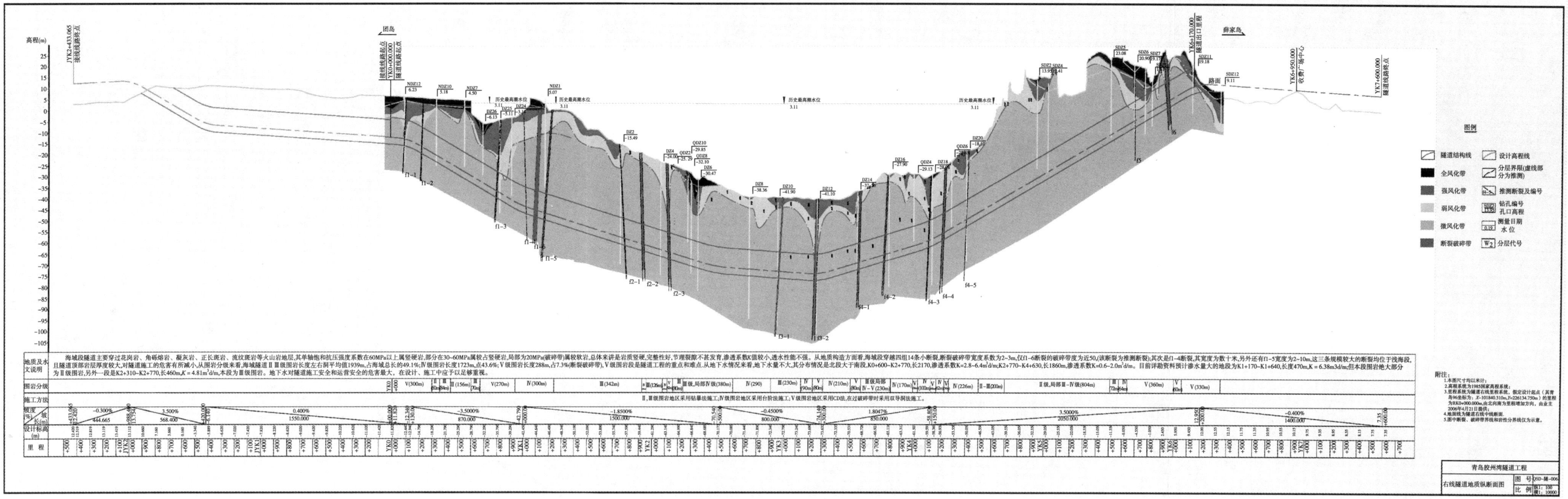

图 1-11　胶州湾隧道纵断面[11]（尺寸单位：mm）

胶州湾隧道隧址区地质构造以中、新生带脆性断裂构造最为醒目，场地稳定性较好，岩质坚硬，岩体较完整，渗透系数值较小，岩体总体条件较好。隧址区隧道穿越地层陆域段主要以花岗岩为主；海域段以喷溢火山岩和次火山岩为主，大部分基岩裸露。隧道采用钻爆法施工，喷锚构筑法支护。

胶州湾海底隧道于2006年11月开工，工期为3～4年，2010年6月实现全线贯通，2011年上半年正式通车。胶州湾隧道是我国大陆开工建设的第二条跨海隧道，该隧道的建设将彻底解决青岛市"青黄不接"的问题，有效缓解目前轮渡和胶州湾高速公路的压力，为人民的生产生活提供便利，使青岛、黄岛两地达到更好的融合与发展。该隧道的贯通可大大改善青岛市西部的投资环境，加快新区经济发展，实现新、老港区的优势互补和整体效益提高，是实现青岛市发展成为现代化国际大都市的有力支撑和重大工程措施。

总之，随着世界经济的发展和洲际及全球交通运输的需要，海底隧道必将在我国及世界范围内全面展开，迎来更大规模的建设高潮，日益受到世人的瞩目。

1.3 海底隧道工程特点及耐久性问题

1.3.1 海底隧道工程特点

隧道是一种隐蔽工程，它深埋于地下，处于复杂的工程地质和水文地质环境中，存在许多不确定的因素，且建成后难以更改[12]。另外，隧道的设计使用年限比地面结构长，耐久性问题十分突出。应尽可能结合工程的实际情况，在设计、施工阶段充分考虑工程的耐久性问题，保持防排水系统不失效、衬砌不开裂，以保证隧道的正常服务。

海底隧道由于建造在海底，工程的服役环境与一般水下隧道和陆地隧道相比存在很大的差异，在设计和施工方面也有许多突出的特点[1,13,14]。

(1)由于海底隧道上部覆盖较深的水体，深水海洋地质勘察比在地面地层的勘察难度更高、投入更大，准确性相对较低，漏勘与情况失真的风险程度增大。

(2)海底隧道周边围岩裂隙中一般存在较高的孔隙水压力和很高的渗水压力，这些作用会导致岩体软化，围岩的有效应力降低，成拱能力较低，使围岩稳定条件恶化，更容易出现一些山岭隧道不会出现的安全事故。

(3)海底隧道上方为体积无限的水体，施工的最大风险是突然坍塌与涌水。高渗透性岩体(如断层破碎带)施工开挖所引发涌(突)水(泥)的可能性大，且多数与海水有直接的水力联系，达到较高精度的施工探水和治水等均较为困难。

(4)全水压衬砌与限压(限裂)衬砌结构的设计要求高。因为对于深水下的隧道来说很重要的水荷载不能用任何成拱作用来降低。

(5)海底隧道几乎是在海水的包围之中，防水和防腐问题十分突出。如防水设计不合理，会使洞内潮湿，对空气质量、客货车运行安全以及洞内装修与机电设施的耐久性、灵活性均有不利影响。受海水长期浸泡、腐蚀，对高性能、高抗渗衬砌混凝土配制工艺与结构的安全性、可靠性和耐久性要求严格。

(6)沿海底隧道线路布置施工竖井的可能性不大，致使连续的单口掘进长度加大，导致工期很长、投资很高，同时，对施工期的运输、后勤与通风提出了特殊的要求，因此必须采用快速掘进方法与相应的施工设备。

(7)海底隧道一般都是长(大)隧道，如琼州海峡水面宽度超过 20 km，渤海海峡的水面宽度超过 40km，台湾海峡的水面宽度更是达到 120 km。其运营通风、防灾救援、交通监控以及反恐等，都需要有周密的设计与技术保障措施，特别是火灾和水灾对隧道的安全威胁很大。

(8)海底隧道工程投资额高、规模庞大、涉及因素众多、施工工序复杂，一旦出现事故后果严重且影响深远。海底隧道工程建设风险高，且缺乏系统的风险评估方法，为水下隧道施工风险管理带来很大的困难。

1.3.2 海底隧道工程耐久性现状

从 20 世纪 70 年代起，发达国家的诸多基础设施和重大工程已显露出过早破坏的问题，并引起了国内外工程界的密切关注[15,16]。腐蚀问题逐渐成为当前困扰重大基础设施，尤其是重大海洋工程设施建设的世界性科学技术难题。

据报道[17]，美国每年由于各种腐蚀(包括基础设施工程、生产设备、交通运输工具等)带来的直接、间接经济损失约占 GDP 的 4.9%(1976 年)和 4.2%(1996 年)，英国 30 年来的腐蚀损失平均值为 GDP 的 3.5%，澳大利亚为 GDP 的 4.2%，而波兰更占 GDP 的 6%～10%。在整个腐蚀损失中，土建基础设施工程的劣化损坏大约占 40%，其中主要是混凝土结构的腐蚀。如美国 20 世纪 90 年代混凝土总价值 60 000 亿美元，维修和重修费每年达 3 000 亿美元之多；据 1992 年数据，在美国因撒除冰盐引起钢筋锈蚀破坏的公路桥梁占 1/4(52 万座中有 13 万座)，不能通车的有 5 000 座；后来的调查资料进一步显示，57.5 万座桥梁中有 1/2 钢筋腐蚀严重，因基础设施损坏已导致 1.3 万亿美元的损失。英国英格兰岛的中环线快车道上有 11 座高架桥，总造价 2 800 万英镑，到 2004 年修补费达 1.2 亿英镑，接近初始造价的 6 倍。挪威对 700 座港工混凝土结构调查表明，位于浪溅区的梁板因钢筋腐蚀引起的严重破损占 20%。沙特阿拉伯海滨地区 42 座混凝土框架结构的耐久性调查结果显示，74%的结构都有严重的钢筋腐蚀破坏。日本对 103 座码头调查证明，20 年以上的混凝土结构都有相当严重的顺筋锈裂。日本腐蚀与防腐协会用 Uhlig 和 Hoar 两种方法进行了评估，指出 1997～1998 年日本的直接腐蚀损失约为 39 380 亿日元。其他如加拿大、澳大利亚、印度、韩国、中东等许多国家和地区，都存在以基础设施为主的混凝土腐蚀问题[16]。国外学者曾用“五倍定律”形象地描述了混凝土结构耐久性设计的重要性，即设计阶段在钢筋防护方面不当地节省 1 美元，那么就意味着发现钢筋锈蚀时采取措施将追加维修费 5 美元，混凝土表面顺筋开裂时采取措施将追加维修费 25 美元，严重破坏时采取措施将追加维修费 125 美元。

我国大规模的基础设施建设起步较晚，现在还处于建设高峰期。由于前期建设过程中受到当时社会经济、科研力量和施工质量等诸多因素的制约，面临的混凝土结构耐久性问题也同样严重。原建设部于 20 世纪 80 年代组织的一项调查表明[16]，国内大多数工业建筑物在使用 25～30 年后即需大修，处于严酷环境下的建筑物使用寿命仅 15～20 年。由于海洋工程直接受到海水腐蚀离子以及干湿交替环境等影响，其破坏情况则更严重。如我国 20 世纪 90 年代前修建的海港工程，一般使用 10～20 年就出现钢筋严重锈蚀破坏，结构使用寿命基本达不到设计要求。20 世纪 60 年代对华南、华东地区 27 座码头调查发现，因钢筋锈蚀导致结构破坏的占 74%；1980 年对华南地区 18 座高桩码头调查结果表明，80%以上都发生了严重或较严重的钢筋锈蚀破坏。最近出版的《中国腐蚀调查报告》指出[18]，建筑部门因腐蚀造成的经济损失每年约为 1000 亿人民币，对社会的安定性影响不容忽视。

就隧道工程而言，由于设计、施工、材料及地质等因素影响，无论是国内还是国外，大多数隧道都存在不同程度的病害。我国隧道建设的历史虽然不是很长，但因耐久性损伤造成破坏、使用性能降低的现象却广泛存在。隧道病害的类型主要有水害、冻害、衬砌裂损和衬砌侵蚀[19]。隧道内的病害一般不是单独存在的，而是互相影响、互相作用的。

我国大量已建的铁路隧道，由于衬砌材料的密实度和抗渗性差，不耐地下水和机车废气侵蚀，开裂与渗漏现象严重。据 1998 年统计[6]，我国铁路隧道结构受腐蚀裂损的共有 734 座，占隧道总数的 13.2%。成昆、襄渝线上的隧道严重漏水达到了 60%，衬砌损害达到了 20%以上，并导致钢轨等配件锈蚀以及电力牵引地段漏电，从而影响正常运行。较严重的如 20 世纪 70 年代建成的成昆铁路的某些区段，仅交付使用 3 年，就有 22 座隧道发生了化学腐蚀；到 1978 年普查，有的腐蚀深度已达到 30mm 以上，隧道底部隆起有的达 330mm。1990～1997 年，我国隧道修补费用达到了 3.56 亿元左右，为这些工程施工建设投资的数倍之多。目前正是我国隧道建设的大发展时期，如不采取有效措施，必在不久的将来面临同样的问题。表1-3[6] 为我国铁路隧道耐久性调查的结果。

我国铁路干线的隧道失效率　　表 1-3

线别	隧道总数(座)	严重漏水(座)	衬砌裂损(座)	仰拱、铺底损坏(座)	坍方落石(座)	失效座数/失效率(%)
陇海	232	80	134	—	33	207/ 89.2
成昆	276	170	58	28	36	235/ 85.1
襄渝	400	224	88	117	86	333/ 83.8
阳安	148	92	48	3	18	122/ 82.4
宝成	344	66	17	4	37	267/ 77.6
贵昆	180	63	32	34	31	134/ 74.4
焦柳	436	95	27	4	8	195/ 44.7
京原	128	19	4	1	6	83/ 64.8
襄黔	319	33	3	43	5	117/ 36.7

海底隧道穿越海底岩(土)层,影响其耐久性能的因素错综复杂。由于岩体围压和水压的长期作用,侵蚀性地下水的渗漏、洞内有害气体的侵蚀以及结构本身的内在缺陷等都会导致钢筋锈蚀和结构裂损,严重影响隧道的正常使用性能,其耐久性问题更加突出和严重。

1973～1975 年建造的阿联酋迪拜 Al-Shindagha 海底隧道,1986 年就不得不维修,维修费用是建造费的两倍。20 世纪 70 年代建成的香港地铁部分区间隧道,在 90 年代就发现衬砌结构的内排钢筋严重锈蚀,连接螺栓的外露部分和钢拉杆都有不少锈蚀,导致混凝土保护层的剥落,影响到正常使用[20]。关门海底隧道在 3400m 延长的范围内,整个钢轨断面出现深度达 1.0～1.5mm 的麻片状锈蚀,伸缩接头附属设备、钢轨扣件装置也受到腐蚀,轨枕板产生裂纹及 CA 砂浆层变质等。台湾高雄港过港海底隧道于 1984 年建成通车,运营 20 年后,出现了衬砌裂损、底部钢筋锈蚀(多处管道间机车道结构侧壁钢筋腐蚀的概率大于 90%)、管段间渗漏水、横梁保护层劣化、管环钢板锈蚀、施工缝(伸缩缝)劣化等耐久性病害[21]。据调查,耗巨资建成的日本青函海底铁路隧道,刚刚开通 10 年,隧道内渗漏和腐蚀就已十分严重,日本政府每年需投入巨资对隧道进行维护修补。厦门海底隧道在施工期间就出现钢筋以及初期支护锈蚀的现象。可见,海底隧道腐蚀现象十分普遍,必须引起足够的重视。

由于海底隧道工程结构的重要性,且建设和维修费用高,考虑到耐久性不足所造成的巨大经济损失和资源浪费,按照国际标准,设计基准期一般要求达到 100 年,英国要求达到 120 年[22]。可见,进行耐久性研究,综合考虑环境因素在结构失效过程中的损伤作用,从结构设计、施工、运行和维护等各个阶段统筹考虑,全面提高和延长海底隧道工程的寿命,将具有重要的经济价值和现实意义。

1.3.3 海底隧道工程耐久性研究进展

在早期的盾构隧道中，铸铁管片的应用非常普遍。如英法海峡隧道英国一侧的服务隧道高应力区及主隧道的横向通道均采用了密水型铸铁管片衬砌(衬砌管片之间采用螺栓连接)。当前，混凝土隧道已成为国内外隧道工程的主流[23]，混凝土材料成为海底隧道建设中最大宗的建筑材料，如日本的青函海底隧道建成共消耗水泥79万吨，折算成混凝土消耗量大致为225万立方米。据工程概算，胶州湾海底隧道混凝土使用量大约为80万立方米。因此，有效保障混凝土隧道的耐久性是当前海底隧道工程研究与设计的一个重要组成部分。混凝土的质量和耐久性能直接关系到整个海底隧道工程的建设质量和服役寿命长短，对隧道的全寿命周期成本有着至关重要的影响。

关于混凝土结构耐久性的研究，始于19世纪30～40年代。早期的研究多集中于海上构筑物的混凝土腐蚀情况，如19世纪40年代，法国卓越的工程师Buka对海水环境中水硬性石灰及用石灰和火山灰制成的砂浆性能进行了研究。1934～1964年间，CampusF和GrafO对混凝土在海水中的耐久性能进行了试验研究，取得了许多有关混凝土结构在自然条件下使用情况的可靠数据，分析了有关水泥种类、混凝土配合比和某些生产因素对混凝土结构抗腐蚀性的影响；20世纪初，RGrtln和KleinlogelA等人对工业建筑中使用的混凝土和钢筋混凝土进行了基本研究和经验总结；1925年，在Miller领导下，美国开始在硫酸盐含量较高的土壤中进行长期实验；40年代，美国学者T. E. Stanton首先发现并定义了碱—骨料反应；1945年，Powers等人从混凝土亚微观入手，开始研究混凝土的冻融破坏现象；1951年起，前苏联学者开始研究混凝土中的钢筋锈蚀问题。伴随着混凝土结构的使用进入高峰期，20世纪60年代开始，混凝土结构耐久性问题的研究也进入高峰期，并开始向系统化、国际化方向发展。国内混凝土耐久性研究从60年代初期开始，至今已有40余年的历史。

迄今为止，国内外学者在混凝土耐久性研究领域取得了一系列重要的成果[24～26,27～30]。研究表明，混凝土结构耐久性劣化的表现形式主要有冻融、化学腐蚀、碳化、碱—骨料反应、淡水溶蚀及钢筋锈蚀等，可分为材料、构件和结构三个层次。目前关于前两个层次的研究较为深入，如国际上颇有影响的欧洲Duracrete项目分别以碳化和氯离子扩散引起的钢筋锈蚀为准则，建立了一套完整的耐久性设计新体系和相应的寿命预测方法。但由于目前国内外对混凝土结构耐久性的研究主要是在实验室中针对某一具体影响因素展开的，而实际环境中混凝土结构遭受着冻融、碳化、钢筋锈蚀等多种破坏因素的影响，涉及材料、环境、荷载等诸多方面。因此，应该发展结构全生命周期内的耐久性研究技术，结合实际存在的多因素影响模式建立基于工程实际条件的耐久性衰减或预测多因素模型，这是混凝土结构耐久性研究的主要发展方向之一。海底隧道衬砌混凝土不只是钢筋混凝土材料的耐久性，而是工程结构体系在受力和裂缝生成条件下的耐久性。因此，结合工程实际情况，考虑实际存在的多因素影响模式，建立海底隧道衬砌混凝土结构耐久性衰减或预测多因素模型，从而明确其耐久性劣化机理，提出耐久性设计理论及有效的防护措施[31,32]是当前海底隧道研究的当务之急，也是保证海底隧道100年设计寿命的关键问题。另外，国内外的研究大都集中在地面、水工及桥梁结构方面，关于隧道工程耐久性的研究相对较少，多数研究也是基于材料层次，仅考虑单因素的影响，难以反映隧道工程的实际状况[13~15,34~35]。

文献[20]以长江口越江隧道为例，对水底隧道工程耐久性设计进行了综合研究和分析。刘加华[36]主要从施工角度分析了影响混凝土结构耐久性的因素，着重研究了保护层厚度、裂缝、施工缝、变形缝和混凝土均质性对隧道主体混凝土结构耐久性的影响。文献[37]则在研究混凝土腐蚀过程中质量转换机理的基础上，对有蒸发表面和无蒸发表面的隧道衬砌混凝土分别推荐了相应的耐久性预测方法。文献[38]通过试验及理论分析，对盾构隧道衬砌接头及防水材料的耐久性进行了研究。

国外针对某些大型水底隧道工程，做了一些有针对性的研究工作。如 S. Dahlo 和 B. Nilsen(1994)[39]针对已建挪威海底隧道工程，探讨了支护材料的耐久性问题[22]。日本学者以东京湾越湾高速公路盾构隧道为对象进行了耐久性与防蚀性的研究，即分别进行了管片混凝土加入高炉矿渣以提高耐海水性以及管片接头螺栓的防蚀试验；对衬背灌浆材料性能进行了各种测试并对其施工性能做了必要的改进。丹麦 Storebelt 海峡隧道设计中采取了多阶段保护策略，并对结构设计细节及材料构成进行了限定。

另外，用于评定侵蚀性环境对钢筋混凝土影响程度的检测技术在国外已有较大的发展。如日本在隧道施工中采用了一些检测特殊量的光纤传感器，其中光纤 pH 传感器用于检测混凝土由于各种化学变化，诸如硫酸盐的侵蚀、酸化过程、钢筋腐蚀等造成的退化过程。同时开发出了隧道检查和诊断专家系统(TIMES-1)，可用于找出隧道内表面变形或开裂的可能原因，为用户提供有关隧道维修技术方面的有用信息。丹麦 Storebch 海峡隧道也采用了较多的结构监测设施，用以监测与结构的耐久性问题及结构性能有关的参数，例如在隧道管片内的钢筋上装专门研制的抗腐蚀元件，以警报侵蚀性物质从外界侵入的情况。我国也在青岛胶州湾海底隧道工程中采用了耐久性长期监测设备，通过实时监控海底隧道结构性能的蜕化过程，动态了解这些结构的性能变化，以便及时采取防治措施。

1.4 本书的主要内容

海底隧道的大量兴建，迫切要求对设计和施工中可能遇到的、目前尚未完全解决的若干重大技术问题展开理论及应用研究，其中隧道结构体系的耐久性是一个非常重要的课题[20]。通过研究和经验总结，应尽快编制适用于海底隧道工程耐久性设计的技术标准，以修订补充现行规范中对结构耐久性的有关要求。

《混凝土耐久性设计规范》(GB/T 50476—2008)中给出了结构耐久性的定义：在设计确定的环境作用和预定的维修、使用条件下，结构构件能够在规定的期限内保持其适用性和安全性的能力。即在设计使用年限内，不需投巨资加固即能保持结构安全、适用及外观要求的能力。海底隧道主体结构的设计基准期(使用年限)一般要求为100年或更长。由于海底隧道工程属于一项难于日后加固和修复的、隐蔽性很强的水下和地下重大工程项目，要保证100年寿命，具有相当的复杂性和很大的难度。

本书主要阐述以下几方面的内容：

(1)分别从环境、设计、施工、养护管理及其他偶然因素等方面，分析可能对海底隧道耐久性造成影响的诸多因素。结合胶州湾海底隧道的服役环境，简要分析了导致海底隧道耐久性劣化的潜在危险因素。

(2)结合海底隧道的服役环境特点，从耐久性角度介绍初期支护(包括锚喷支护及管片)和二次衬砌结构的原材料选择、配合比设计、结构设计参数确定及施工质量保证措施，并结合胶州湾海底隧道二次衬砌混凝土结构讨论了其劣化机理及寿命预测的理论与方法。

(3)分析了海底隧道防排水系统的重要性及其耐久性影响因素，并针对钻爆、沉管和盾构施工隧道的特点，从混凝土结构的自防水和外防水技术两个方面分析了海底隧道防排水系统耐久性提高措施及防排水系统设计的基本原则。

(4)针对海底隧道工程服役环境特点，分析了渗透型涂料、成膜型涂料及饰面材料对海底隧道工程耐久性的防护效果，并结合胶州湾海底隧道，提出表面防护处理方案设计的有关考虑。

(5)为确保隧道结构的安全性与耐久性，及时掌握结构的服役信息，对海底隧道进行长期的跟踪监测非常重要。本书结合胶州湾海底隧道工程，介绍了结构耐久性监测技术及其布设原则。

(6)从海底隧道工程运营期的保养与维修、通风系统及防灾保障措施等方面，初步探讨海底隧道工程运营期的耐久性保障措施。

参考文献

[1] 王梦恕.水下交通隧道发展现状与技术难题——兼论"台湾海峡海底铁路隧道建设方案"[J].岩石力学与工程学报,2008,17(11):2161-2172
[2] 王梦恕,皇甫明.海底隧道修建中的关键问题[J].建筑科学与工程学报,2005,22(4):1-4
[3] 吕明,GROVE,NILSENB,等.挪威海底隧道经验[J].岩石力学与工程学报,2005,24(23):4219-4225
[4] 谭忠盛,王梦恕,罗时祥.琼州海峡铁路隧道方案初步比选分析.中国工程科学,2009,11(7):39-44
[5] 孙钧.海底隧道工程设计施工若干关键技术的商榷[J].岩石力学与工程学报,2006,25(8):1513-1521
[6] 张弥.我国铁路隧道结构安全性和耐久性分析[C].土建结构工程的安全性与耐久性科技论坛.北京,2002:1-4
[7] 孙富学.海底隧道衬砌结构寿命预测理论与试验研究[D],同济大学博士学位论文,2006
[8] Kitamura A. Technical development for the Seikan tunnel[J]. Tunnelling and Underground Space Technology,1986,11(3/4):341-349
[9] Farias M M,Henrique A. Displacement control in tunnels excavated by the NATM;3D numerical simulations[J]. Tunnelling and Underground Space Technology,2004,19:283-293
[10] Joseph A H,Freshfields H. Control of tunneling contracts[J]. Tunnels and Tunnelling,1992(9):47-49
[11] 李利平,李术才,徐帮树,等.海底隧道施工设计及其数值优化研究[J].山东大学学报(工学版),2008,38(4):63-68
[12] 刘恒.大跨公路隧道结构耐久性技术研究[D].北京交通大学硕士学位论文,2007
[13] Z. D. Eisenstein. Large Undersea Tunnels and the Progress of Tunnelling Technology[J]. Tunnelling and Underground Space Technology. 1994. 9(3):283-292
[14] 林志.海底隧道技术特点与发展[C].2005年全国公路隧道学术会议论文集.北京:人民交通出版社,2005:60-65
[15] 陈肇元.混凝土结构的耐久性设计方法[J].建筑技术,2003(5):328-333
[16] 土建结构工程的安全性与耐久性——现状、问题与对策(综述报告).混凝土结构耐久性设计与施工指南.北京:中国建筑工业出版社,2004
[17] 洪乃丰.钢筋混凝土基础设施腐蚀与耐久性[C].混凝土结构耐久性及耐久性设计会议论文集.北京:清华大学,2002:119-124
[18] 张奕.氯离子在混凝土中的输运机理研究[D].浙江大学博士学位论文,2008
[19] 孙钧.崇明长江隧道盾构管片衬砌结构的耐久性设计[J].建筑科学与工程学报,2008,25(1):1-9
[20] 杨新安,黄宏伟.隧道病害与防治[M].上海:同济大学出版社,2003
[21] 周永川,张嘉兴,李顺敏,等.台湾海底隧道之接头与管段变化研析及对策[J].隧道建设,2007(增刊),121-126

[22] 黄慷. 盾构隧道结构的耐久性及可靠度设计的理论与方法[D]. 同济大学硕士学位论文,2004
[23] 钱磊,宋晓冰,刘西拉. 氯离子环境下温度对钢筋混凝土结构中钢筋腐蚀的影响[J]. 建筑技术开发,2004,31(7):54-55
[24] 赵铁军. 混凝土渗透性[M]. 北京:科学出版社,2006
[25] 牛荻涛. 混凝土结构耐久性与寿命预测[M]. 北京:科学出版社,2003
[26] 金伟良,赵羽习. 混凝土结构耐久性[M]. 北京:科学出版社,2002
[27] 刘志勇,孙伟,杨鼎宜,等. 基于氯离子渗透的海工混凝土寿命预测模型进展[J]. 工业建筑,2004,34(6):61-64
[28] 赵铁军,王命平,等. 混凝土结构耐久性设计规程(DBJ14-S6-2005)[S]. 山东省建设厅,2005
[29] 余红发,孙伟,等. 盐湖环境条件下抗腐蚀混凝土电杆的研究与开发[J]. 混凝土与水泥制品,2003(1):23-26
[30] 中国土木工程学会标准. 混凝土结构耐久性设计与施工指南(2005 年修订版)(CCES 01—2004)[S]. 北京:中国建筑工业出版社,2005
[31] Zhao Tie-jun,Zhan Hong-yan and F. H. Wittmann. Surface Treatment of Concrete in Order to Prevent Chloride Penetration[C]. Proceedings of the 8th International Symposium on Structural Engineering for Young Experts,Science Press of China,Xi'an,P. R. China,August 20-23,2004:1030-1037
[32] Zhao Tie-jun,F. H. Wittmann and Zhan Hong-yan. Water Repellent Surface Treatment in Order to Establish an Effective Chloride Barrier[C]. Hydrophobe Ⅳ,Water Repellent Treatment of Building Materials,edited by Johan Silfwerbrand,Aedificato Publishers,April 12-13,2005:105-117
[33] 孙钧. 厦门市东通道海底隧道工程设计施工若干技术关键的思考[C]. 大直径隧道与城市轨道交通工程技术——2005 上海国际隧道工程研讨会,2005:25-32
[34] 乔宗昭,朱祖熹. 水底盾构法公路隧道耐久性设计[C]. 沿海地区混凝土结构耐久性及其设计方法科技论坛暨全国第六届混凝土耐久性学术交流会,2004:4-16
[35] 杨林德,高占学. 公路隧道混凝土衬砌结构的耐久性与保护层厚度[J]. 土木工程学报,2003,36(12):64-67
[36] 刘加华,钱春香,等. 考虑施工因素影响某城市超长隧道主体混凝土耐久性初探[J]. 施工技术,2005(增刊),305-308
[37] 陈垦 译. 预测侵蚀性渗流介质作用下隧道混凝土衬砌的耐久性[J]. 铁道勘测与设计,1993(总 88):42-44
[38] 莫一婷. 盾构隧道衬砌接头的构造与耐久性的研究[D]. 同济大学硕士学位论文,2007
[39] Dahlo T S,Nilsen B. Stability and Rock Cover of Hard Rock Subsea Tunnels[J]. Tunnelling and Underground Space Technology,1994 9(2):151-158

第2章　海底隧道耐久性影响因素分析

海底隧道工程深埋于海底以下的岩(土)体中,其耐久性影响因素相对于一般大气环境下的工程结构和山体隧道更加复杂,并具有不确定性。海底隧道的耐久性和服役寿命受各种因素的综合作用,只有全面分析各因素的影响及其相互作用,才能够有针对性地结合工程实际情况,深入研究海底隧道工程的劣化机理和耐久性设计理论,提出海底隧道耐久性的综合保障措施。

2.1 概　　述

与一般大气环境下的工程结构或山体隧道相比较,影响海底隧道工程耐久性的因素具有明显的复杂性和不确定性[1,2]。首先,海底隧道工程作为地下结构,其耐久性受到诸如工程及水文地质条件、地应力变化、支护结构形式以及侵蚀性地下水的影响,比地面结构更为复杂。其次,海底隧道工程又处在十分严酷的腐蚀环境中[3,4],腐蚀性介质既有可能来自外部海洋大气环境,又有洞内海洋性大气环境,还有外部土壤(或岩体)的作用。再者,海底隧道的支护结构要持续承受较大的海水渗透压力和围岩压力的作用[5],面临含有高腐蚀性离子(Cl^-,SO_4^{2-},CO_3^{2-},Mg^{2+}等)、地下"变质"海水的直接腐蚀。对铁路隧道而言,还不可避免地存在杂散电流的影响。另外,海底隧道在设计和施工过程中,可能由于原材料选择和结构耐久性设计不合理以及施工管理不到位,致使结构本身存在先天性的缺陷和不足,从而降低结构抵抗外界环境因素影响的能力,并进一步影响到工程的耐久性。可见,海底隧道工程的耐久性及服役寿命受结构内在因素与外部环境因素的共同影响,是多方面因素综合作用的结果。概括起来,影响海底隧道耐久性的因素如图 2-1 所示[6]。

在以上因素的综合、持续作用下,海底隧道工程中的锚杆、喷层、管片、衬砌钢筋混凝土、防水薄膜、管片接头系统、防蚀系统、排水系统、道路系统以及机电设备等,都有可能因物理和化学损伤的积累与演化(腐蚀)而面临耐久性失效的风险[7,8]。

- 海底隧道耐久性影响因素
  - 环境因素
    - 区域环境→决定环境作用效应
    - 气候条件（温、湿度）→加速或延缓耐久性腐蚀，决定冻融是否发生
    - CO_2 浓度；侵蚀性离子（Cl^-，SO_4^{2-}，CO_3^{2-}，Mg^{2+} 等）→保护层中性化、钢筋锈蚀、膨胀、裂缝、渗漏、各侵蚀物质水体耦合、结构强度退化
    - 干湿交替→影响侵蚀性离子侵蚀过程
    - 杂散电流→加速钢筋电化学腐蚀、混凝土溶蚀
    - 生物腐蚀→表层劣化，强度下降
  - 物理力学因素
    - 偏压、荷载变化、反复冲击→不均匀受力，裂缝、孔隙变化、疲劳破坏
    - 过大外荷载及围岩压力→超载破坏、裂缝、变形、渗漏、安全性降低
    - 岩土体固结流变→不均匀沉降、裂缝、过大变形、渗漏
    - 水体静水及渗流压力→加速劣化、侵蚀物质耦合、深度腐蚀
    - 冻融、干缩、磨损等→影响强度、孔隙率、渗透性
  - 材料因素
    - 胶凝材料（水泥、粉煤灰、矿粉、硅灰等）；骨料（粗、细）与级配；各种外加剂（减水剂、膨胀剂、引气剂等）；钢筋品种（普通钢筋、不锈钢、环氧涂层钢筋）；其他材料（支护与防水材料、技术性装备等）→影响混凝土渗透性、影响化学反应形式与速度、影响劣化过程
  - 设计因素
    - 结构类型、构造尺寸→尺寸效应、应力局部集中
    - 保护层厚度、裂缝宽度→影响钢筋锈蚀时间
    - 混凝土配合比→影响混凝土渗透性
    - 防排水设计→影响结构受力、隧道内环境
    - 防腐蚀附加措施→延缓劣化进程
  - 施工及管理因素
    - 混凝土浇注、振捣、养护→影响强度、孔隙率和渗透性
    - 钢筋、模板定位超、欠挖→影响保护层厚度及抗力
    - 支护形式及时机→增强或削弱抗力，避免或产生应力集中
    - 三缝处理及防水板铺设→影响渗漏
    - 施工质量管理→全面提高或减弱结构耐久性
    - 运营期维修管理→保持、提高结构耐久性
  - 偶然因素
    - 火灾→材料迅速劣化、混凝土抗渗性降低
    - 地震；撞击→结构破坏、裂缝、安全性降低

图 2-1 海底隧道耐久性影响因素

2.2 环境因素对海底隧道耐久性的影响

引起隧道结构耐久性失效的直接原因来自侵蚀性环境。海底隧道处于海洋环境下，对工程的耐久性极为不利[9]。海底隧道工程的劣化进程受所在地区的气候条件及工程各部位的微气候条件影响，受“变质”地下海水的长期高压作用及浸泡渗透；公路隧道内车流尾气中 CO_2 对混凝土的碳化作用；电气化铁路隧道的杂散电流；

高寒地区气候变化、冻融循环，南方地区冬夏温湿度交替等。隧道在服役期间，众多的环境因素相互耦合，对海底隧道耐久性的影响显著。

2.2.1 工程区域环境类别及环境作用等级划分

工程结构的耐久性与所处的环境有直接的关系，区域环境条件对结构物的耐久性影响非常显著。不同的环境条件对结构的作用效应不同，结构的设计使用年限也不相同。所以，应该合理地对结构的建造环境进行分类分级，并确定各种环境类别的环境作用效应。

(1)工程区域环境

工程所处的地理位置决定了工程区域环境的总体特征。所处位置包括国家的位置、城市的位置、建(构)筑物周围环境、建筑物的形状尺寸等。以青岛胶州湾海底隧道为例，图 2-2 所示为实际的海底隧道位置示意图，图 2-3 为假想的海底隧道洞口位置[10]。可以看出，隧道两端洞口所在团岛及窟窿山陆域狭长，周围环绕大面积海域，而假想的洞口仅一面临海。比较相关研究结果与规范，在划分近海大气环境区域时，大多数规范考虑大气中氯离子浓度随距离缩短而增加，因而均按结构所在位置距海边(或海面)的最小距离(或高度)划分。然而，对于该隧道两端洞口，除考虑距海边的最小距离外，还应考虑洞口周围三面环水所造成的叠加影响。比较而言，图 2-2 的洞口处比图 2-3 的假设洞口处氯离子环境要严酷得多。

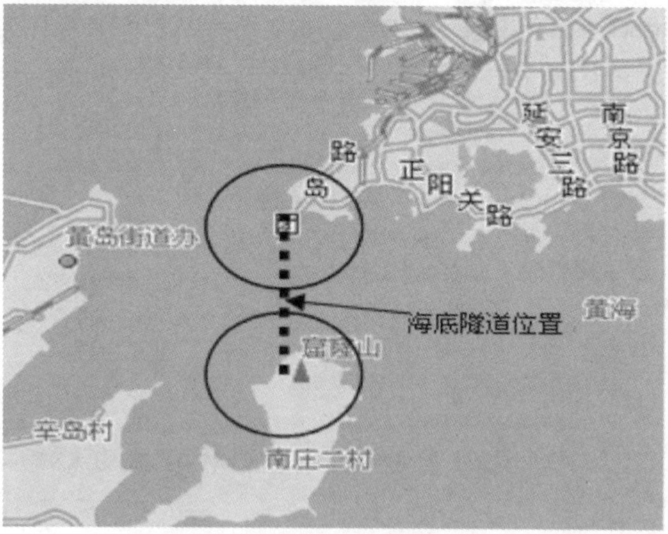

图 2-2 青岛胶州湾海底隧道的位置

《公路隧道设计规范》(JTG D70—2004)未对环境进行分类，仅提出了非侵蚀环境和侵蚀环境的概念。美国、日本和欧洲等国家将海水环境混凝土结构暴露部位划

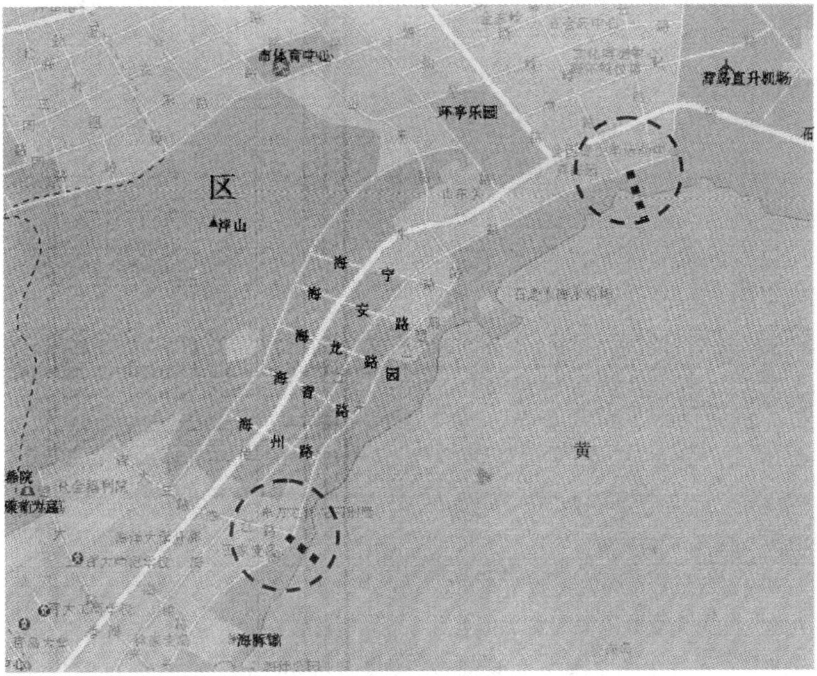

图 2-3 海底隧道假想洞口位置

分为三个区:大气区、浪溅区和水下区。我国现有海港工程的调查分析表明,钢筋锈蚀最严重的部位在设计高水位以上 0.8 ～1.0 m 的区段,而终年在水下的部位很少有腐蚀损坏,其他部位的腐蚀程度介于二者之间。因此,《海港工程混凝土结构防腐蚀技术规范》(JTJ 275—2000)[11]将混凝土结构部位划分为大气区、浪溅区、水位变动区和水下区四个区段。在此基础上,参照文献[3]对长江口越江隧道工程区域环境的分析,可以根据海底隧道所处的地理位置和隧道结构部位的不同,将海底隧道工程分为以下四种工程区域环境:外部海洋大气区、内部海洋大气区、浪溅和潮差区及水下和海底埋置区。

①外部海洋大气区[12]

海底隧道的引线部分及靠近洞口部分处于外部海洋大气环境。与一般大气环境相比,空气中除了含有 CO_2 之外,还含有 Cl^-、Mg^{2+} 等腐蚀性离子,盐雾腐蚀是海洋大气环境的重要特征。研究表明,在距海岸线几公里甚至几十公里范围内,均有不同程度的盐雾腐蚀。大气含盐后,一是产生导电性,使长期处于盐雾作用区域的电子设备、仪器、电缆等绝缘性能下降,工作可靠性降低,甚至导致漏电、短路;二是具有腐蚀性,对钢材、混凝土、木材及其他工程材料等产生腐蚀,尤其对金属物质的腐蚀最为严重[13]。而海风和日益严重的酸雨携带的各种污染物质,

如 Cl^-、SO_4^{2-} 等，也会黏附于暴露在大气中的构件表面，为这部分构件的腐蚀劣化创造了条件[3]。

②内部海洋大气区

普通隧道的内部环境多按一般大气环境考虑。但对海底隧道而言，其内部环境则要严酷得多。一方面，海底隧道多属于长大隧道，又不便设置竖井通风，隧道内部的通风条件较差，汽车排放的尾气因不能及时排除而在隧道内部聚积，隧道内 CO_2 的浓度往往为普通大气中的5～6倍以上，致使混凝土的碳化速度显著加快，导致过早的钢筋锈蚀。另一方面，经由通风系统送入隧道内部的新风因风井靠近海岸而含有 Cl^-、Mg^{2+} 等腐蚀性离子，以一定速度通过隧道的车辆也不可避免地将外部海洋大气中的腐蚀离子带进隧道内部，因而隧道内部类似于外部海洋大气区，空气中也含有对混凝土和金属有腐蚀作用的侵蚀性介质。洞内大气环境与外部海洋大气环境的显著不同之处在于：隧道内部的空气压力和速度变化不定，而温、湿度比较恒定，受地域气候条件的影响较小。

③浪溅和潮差区

对于沉管隧道或悬浮隧道，部分管节可能处于浪溅区或潮差区，这个区域属于典型的干湿交替环境。钢筋混凝土结构在海水环境干湿交替作用下的破坏主要来自以下两个方面：钢筋锈蚀引起的破坏和混凝土材料自身的破坏。其中导致钢筋锈蚀的主要原因包括氯离子的腐蚀作用和混凝土碳化（中性化）作用；造成混凝土材料自身破坏的最主要原因是海水中的硫酸盐与水泥矿物之间发生反应，生成具有膨胀作用的物质。在干湿交替过程中，钢材的阴极电流比在海水中的阴极电流大。在海水中钢的阴极反应是溶解氧的还原反应，而在浪溅区中，钢由于锈层自身氧化剂的作用使阴极电流变大。考虑到浪溅和潮差区结构所处环境相对最为恶劣，受冲刷磨损影响较大，是海底公路隧道混凝土和钢结构中最易受腐蚀的部分。

④水下和海底埋置区

处于水下和海底埋置区的海底隧道结构，需长期承受海水压力和围岩压力，处于高压渗透状态。同时，对海底隧道而言，海水和地下水中都有不同浓度的腐蚀性离子，可能引起比较严重的腐蚀破坏。

因此，海底隧道的耐久性设计、防护及评价都应该针对不同部位按具体的工程区域环境条件进行。如图2-4所示的管片衬砌结构，将面临碳化和氯离子侵蚀的影响，这两类侵蚀作用根据管片所处的环境条件确定。混凝土管片外侧永久暴露于含氯离子的地下水中，环境条件类似于海水浸没条件。混凝土管片内侧永久暴露于空气中，主要威胁来自于碳化作用，由于可能的渗漏，隧道内侧底部管片也不排除受氯离子渗透侵蚀的可能性。

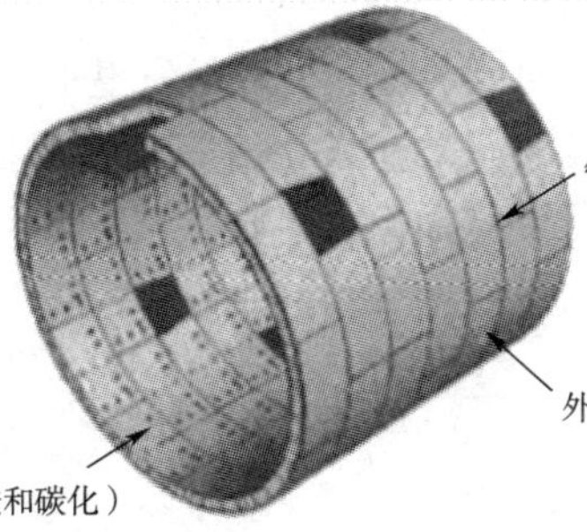

图 2-4　隧道衬砌受碳化和氯离子侵蚀

(2)环境作用等级

中国土木工程学会标准《混凝土结构耐久性设计与施工指南》(CCES 01—2004)[14]按照环境引起材料性能劣化的不同机理，将环境大体分为7类，对于每类环境，按不同的环境条件将其作用的严重程度分别纳入6个不同的环境作用等级。其中将海水氯化物引起钢筋锈蚀的近海或海洋环境定义为Ⅲ类环境，不同环境条件下的环境作用等级见表2-1。

海洋环境作用等级　　表2-1

环境作用等级	环 境 条 件
Ⅲ-D	水下区；轻度盐雾区；非干湿交替土中区
Ⅲ-E	重度盐雾区；非炎热地区的潮汐区及浪溅区；干湿交替的土中区
Ⅲ-F	南方炎热潮湿地区的潮汐区和浪溅区

注：D、E和F分别代表环境作用等级的作用程度为严重、非常严重和极其严重。

《混凝土结构耐久性设计规范》(GB/T 50476—2008)规定：一侧接触海水或含有海水的土体、另一侧接触空气的海中或海底隧道混凝土构件，其环境作用等级不宜低于Ⅲ-E级。隧道混凝土构件接触土体的外侧如无空气进入的可能，可按Ⅲ-D级的环境作用确定构件的混凝土保护层厚度，如在外侧设置防漏的排水通道有可能引入空气时，应按Ⅲ-E级考虑。隧道构件接触空气的内侧可能接触渗漏的海水，底板和侧墙底部应按Ⅲ-E级考虑，其他部位可根据具体情况确定，但不低于Ⅲ-D级。海底隧道结构的构件维修困难，宜取用较高的环境作用等级。

2.2.2　区域气候条件

气候条件是决定工程结构耐久性的重要环境因素之一。具体而言，气候又包括全球气候、区域气候、当地气候、表面气候等[10]。与结构耐久性演变过程密切相关的气候因素有温度和湿度两个方面。

图 2-5 为中国温度带分布图。我国绵延近 2 万公里的海岸线自南部的亚热带地区延伸至北部的中温带地区，温度差异较大。海底隧道工程的耐久性设计必须结合其所处的地理位置，考虑气候因素的影响。

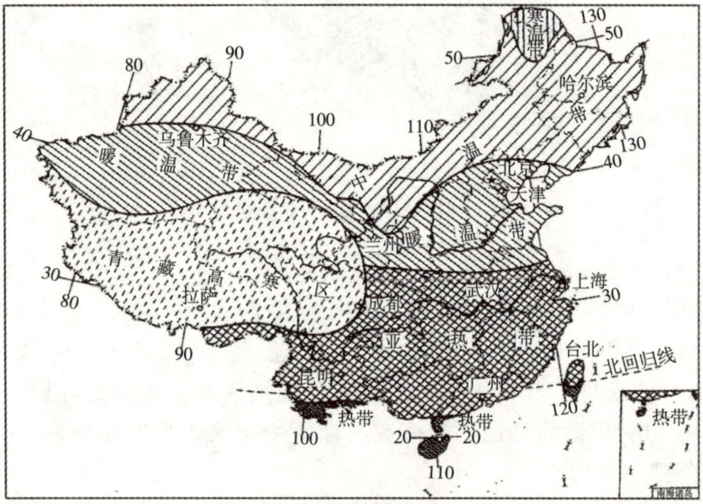

图 2-5 中国温度带分布图

图 2-6[10]所示为广州、青岛和哈尔滨三个典型城市的月平均温度变化情况。显然，广州全年温度较高，月平均气温均在 14℃以上；哈尔滨温差变化较大，从当年的 10 月中旬到次年的 3 月，月平均气温均在零度以下。极端最低气温：－38.1℃，最冷月平均温度：－18.3℃。青岛则介于广州和哈尔滨之间。青岛最低温度低于零度的时间多发生在 1～3 月及 12 月，该地区近年的月平均最低气温为－4.5℃，极端最低气温为－16.9℃；日最低气温低于－5℃的天数，累计年平均为 28d，每年约有 90d 最低气温低于 0℃。值得注意的是，由“温室效应”导致的全球气候变暖，势必影响到海底隧道所处的地域环境温度。如青岛近百年来月平均温度有明显的上升趋势，尤以 1～7 月份显著，平均上升 2℃。政府间气候变化专门委员会(IPCC)第三次评估报告提供的预测结果显示，21 世纪末全球平均气温可能上升 1.4～5.8℃。

已有研究表明，诸多结构的耐久性劣化过程(如混凝土的碳化、氯离子的传输、钢筋锈蚀的速度、冻融破坏等)都与周围环境的温度有关[15-18]。文献[16]对 11 种混凝土(包括普通混凝土、高性能混凝土及自密实混凝土)在 20～80℃之间的渗透性进行了研究，发现随温度升高混凝土的渗透性增大，这与理论分析结果一致。文献

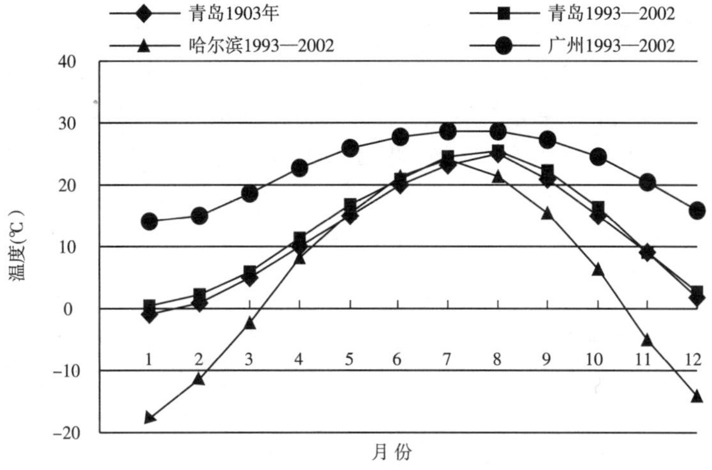

图 2-6 三个典型城市的月平均温度变化

[17]和[18]分别对氯离子和碳化引起的钢筋锈蚀速度进行了研究,发现当温度升高到某一临界值之前,钢筋锈蚀速度有加快的趋势(图 2-7)[18]。温度还与隧道中防水材料(如橡胶材料)等的老化密切相关。可见,海底隧道耐久性设计应该适当考虑环境温度的影响。而与温度直接密切相关的冻融破坏,在我国的暖温带和中温带地区的海底隧道建设中,更应引起足够的重视。在青岛胶州湾海底隧道洞口附近衬砌混凝土结构设计中,就充分考虑了冻融循环的作用和影响,并采取了适当的预防措施,具体见第 4 章。

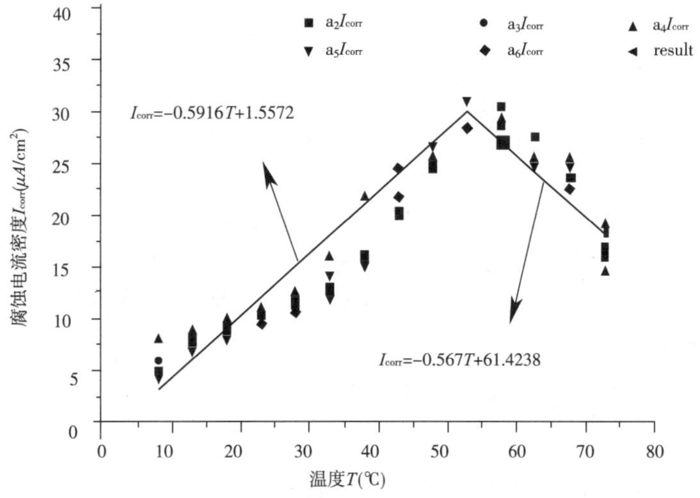

图 2-7 腐蚀电流密度随温度的变化

混凝土材料的腐蚀大多是在有水的条件下发生的。空气的相对湿度是影响钢筋腐蚀的重要因素，它对氧气的扩散和混凝土的电阻都有很大的影响。碱一骨料膨胀破坏也只有在空气相对湿度大于 80%或直接接触水的环境中才会发生[19,20]。否则，即使骨料具有碱活性且混凝土中有超量的碱，碱一骨料反应也很缓慢。图 2-8[10]为青岛等三城市的月平均相对湿度统计结果。可以看出，广州常年的相对湿度较高、变化幅度不大，哈尔滨湿度变化幅度较大，青岛则介于两者之间，月平均相对湿度为 62%～86%（混凝土碳化发展最快的湿度区间）。

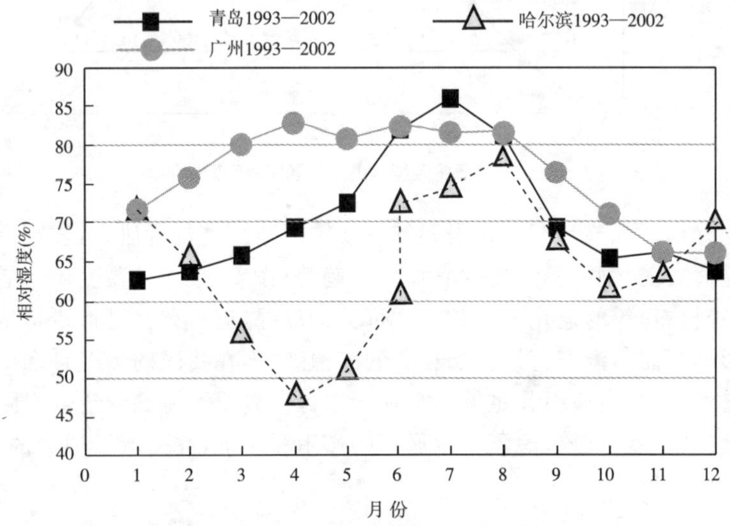

图 2-8　三个典型城市的月平均相对湿度变化

实际上，由于海底隧道的建设，原来的（没有建造结构前）总体气候环境不可避免地受到结构的影响而形成微气候区。各个结构部件材料的退化机理又和这种微气候有关。在隧道的不同部位环境温度及干湿程度差异较大。隧道的衬砌混凝土一侧接触地下水、一侧接触空气，是典型的干湿交替环境。在隧道的两端，混凝土往往要面临更为频繁的干湿交替，从而加速氯离子的扩散速度。隧道洞口的温度接近于地区的大气温度，而洞内温度接近于恒定，等等。因此，海底隧道结构的整体耐久性设计必须考虑区域气候因素的影响[3]。

2.2.3　海水与地下水

（1）高压力水渗透

海底隧道受地理构造因素影响，一般会存在具有一定透水性的断层破碎带、岩溶裂隙发育带或软弱围岩地段。由于上覆的海水较深，隧道在穿越这些不良地质区段时，区域地下水与海水往往有一定的水力联系，从而在隧道围岩和衬砌上产生较高的渗水压力，施工过程中极易出现涌水（或突水）、坍塌等事故，致使海底隧道施工面临极大的风险，给工程的安全性带来危险甚至是灾难性的后果。同时，海底隧道结构如果在这些地段无论是采用全封闭衬砌方案还是部分封闭方案，在长期运营过程中，作用在衬砌之上的水土压力都将非常巨大。同时，由于地下水的渗流作用，对支护结构产生一定的动水压力，从而使衬砌混凝土结构承受长期的高压力水渗透，导致腐蚀加速。

陈聪[21]研究了水头压力对混凝土渗透性的影响，图 2-9 所示为在不同压力水头（0.1MPa、0.3MPa 和 0.5MPa）下，试验得到的氯离子浓度分布曲线。可见，随着压力水头的增大，各层氯离子含量随之增加，特别是浅层氯离子浓度累积最为明显。而跨海峡隧道的最大水深超过 80 m，如果采用暗挖法修建隧道，隧道设计高程一般在海平面以下 150 m，甚至在海平面以下 300 m[22]，在断层破碎带附近作用的孔隙水压力可能高达几十个大气压。如挪威 Oslofjord 海峡隧道，其水头压力高达 12 个大气压。厦门翔安海底隧道拱顶最大静水压力 0.68 MPa[23]。在如此高的压力下，海水中腐蚀离子的渗透速度将大幅度提高。

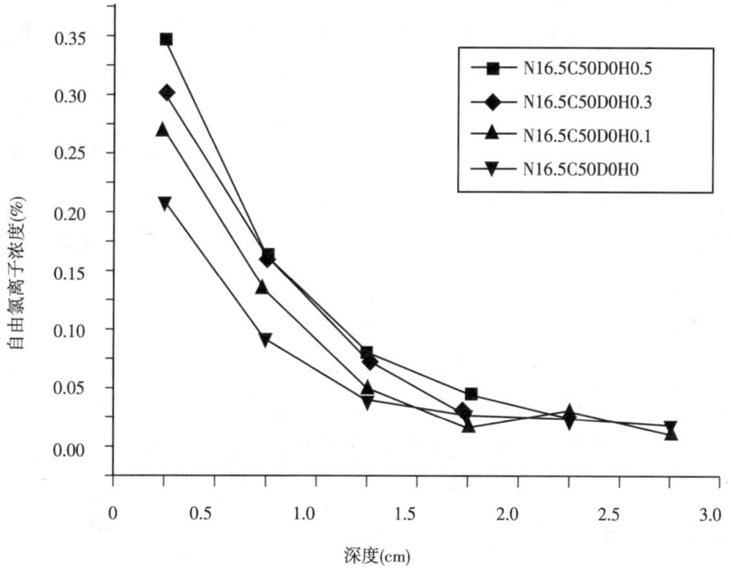

图 2-9　不同水头压力氯离子浓度分布曲线

与此同时，隧道衬砌在长期围岩压力和地下水压力的共同作用下，衬砌混凝土的渗透性会有所变化，而混凝土的渗透性又与耐久性关系密切，混凝土结构在荷载与环境的长期作用下可能引起材料性能的劣化。特别是结构受力产生裂缝后，裂缝的扩展大大增加了混凝土中有害物质的侵蚀，加快了混凝土劣化的进程，从而影响隧道结构的耐久性。

(2)地下水的腐蚀性

由于海底隧道穿过地下岩土及海底岩层，岩土体的矿物成分与化学成分复杂，围岩中可能含有与地下水反应的化学矿物质及其组合[24]，进而影响渗入的海水或地下水的组成，最终以地下水渗流的方式作用并腐蚀衬砌后背。这种“变质”地下海水的长期浸泡，之所以会导致隧道衬砌混凝土被水饱和、软化，降低隧道衬砌混凝土的力学强度，主要是由于侵蚀性地下水含有能够与混凝土中的部分物质发生化学反应生成可溶性盐或膨胀性盐的离子。在高渗透压作用下，可溶性盐发生迁徙，膨胀性盐使混凝土疏松，从而导致结构功能丧失，影响到隧道建成后的结构稳定，导致隧道衬砌裂损、腐蚀，以及混凝土中的钢筋锈蚀、道床翻浆冒泥和隧底悬空等隧道病害。另外，腐蚀性离子还会影响隧道中的施工设备、支护材料以及技术性装备正常使用时的安全性。

水对混凝土的侵蚀作用是一项复杂的物理化学反应过程。海底隧道地下水中含有的侵蚀性物质种类较多，如 Cl^-，SO_4^{2-}，CO_3^{2-}，K^+，Na^+，Mg^{2+} 等，对混凝土侵蚀的性质也不同。在衬砌与岩土体的接触面上，导致衬砌劣损的主要因素为 Cl^-、SO_4^{2-}、Mg^{2+} 等的含量，以及 HCO_3^- 和游离的 CO_2 侵入。根据腐蚀性离子的种类和生成盐类的不同，地下水侵蚀的类型主要有以下几种[24]：

①氯化物型：氯离子是地下海水中最主要的腐蚀性离子，对工程耐久性的影响最为显著。地下水中存在氯化物及其组合，氯化物中的镁离子与水泥水化产物 $Ca(OH)_2$ 反应，生成 $Mg(OH)_2$，从而降低了混凝土的碱度，同时，当 Cl^- 渗入混凝土保护层并扩散至钢筋表面，达到临界浓度并击穿钝化膜，将导致钢筋的锈蚀。

②硫化物型：地下水中存在硫化物及其组合，与溶解于地下水中的氧气作用，产生腐蚀性地下水。作用机理：金属硫化物＋氧气＋水→金属氧化物＋硫酸。其中硫酸具有腐蚀性，与混凝土中水泥水化产物反应，生成膨胀性盐类。

③硫酸盐型：地下水中存在硫酸盐及其组合与地下水作用，与混凝土中水泥水化物反应，生成膨胀性盐类，或石膏盐类遇水体积膨胀。

④碳酸型：围岩中的 HCO_3^- 及 CO_2 渗入混凝土导致钢筋保护层完全碳化，致使钢筋锈蚀。

也可能是以上几种侵蚀类型的组合。

总之，地下水是决定海底隧道服役寿命的关键性因素，地下水压力渗透与侵蚀性物质的共同作用对海底隧道工程耐久性的影响应引起足够的重视。在瑞典，对类似问题进行了许多研究，结果表明：渗水导致的水泥注浆侵蚀是锚杆腐蚀的主要原因。在渗水严重的区域,水泥注浆都会侵蚀。

2.2.4 其他环境因素影响

其他环境因素包括磨损、杂散电流和生物腐蚀等。

(1)磨损

混凝土的表面磨损分为三种情况[25],一是机械磨耗,它是由于混凝土受到反复摩擦、冲击造成的;二是冲磨,即结构物受高速水流中夹带的泥砂、砾石颗粒的冲刷、撞击和摩擦造成的;三是空蚀,即结构物受水流速度和方向改变形成的空穴冲击作用造成的。就海底隧道而言,可能存在两种情况的磨损。一方面,海底公路隧道的水泥混凝土路面,可能由于车轮反复作用而引起机械磨损;另一方面,作为沉管隧道或悬浮隧道,可能由于海底暗流中夹带泥沙而导致表面磨损劣化。

已有资料表明,影响混凝土耐磨性的因素有混凝土水胶比、骨料特性、水泥及掺合料的质量、外加剂、养护方法、混凝土的龄期及施工质量等[26-29]。实际上,归根结底还是由结构的设计和施工两方面决定的。典型的研究结果如图2-10[30]和图2-11[31]所示。

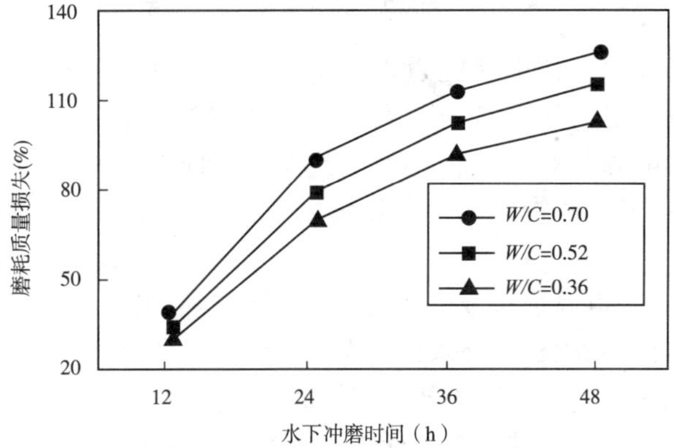

图2-10 水灰比对抗磨耗性能的影响

(2)杂散电流

在世界电气化铁路的运营中,杂散电流和由它引起的电化学腐蚀一直是困扰工程技术人员的重要问题。杂散电流,也称为“迷流”,是指在非指定回路上流动的电流。当海底隧道作为电气化铁路的一个组成部分使用时,杂散电流腐蚀就在所难免。

铁路隧道中的杂散电流主要来源于车辆的牵引供电系统和各种用电设备。其中,车辆的牵引供电系统产生的杂散电流是造成杂散电流腐蚀的主要原因。众所周知,目前世界上城市轨道交通系统或电气化铁路的供电方式,绝大多数

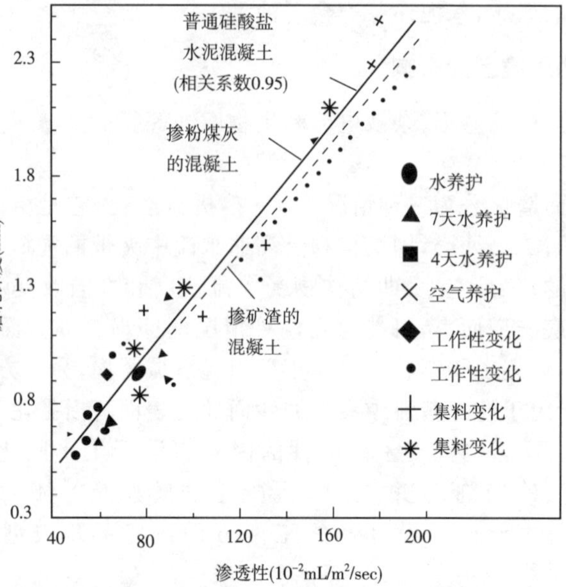

图 2-11 混凝土的磨耗与渗透性的关系

采用直流电。列车的直流电从隧道内的架空线进入列车的直流电机，再从列车的轨道回到电源。但由于走行轨与大地之间的绝缘不良或不是完全绝缘，电流除了沿轨道回到电源外，有一部分电流会从轨道向周围的地面流散出去，这部分电流在流过其他金属物体时，就会使之发生电腐蚀，从而加快金属锈蚀的速度。

杂散电流的阳极电腐蚀对金属的破坏相当严重，能引起水管穿孔漏水、锈蚀、电缆挂钩打火、道钉生锈断裂等，导致铁路设施的使用寿命降低。文献[2]的研究还表明，杂散电流对隧道内钢筋混凝土衬砌结构的强度和耐久性影响显著。在隧道横断面内，杂散电流数值较大的部位是走行轨道床中的排流钢筋网以及仰拱和拱脚部位配筋，同时其腐蚀危害也较为严重；而隧道边墙、拱肩和拱顶衬砌中的配筋受杂散电流腐蚀危害最小。另外，铁路隧道道床与二衬混凝土仰拱形成的施工缝中往往为地下水所饱和，道床混凝土长期处于地下水环境中，而道床处的杂散电流最大，钢轨与施工缝中的水就形成一个电解池，在这个电解池中道床混凝土孔溶液中的离子在电场作用下向外迁移，Ca^{2+}的溶蚀速率比一般地下水的溶蚀速率显著加快，从而导致混凝土结构过早破坏[32]。

目前杂散电流的防护已被人们所认识，并日益受到重视[2,33]。杂散电流的防治是一个多工种、多专业协调配合的工作，它不仅涉及供电专业，也涉及结构、管道等专业。杂散电流腐蚀防护应以防为主，以排为辅，实行防排结合。具体工程中，可采用走行轨降阻法及杂散电流收集法等相结合的综合防护措施，有效减少杂散电流的泄漏和由它引起的电化学腐蚀对隧道结构耐久性产生的危害。

(3)生物腐蚀

此外，海底隧道的某些部位可能存在海洋微生物对金属材料的腐蚀。在特定的环境下，还可能存在海藻，这些都可能导致隧道结构功能可靠度降低。

总之，海底隧道与周围介质联系紧密，长期相互作用，环境条件是影响海底隧道工程耐久性的重要因素[34]。根据周围环境与隧道发生作用的情况，其内部接触空气侧与外侧接触围岩侧的环境因素如图 2-12[10] 所示。

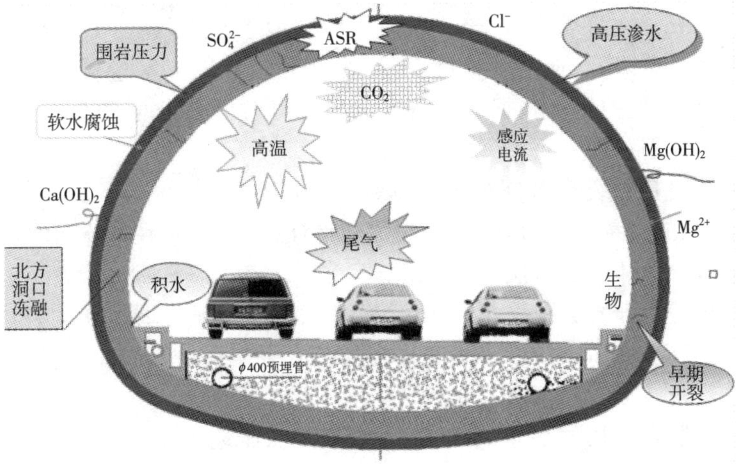

图 2-12　海底隧道环境因素

2.2.5　青岛胶州湾海底隧道工程服役环境分析

(1)气候条件

青岛地处北温带季风区域气候，属受海洋环境影响的季风显著的海洋性气候，四季分明，4～9 月份为东南季风，气候湿热多雨；10～3 月份则以西北季风为主，少雨多雪。年平均气温 12.2℃，最热月平均气温 25℃，月平均温度变化如图 2-6 所示。冻土深度 40～50cm。

历年平均大风日 64.8 天，年均风速 5.3m/s，瞬间最大风速 44.20m/s。

年均降雨量 775.6mm，其中夏季占 58%，冬季占 5%。降水量年内分布不均，年降水量的 73%集中于 6～9 月，且多集中在几次暴雨中。平均降雨强度最大月(8 月)13.6mm/d，最小月(2 月)为 2.5mm/d。月平均相对湿度为 62%～86%，是混凝土碳化发展最快的湿度区间。

(2)工程和水文地质及地下水侵蚀性分析

青岛胶州湾海底隧道位于胶州湾湾口，隧道穿越地质条件复杂多变，穿越隧道轴线主要断层破碎带有14条，其中海域段有10条，大部分为高角度、中新代脆性断裂构造，以压扭性为主。部分断裂具有张性，其宽度在数米至数十米不等，断层两侧有数米宽的影响带，断裂带由断层泥、构造角砾岩及碎裂岩组成，断层内物质胶结差，岩体破碎，地下水丰富，并与海水有水力联系。岩体完整程度和风化带厚度差异很大，多为碎裂—镶嵌破碎结构，围岩在松弛变形时抗渗性能易恶化，可能发生渗透变形破坏，造成突泥涌水、坍塌等地质灾害[35]。

该隧道有近4000m处于海平面以下，平均水深7m左右，最大水深65m，其中湾口最大水深42m。在海域海底20m以内岩体中地下水量较大，其下部分岩体富水性和渗透系数显著降低，地下水量减少，陆域部分相对地下水量较小。地下水运动主要受地形、地貌的控制。根据地下水补给储藏条件及水化学类型等特征，可将场区水文地质单元划分为：

①低山丘陵基岩裂隙水分布区：两岸高程约5m以上的基岩出露区，在降雨补给下，形成强烈的交替作用，地下水沿裂隙向低洼处汇流，常在冲沟、山脚、陡坎处露出地表或渗流补给邻近含水层。

②低山丘陵松散岩类孔隙水分布区：薛家岛岸低山丘陵坡麓和沟谷洼地残坡积区，孔隙水除接受大气降雨补给外，主要接受基岩裂隙水的侧向和顶托补给，并从高处向低处汇流，排泄于沟口。

③滨海松散岩类孔隙水分布区：滨海地带海蚀洼地沉积层和人工填土区，孔隙水主要接受海水侧向补给，流向随海水涨落往复改变。

④滨海基岩裂隙水分布区：滨海地带低于高潮位的基岩分布带，既接受低山丘陵基岩裂隙水的侧向补给，也可接受海水补给，地下水运动缓慢。

⑤海域基岩裂隙水分布区：被海水淹没地带，接受海水垂直补给，地下水在自然状态下基本不运动。

青岛胶州湾隧道详勘提供的工程地质报告中，在不同地段的20个钻孔中抽取了地下水样，另取海水水样2组进行水质分析，结果见表2-2。

水质分析结果表 表2-2

地点 \ 项目		NO_3^-	HCO_3^-	SO_4^{2-}	Cl^-	NH_4^+	Ca^{2+}	Mg^{2+}	侵蚀性 CO_2	固形物	pH值
		mg/L									
团岛岸	NDZ12	2.90	236.46	105.90	90	2.69	44.50	28.16	7.68	497.17	7.43
	NDZ9	7.96	233.34	166.57	139	0.72	118.98	26.98	7.60	680.66	7.38
	NDZ6	0.00	214.68	2032.38	15012	0.07	411.12	1023.58	4.82	26718.63	7.50

续上表

地点	项目	NO_3^- (mg/L)	HCO_3^- (mg/L)	SO_4^{2-} (mg/L)	Cl^- (mg/L)	NH_4^+ (mg/L)	Ca^{2+} (mg/L)	Mg^{2+} (mg/L)	侵蚀性 CO_2	固形物	pH值
海域	DZ1	1.15	248.90	2092.18	18895.71	0.07	599.75	1149.69	18.50	33078.12	6.64
	DZ3	47.05	143.12	2200.68	18679.05	0.06	996.35	1179.02	36.08	32690.80	6.71
	DZ5	0.00	199.12	2367.98	18404.32	0.08	928.64	1231.81	51.72	32557.37	6.57
	Z-1B	12.37	148.33	2067.28	17400	<0.04	773.18	1223.03	11.62	31735	6.74
	Z-2	2.5	156	2657	17500	2.1	718	1226	6.0	34410	7.4
	DZ6	0.00	164.90	2277.65	18930.54	0.07	793.21	1237.68	29.74	33068.94	6.80
	Z-3	11.7	161.2	2033.5	15944.1	0.04	1748.2	1366.7	1.16	29058	6.2
	Z-5	11.86	180.55	2176.13	16785.70	0.65	849.65	1249.52	1.16	29537	7.23
	DZ10	0.00	186.68	3788.01	14357.33	0.07	1712.18	997.18	16.80	28206.42	7.23
	DZ13	0.00	196.01	1868.10	18749.08	0.06	512.69	1243.54	1.84	32349.99	7.39
	DZ14	0.00	189.79	2441.88	18703.72	0.39	444.97	1214.21	9.68	33773.42	7.33
	DZ19	142.03	161.79	2560.97	18844.86	0.08	744.84	1173.15	27.66	33767.89	6.65
	DZ21	0.00	186.68	2119.89	14944.86	0.06	1625.12	1096.90	9.40	27139.70	7.27
	DZ25	0.00	186.68	2541.27	16738.29	0.06	1866.95	1120.36	23.20	30045.56	6.94
薛家岛岸	SDZ1	23.41	149.34	1577.13	11876.00	0.83	395.64	681.60	5.84	21352.51	7.20
	SDZ3	12.92	258.23	58.40	147.00	0.28	63.84	17.01	0.00	575.73	7.54
	SDZ8	29.34	183.56	82.41	90.00	0.19	63.84	13.49	21.12	500.77	7.03
海水（低潮）		12.6	177.3	2359.9	17587.40	0.04	258.9	1204.4	0.00	32543	6.90
海水（高潮）		12.76	161.29	2176.12	17533.33	<0.04	407.83	1177.38	4.65	32284	6.98

地质详勘根据《公路工程地质勘察规范》(JTJ 064—98)及《岩土工程勘察规范》(GB 50021—2001)判定：海域及距海较近处的地下水的化学成分与海水相似，在Ⅲ类环境下，对混凝土具中等结晶分解复合类腐蚀和弱结晶类腐蚀，对钢结构具中等腐蚀，对钢筋混凝土结构中的钢筋有弱腐蚀性；薛家岛距海边300m外的丘陵区地下水对混凝土和混凝土中钢筋无侵蚀性，对钢结构有弱腐蚀性。在Ⅱ类环境下，海水对混凝土具强结晶分解复合类腐蚀和中等结晶类腐蚀，对钢结构有中等腐蚀性，对钢筋混凝土中的钢筋有弱腐蚀性。

胶州湾海域的海水及海域的地下水中氯离子含量约19kg/m^3，按照《岩土工程勘察规范》(GB 50021—2001)规定，对海水中混凝土的钢筋是弱腐蚀性，对干湿交替环境中混凝土的钢筋则是强腐蚀性。

混凝土一边接触水或土中水，另一边无水，属于干湿交替环境，可见海底隧道喷射初支混凝土属于干湿交替环境。考虑不利的情况，复合衬砌中的二衬混凝土也应该属于干湿交替环境。这样，海水对海底隧道的初支及二衬混凝土中的钢筋均是强腐蚀性，故应做好钢筋的防腐蚀工作。

另外，根据国家规范《工业建筑防腐蚀设计规范》(GB/T 50046—95)❶的规定，对表 2-2 的水质分析成果进行判定，海域段 SO_4^{2-}、Cl^- 含量均对钢筋混凝土有中等腐蚀性。这要求隧道混凝土应进一步提高耐久性能。

(3)服役环境类别划分

就青岛胶州湾海底隧道混凝土服役环境而言，多重腐蚀因素共同作用将会影响到结构混凝土的服役寿命。当前不同的规范对结构工程服役环境类别都进行了划分，且划分标准均存在一定的差异。参考美国 AASHTO 公路桥梁规范、英国 BS8500－1:2002 和加拿大 CSAA23.1－04/A23.2/04、我国《混凝土结构耐久性设计与施工指南》(CCES 01—2004)以及《混凝土结构耐久性设计规范》(GB/T 50476—2008)等国内外规范，同时综合考虑胶州湾海底隧道环境分析条件以及工程的重要性，最后确定胶州湾海底隧道混凝土服役环境类别如下：海域段隧道衬砌混凝土接触空气一侧的环境作用等级为Ⅲ—E(非常严重)；海域段隧道衬砌混凝土接触围岩一侧的环境作用等级为Ⅲ—D(严重)。

2.3 设计、施工及维修管理对海底隧道耐久性的影响

海底隧道服役环境是客观的，需通过主动的耐久性设计来保证海底隧道结构的 100 年(甚至更长)服役寿命。迄今为止，钢筋混凝土结构的耐久性设计尚未形成统一和公认合理的方法，我国大陆海底隧道工程的耐久性设计更没有现成的经验。

海底隧道结构由主体构造物(包括洞身衬砌或支护和洞门构造物)和附属构造物(包括为运营管理、给水排水、供蓄发电、通风、照明、通信、安全等而修建的构造物)两大类组成。主体构造中的洞身衬砌对海底隧道的安全性和耐久性有至关重要的影响。在隧道工程中，支护结构通常分为初期支护和二次衬砌。初期支护是为了保证施工的安全、加固岩体和阻止围岩的变形。二次衬砌是为了保证隧道使用的净空和结构的安全而设置的永久性结构。隧道支护结构的形式与所采用的施工方法密切相关。采用不同的施工方案时，工程所用的混凝土材料应满足的要求也是有差异的，结构耐久性

❶ 该规范现已更新为 GB/T 50046－2008。

研究的内容和方法也有相应的变化[36]。为了了解设计与施工因素对海底隧道工程耐久性的影响规律，本节首先对海底隧道施工中常用的方法作一简单的介绍。

2.3.1　海底隧道施工方法简介

目前修建海底隧道的基本方法有钻爆法、盾构法、沉管法、掘进机法(TBM)或这几种方法的组合。另外，目前国内外有关专家正在构思一种崭新的水下隧道——悬浮隧道。

(1)钻爆法

一般把埋置于基岩，用传统钻爆法或臂式掘进机开挖隧道的方法称为钻爆法(也称矿山法)[7](Borehole-Blasting Method)。采用钻爆法施工完成的隧道称为深埋隧道或暗挖法隧道。钻爆法具有隧道断面可以灵活变化，随机设置，对地层地质适应能力好等优点。钻爆法修建海底隧道的关键施工技术是穿越断层破碎带，断层破碎带若与其上或附近的水系相连通，频繁的爆破作业对断层围岩扰动大，有可能给工程带来淹没、坍塌、涌水的危险，通风困难、埋深要求高等问题也是钻爆法的不利因素。

钻爆法在国外海底隧道建设中的应用比较广泛，以钻爆法设计和修建的铁路、公路海峡隧道主要集中在日本和挪威。20 世纪 40 年代，日本修建的关门海峡隧道是世界上最早采用钻爆法修建的海底隧道。闻名遐迩的青函海底隧道也采用了钻爆法修建。挪威在采用钻爆法修筑水下隧道方面积累了丰富的经验，已建成的约 100 km 的海底隧道均采用钻爆法施工。我国目前正在采用钻爆法修建厦门东通道翔安海底隧道和青岛胶州湾海底隧道。图 2-13 为青岛胶州湾海底隧道钻爆法施工现场。另外，大连湾海底隧道和杭州湾海底隧道也计划采用钻爆法施工。随着钻爆技术的发展完善，钻爆法已经成为一种极具优势的海底隧道修筑方法。

图 2-13　青岛胶州湾海底隧道钻爆法施工现场

(2)盾构法

盾构法(Shield Tunnelling Method)指的是利用盾构(图 2-14)进行隧道开挖、衬砌等作业的施工方法。盾构是一种带有护罩的专用设备,利用尾部已装好的衬砌块作为支点向前推进,用刀盘切割土体,同时排土和拼装后面的预制混凝土衬砌块(图 2-15)。

图 2-14　盾构挖掘机

图 2-15　盾构施工隧道的衬砌管片

盾构发明于 19 世纪初期,自 1843 年首先用于伦敦泰晤士河底隧道的建设以来,盾构法隧道的设计和施工技术得到了很大的发展,目前已成为一种修建海底隧道的重要施工方法,尤其适合于在软土地层中采用。盾构法施工具有施工速度快、洞体质量比较稳定、对周围建筑物影响较小等特点,但是盾构掘进机构筑的隧道断面形式和线形受限,灵活度不大,曲线半径不能太小;建设成本较高,建设风险较大。在海底隧道施工过程中承受较大水压力、土压力,盾构施工需克服高水压,尤其是大直径盾构推进中需克服顶底压差,保持工作面稳定,其施工难度较大。

用盾构法修建的世界著名海底隧道有英吉利海峡隧道、日本东京湾海底隧道及丹麦的大海峡隧道等。中国在20世纪50年代就开始研究盾构法施工，1962年用气压盾构，采用铸钢管片＋钢筋混凝土衬砌建成了上海市第一条黄浦江越江道路隧道。2007年11月开工建设的狮子洋跨海铁路隧道也采用了盾构法。拟建中的琼州海峡海底隧道和长江口隧道计划采用盾构法。

(3)TBM法

TBM法是隧道掘进机法(Tunnel Boring Machine)的简称。一般地，在欧洲，盾构法也称为TBM法，但在我国和日本，习惯上将用于软土地层的隧道掘进机称为盾构，将用于岩石地层的隧道掘进机称为TBM。所以，通常定义中的“TBM”是指全断面岩石隧道掘进机，是以中硬岩石地层为掘进对象，最适宜于开挖岩石单轴抗压强度介于50～150MPa的岩层。它与盾构的工作原理不同，最主要的区别在于它不具备泥水压、土压等维护掌子面稳定的功能。

TBM是目前国际上最先进的隧道施工机械，它依靠机械的强大推力和剪切力破碎岩石，使隧洞掘进、出渣、衬砌、灌浆等工序平行作业，实现一次成洞。用于岩石隧道施工时，初期支护多采用锚杆喷射混凝土支护，大部分还有二次衬砌，最终成型隧道，也有采用类似盾构管片形式一次成型的。TBM法对围岩扰动小，开挖面平整圆顺，超欠挖少，可以有效降低地质灾害发生的风险，实现连续快速作业，具有速度快、质量优、费用低、施工安全等优点。

20世纪60年代以来，TBM技术得到了迅速的发展。依据构造原理的不同，可分为敞开式、单护盾、双护盾等几种。特别是敞开式TBM，软、硬岩地层都适用，且适宜于打长洞，已经成功地运用于海底隧道的施工中。

(4)沉管法

沉管法(Immersed Tube Method)也称预制管段沉放法，是一种在水底修建隧道的特殊施工方法。沉管法是先在大型的船台上或岸边的干坞中按设计要求预制隧道管段(用钢结构或钢筋混凝土结构)，管段两端用临时封墙密封后滑移下水(或在坞内放水)，再浮拖至设计位置。定位后，使其下沉至预先挖好的水底沟槽内，并用水力压接法将相邻管段连接，最后拆除封墙，使各节管段连通成为整体的隧道。沉管法适用于海底平坦、水深及跨度不大的情况，对地质条件的适应性强、隧道的覆盖层薄，从而使隧道总长度减小，隧道断面利用率高，防水可靠度高，施工周期短，工程造价合理。

沉管隧道自1910年在美国首次用于底特律河隧道以来，长盛不衰[7]。特别是在沉管隧道的水下连接采用水力压接和基础处理采用压浆法等两大技术难题突破以后，世界各国，尤其是美国、荷兰和日本等几个国家在沉埋技术领域有了长足的进步，众多的海底隧道采用了沉管施工的方法。采用沉管法的海底隧道有已建成的丹麦厄勒海峡隧道、美国旧金山海湾隧道、中国港台地区的六条海底隧道，以及正在修建中的土耳其马尔马拉海底隧道和中国港珠澳桥隧工程。拟建中的日韩海底隧道也计划采用沉管法。图 2-16 为典型的沉管隧道横截面形式。

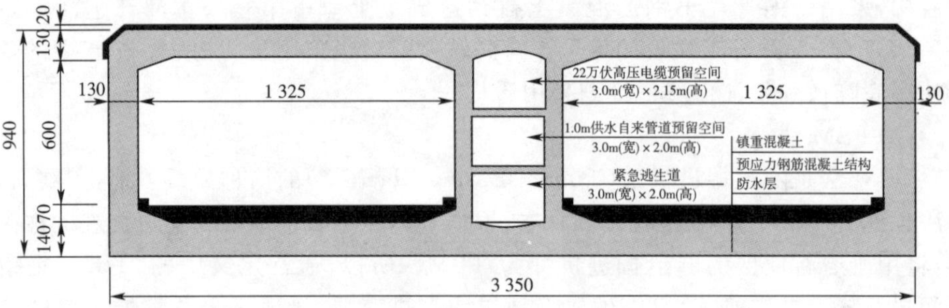

图 2-16　沉管隧道横断面形式(尺寸单位:cm)

(5)悬浮隧道

悬浮隧道(Submerged Floating Tunnel,缩写为 SFT)又称为阿基米德桥(PDA)(图 2-17)[37]。悬浮隧道可以看做是沉管隧道的一种特殊形式,它是由浮在水中一定深度的沉管管段组成。隧道用锚索锚固于一定间隔的海底锚座上,从而防止隧道产生过大的位移。同时,还有与两岸相连的构筑物。悬浮隧道中的路线可设计成缓坡,对汽车能量消耗较小。对长度超过千米,水深大于 50m,水下有深大断裂的水域,比盾构法或沉管法更具有竞争力。文献[38]就曾根据琼州海峡的自然条件,对跨海通道选择悬浮隧道方案的可行性进行了论证。但目前这种新型隧道在国内外还处于研究阶段,迄今为止,还没有一项建造的实例,设计和施工技术还不成熟,还有许多问题需进一步研究[7,39,40]。

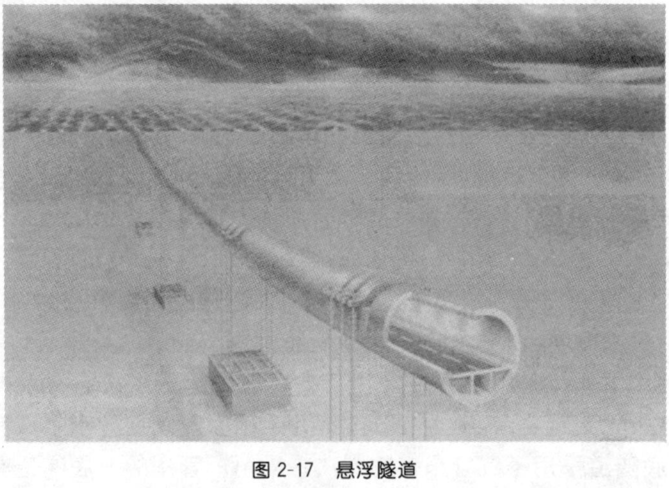

图 2-17　悬浮隧道

施工方案的合理选择需结合工程的实际情况,考虑工程的地质和环境特点,技术上的可行性及经济效益等方面，在整体最优的原则基础上，通过系统分析比较加以确定[36]。

2.3.2　支护结构形式及其结构设计参数的选定

海底隧道工程的主体结构为支护结构，支护结构的耐久性基本上反映了海底隧道的耐久性状况，必须从设计、施工和养护管理等方面，充分保证支护结构的安全性和耐久性。

(1)支护结构的形式

如前所述，隧道的支护结构包括初期支护和二次衬砌，在某些条件下，还包括超前支护在内。常用的衬砌结构形式有锚喷衬砌、整体浇注衬砌、拼装衬砌及复合式衬砌等四种。如果以喷混凝土、锚杆或钢拱支架的一种或几种组合作为初次支护对围岩进行加固，维护围岩稳定防止有害松动，待初次支护的变形基本稳定后，进行现浇混凝土二次衬砌，就称为复合式衬砌。工程实践表明，海底隧道衬砌结构最好采用复合式衬砌或管片加二次衬砌，尽管单层管片衬砌在已建成的海底隧道中也有采用，但它不适用于百年寿命的隧道[7,41]。

钻爆法(矿山法)施工，多采用二次衬砌，或者采用铸铁制的方形节段。对于钻爆施工的隧道，由于施工条件和工艺本身的制约，无论是混凝土结构还是外敷防水层在施工过程中都存在一定的质量缺陷，可能存在局部的渗漏水现象。

盾构法施工，可采用铸铁管片或预制钢筋混凝土管片拼装衬砌，还可以在管片内增设混凝土衬砌，减小运营风险。盾构隧道由于采用预制管片作为衬砌结构，施工缝分布广泛，尽管采取紧固、密封及防水等各种措施，但很难保证隧道不发生渗漏或滴水不漏[7]。

沉管法施工，采用较长的管节拼装衬砌。沉管的管段每节长一般超过 100 m，所以，沉管隧道的拼装接缝很少，并且管段是在工作条件较好的露天干坞内采用工厂化预制，混凝土浇筑质量易于控制，管段本身的自防水性能得到较好保证。同时，管段接头处采用两道橡胶止水带，管段之间的连接可以做到“滴水不漏”。

TBM 开挖后，可以用喷混凝土衬砌、喷锚衬砌或拼装预制构件衬砌等多种形式。

另外，无论何种衬砌结构形式，结构设计所采用的具体形状也会对耐久性产生影响。一般地，角部应尽量圆滑，断面应避免急剧的变化。还应做到表面平整，排水通畅。公路和铁路海底隧道常采用的衬砌结构形式有马蹄形、椭圆形和圆形。

(2)衬砌结构设计参数的选定

在一些水底隧道的设计中，往往认为土层、地下水和隧道内外环境中腐蚀性介质的含量未超标，而不主动采取保证耐久性的措施，这是一个误区[9]。海底隧道处在十分严酷的环境中，地下水、隧道内外环境中含有大量的腐蚀性离子，能否采取合理的耐久性设计措施，也就成为影响隧道使用寿命的重要因素。耐久性设计的要点在于如何有效地减缓和控制衬砌混凝土结构的劣化进程，这是一项重要而又复杂的工作。

与混凝土结构耐久性密切相关的结构设计参数主要是保护层厚度和最大裂缝宽度。不同环境作用下钢筋的保护层厚度应满足钢筋防锈、耐火以及与混凝土之间黏结力传递的要求。依据现有关于氯离子和碳化作用影响的研究成果，混凝土保护层越厚，氯离子迁移到钢筋表面的时间或保护层完全中性化所需的时间越长。因此，混凝土保护层厚度是影响混凝土结构耐久性的主要因素之一。

裂缝的出现使混凝土由完好状态进入损伤状态，在不利的环境条件下，就成为水体或其他侵蚀性物质侵入的主要通道，势必加快侵蚀介质的输运速度，显著影响着混凝土的抗渗性，进而加速钢筋锈蚀和混凝土劣化破坏的进程。

当前，还没有关于海底隧道设计的相应规范，进行耐久性设计和结构参数取值时，可依据隧道的环境类别，参考《公路隧道设计规范》(JTGD 70—2004)、《混凝土结构耐久性设计规范》(GB/T 50476—2008)、中国土木工程学会标准《混凝土结构耐久性设计与施工指南》(CCES01—2004)、美国 AASHTO 公路桥梁规范、英国 BS8500-1:2002 及加拿大 CSAA23.1-04/A23.2/04 等规范的相应条文，通过专题研究加以确定。

2.3.3 原材料选择及混凝土配合比设计

海底隧道要求支护结构具有卓越的耐久性和抗腐蚀性能，以抵御严酷腐蚀环境的侵蚀。提高混凝土结构耐久性的关键是增加混凝土材料自身的密实性，有效提高其抗渗能力，从而阻挡水分、氧气、二氧化碳及氯离子等有害化学物质的侵入，并延缓其到达钢筋表面的时间[15]。而混凝土的渗透性又与原材料的性能以及混凝土的配合比密切相关，它不仅是设计应该考虑的问题，更重要地受到施工中原材料的具体选择、配合比设计以及施工管理水平等因素的影响，直接决定着混凝土的质量和耐久性能，影响着海底隧道的服役寿命及其成本。

对海底隧道而言，无论是初期支护还是二次衬砌都应该采用抗腐蚀高性能混凝土。一方面，应对原材料进行优选，确保砂石料合格、粗细骨料级配合理，水泥、掺合料指标等满足工程要求。特别值得注意的是，由于海底隧道面临侵蚀性地下海水的长期浸泡，混凝土孔溶液的碱含量会因地下水的侵蚀而升高，所以对骨料潜在碱活性的控制标准应相对提高，避免混凝土碱—骨料反应的发生。另一方面，应进行合理的配合比优化设计。除了合理选定混凝土强度等级、严格控制混凝土的水胶比和水泥用量之外，还应该适量掺入粉煤灰、矿粉、硅粉等矿物掺合料及高效外加剂，或适量加入合成纤维，以有效减少混凝土早期自收缩及碳化开裂，提高抗氯离子、硫酸根离子等有害离子的渗透能力。《混凝土结构耐久性设计与施工指南》(CCE S01—2004)、《混凝土结构耐久性设计规范》(GB/T 50476—2008)等均针对工程所处的环境条件对混凝土28d氯离子扩散系数给出了具体的规定。

同时,还应优选高品质的钢材,对钢架、钢筋网、锚杆都要进行防腐处理,铺设的防水板也要采用高耐侵蚀及耐老化的材料。隧道内的电器设备及金属材料都必须采用绝缘处理及防锈处理。

2.3.4　防排水设计

地下水是影响海底隧道耐久性的最主要因素。由于海底隧道的特殊性,对防排水的要求很高。在隧道运营期间,一方面,随排导方式的不同,侵蚀性地下水的渗流作用会对衬砌结构产生不同的静水压力和动水压力,影响衬砌混凝土的力学及耐久性能;另一方面,地下水可能从混凝土衬砌的施工缝、变形缝、结构裂缝甚至混凝土孔隙等通道渗漏进隧道内部,容易造成通信、供电、照明等设备处于潮湿环境而发生锈蚀。倘若在寒冷地区,还可能使地面积水或结冰,使得以上危害更加严重。权威部门曾针对山岭隧道渗漏水情况作过专门的调查,结果显示:已建成通车的山岭隧道70%以上存在渗漏水情况,而且多发生在施工缝部位。所以,防排水设计是否合理,防排水系统是否可靠,是能否最大限度地降低地下水对隧道工程的威胁、提高工程耐久性的关键。

在国内外的隧道建设中,对地下水的处理方式可以分为三种类型:全封堵方式、全排导方式及限量排放方式[42]。从耐久性的角度而言,全封堵方式最为安全可靠。但根据国外的建设经验,采用全封堵方式的海底隧道,拱顶水位一般应小于30m(技术上以60m为临界值)。由于地下水的长期排放将引起海水下渗,对隧道结构及运营管理设备存在一定的安全隐患,且海底隧道的涌水源是无限的,所以,设计时一般不采用完全排导的方式。可以采用通过超前注浆改善围岩渗透系数的限量排放方式来控制隧道地下水的排放量。青函海底隧道衬砌设计采取了限量排放的方法,即允许水透过注浆区域并达到隧道衬砌的背后,水压力作用在隧道衬砌上。

隧道运营期间的渗水量、水质和水压将对结构所处的环境有较大影响。具体设计时,应根据隧址所处的地质、水压、结构的耐久性要求以及后期运营维修等情况,通过技术经济比较,采用不同的结构防排水方案,也可以根据施工开挖检测到的渗水情况进行动态设计。

隧道防水系统包括两个方面:一是自防水系统,包括防水混凝土与施工缝、变形缝防水,防水混凝土抗渗等级的选择等;二是由防水板构成的全包式防水系统。任何一方面存在质量缺陷或功能失效,都会影响到隧道的防水效果,进而影响隧道的耐久性服役寿命。厦门翔安海底隧道使用年限按100年设计,陆域隧道二衬为C30防腐混凝土,抗渗等级为S8,海域隧道二衬为C45高性能防腐混凝土,抗渗等级为

S12。喷射混凝土与二衬混凝土之间选用了 ECB 防水板材。

2.3.5 防腐蚀附加措施

考虑到海底隧道所面临的严酷氯离子环境，按照常规手段通过增加混凝土强度、降低混凝土水胶比和增加混凝土保护层厚度的办法，仍然有可能保证不了 100 年或更长设计使用年限的要求。为了增加结构耐久性的可靠程度，在前述手段的基础上，通常还结合环境特点，采取防腐蚀附加措施作为并行的多重防护手段之一[43,44]。防腐蚀附加措施会对海底隧道的耐久性产生较显著的影响。

常用的防腐蚀附加措施有：混凝土表面涂刷防腐面层或涂层、采用环氧涂层钢筋、应用钢筋阻锈剂和阴极保护等。环氧涂层钢筋和钢筋阻锈剂只有在耐久性优良的混凝土材料中才能起到控制构件锈蚀的作用，从而延长构件的使用年限。许多欧洲隧道中（如丹麦斯多贝尔大海峡隧道等），将一些重要结构部位（如管片）的钢筋均涂刷了环氧类防腐涂料[45]。另外，为了改善公路隧道内的环境，提高能见度和吸收噪声，确保行车安全，公路隧道中必须采取措施，使墙面在长期的运营中保持必要的亮度。内装饰材料在改善隧道内环境的同时，也起到了提高耐久性的作用。在进行耐久性评价时，表面装饰材料可折算为一定的保护层厚度加以考虑。

2.3.6 施工质量管理

海底隧道与其他工程一样，结构可能存在的先天性不足不仅仅是设计方面的原因，在很大程度上还受施工质量控制和施工管理方面的影响。由于各种原因，工程所用的材料性能、施工质量如达不到设计和科研所提出的要求，将给工程的安全性和耐久性造成潜在的隐患。

现有隧道调查显示[41,46,47]，可能由于施工原因造成的隧道病害和不足主要有以下几个方面：

(1)由于材料缺陷（如砂石料不合格，粗细骨料级配不合理，水泥、掺合料有害离子超标等），未严格按照混凝土配合比施工，混凝土拌合物工作性不好、质地不够均匀，或混凝土浇筑方法不合理、振捣不密实，导致管片制作质量缺陷或衬砌混凝土的强度不足，耐久性指标达不到设计要求，甚至形成透水缝隙。

(2)因超挖回填或未回填，坍方过大，混凝土捣固不密实，水灰比过大、混凝土干缩，两侧墙结构发生相对位移以至拱顶下沉等原因造成的衬砌背后严重空洞。

(3)因欠挖、超挖后未按规范要求回填造成的衬砌混凝土厚度不够，或因施工误差造成的保护层厚度不足。图 2-18 为文献[36]测得的某隧道侧墙的保护层厚度，可见保护层厚度存在一定的波动。本课题组也对胶州湾海底隧道保护层厚度进行了测试，得到类似的结果。在公路隧道设计时，混凝土保护层厚度修正值，一般取

10mm，但采用适当的定位装置时，其修正值可减小到 5mm[48]。

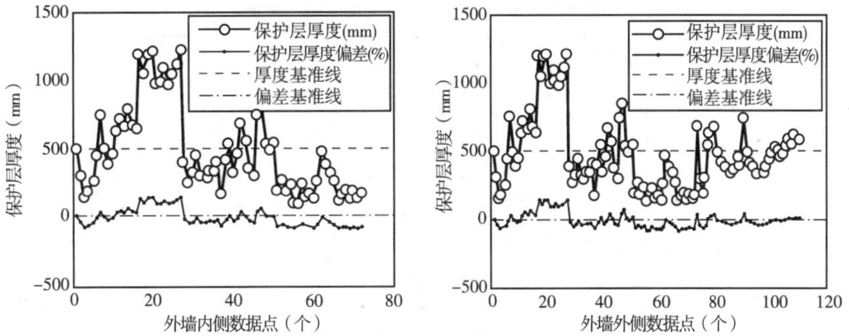

图 2-18 某隧道外侧墙保护层厚度测试结果

(4)衬砌结构开裂和变形。施工过程中，混凝土早期养护不到位，混凝土可能因为失水干燥产生收缩裂缝；浇筑大体积混凝土时，未采取适当的降温措施，也可能由于过大的内外温差而导致开裂；或因为模板强度、刚度不足而发生变形，因拆模过早或浇筑时机不合适等而产生变形、片块剥离以及大块坍落。

(5)施工缝、变形缝、伸缩缝处理不当，防水板安装不规范，未处理好防水板的接缝和破损部位，容易导致隧道内部严重的渗漏水病害和排水管路堵塞等。

另外，施工采用的模板类型(是否为透水模板)、养护方法等，也会对结构耐久性产生影响。在混凝土作业时，应加强施工质量控制及施工管理，坚持高标准，从混凝土原材料的组成、降低温差、收缩补强、模板选择及施工工艺上采取相应的措施。

2.3.7 日常维修与运营管理

在合理的结构设计和施工管理基础上，只有通过有序的维修管理，才可以保证海底隧道具有良好的运营条件和使用功能，有效延长其使用寿命。隧道维修管理的要点是“预防为主”、“早期发现”、“及时维护”和“对症下药”。若维修管理不善，对隧道结构物出现的早期“变异”现象，如不能及时发现，及时处理，在海底隧道严酷的服役环境下，变异可能迅速劣化，从而造成结构物耐久性的降低或使用寿命的缩短。

2.4 偶然因素对海底隧道耐久性的影响

影响海底隧道耐久性的偶然因素包括火灾、地震、撞击、海啸、战争等。此类作用一旦出现，危害极大，严重影响隧道结构的安全性和耐久性。

2.4.1 火灾

在上述偶然因素中，以隧道内火灾最为常见[9]。隧道工程在给人们生产、生活带来便利的同时，火灾事故频繁发生，造成了巨大的社会影响和经济损失。表 2-3

为世界公路隧道火灾发生及损坏的情况。

世界公路隧道火灾发生及损坏情况　　表 2-3

年份	隧道名称	长度(m)	国家地区	火灾持续时间	隧道结构破坏程度
1949	Holland	2250	美国纽约	240min	隧道严重损坏 200m
1974	Mont Blanc	1160	法国—意大利	15min	
1976	Crossing BP-A6	430	法国巴黎	60min	隧道严重损坏 150m
1979	Nihonzaka	2045	日本 Shitzuoka	159hr	隧道严重损坏 1 100 m
1980	Kajiwara	740	日本		隧道严重损坏 280 m
1982	Caldecott	1028	美国 Oakland	160min	隧道严重损坏 580 m
1999	勃朗峰隧道	11500	法国—意大利	55hr	混凝土穹隆全部沙化
1999	陶恩隧道	6400	奥地利	240min	隧道部分坍塌
2001	圣哥达隧道	17000	瑞士—意大利	＞24hr	隧道顶板大块坍塌
2002	猫狸岭隧道	3590	浙江台州地区	120min	拱部原涂有防火涂料，火灾后，钻孔取芯强度试验，衬砌整体强度未受大的影响

英法海底隧道自 1994 年 5 月开放以来，多次发生火灾事故。1996 年 11 月 18 日，载有大量聚苯乙烯等化工产品的火车在英法海底隧道起火，造成 34 人受伤，重伤 2 人，交通中断达 1 个月之久。2008 年 9 月 11 日发生的隧道火灾，造成了 14 人轻微中毒或受伤，隧道内的交通全部中断(图 2-19)。

图 2-19　英法海底隧道发生火灾

水下公路隧道火灾具有烟雾大、温度高以及火灾后难以修复等特点[49]。隧道工程呈狭长形，内部空间狭小而封闭，很难进行自然排烟。火灾发生后，由于隧道中的空气不足，多产生不完全燃烧，因而烟雾较大，热量难以散发。在这一特殊的空间环境下，成灾时间短，失火爆发成灾的时间一般为 5～10min。大部分火灾持续时间与隧道内的环境有关，一般在 30min 和几个小时之间。而机械排烟设施启动后，空气的流动加快，燃烧猛烈，火灾将迅速蔓延并加热空气。顺风向时，空气温度可以达到 1000℃，炽热的空气在经过途中可把热传递到易燃或可分解的材料上。火焰从一个燃料的火源“跳跃”相当大的长度，传到下一个燃烧点，从而使得火灾高温的影响范围增大。

混凝土是高防火性能的材料，它不会助长火势。但在高温条件下，存在很大的安全问题。当温度高于 300℃时，混凝土的强度随着温度升高而降低；当温度升到 600℃左右时，混凝土的强度下降约 50%。火灾会产生浓度很高的 CO，使空气温度迅速升高，隧道火灾发生时温度一般在 1000℃以上。隧道的砌体很难承受得住如此高的温度。上千度的高温烧得洞内外石头四下飞崩，严重地方拱顶坍塌，甚至将车辆掩埋于其下。此时，衬砌结构的整体性将受到严重破坏。主要表现在烧坏支护结构拱部及边墙（拱部比边墙严重），一般衬砌损坏厚度为 10～20cm。严重时会造成隧道拱顶混凝土崩落，边墙倒塌，进而造成隧道的部分坍塌。这对需要承受相当水压的水下隧道结构是难以接受的，因为结构的损毁可能带来灾难性的后果。在英法海底隧道的第一次重大事故中，1000℃的高温完全毁坏了 600m 长的一段隧道，使隧道壁上 40cm 厚的钢筋混凝土层剥落，熔化了电缆和其他设备，使钢轨变形。

不断发生的火灾事故使得人们越来越关注隧道的火灾安全性。火灾对隧道的影响是显而易见的，一旦发生火灾，衬砌混凝土因受高温烟火的持续炙烤，表面将产生大量的裂纹，进而引起混凝土剥落和爆裂，衬砌混凝土的性能将严重恶化，从而严重影响到其承载能力。国内外学者对混凝土经受高温后的力学性能进行了大量的试验研究[50-52]，而火灾后建筑物的修复加固也一般是基于对强度的评价。实际上，混凝土材料在高温下耐久性能的降低比力学性能的衰减更加显著[23,24]。近年来，火灾高温后混凝土的耐久性问题逐渐得到了工程界的关注[52-54]。

图 2-20 和图 2-21 是本课题组所做的混凝土火灾后耐久性试验结果，所用原材料及配合比均来自青岛胶州湾海底隧道衬砌混凝土结构。图 2-20 为经历 150～700℃高温后，在空气中自然冷却的混凝土试块的吸水试验结果。可见，高温对混凝土的损伤非常明显，随温度升高混凝土的吸水系数和总孔隙率显著增加。图 2-21为混凝土试块经受高温后，在空气中自然冷却后的吸盐试验结果，从图中可以看出经受火灾高温后，混凝土的抗氯离子侵蚀性明显降低，从而严重影响了混凝土的服役寿命。

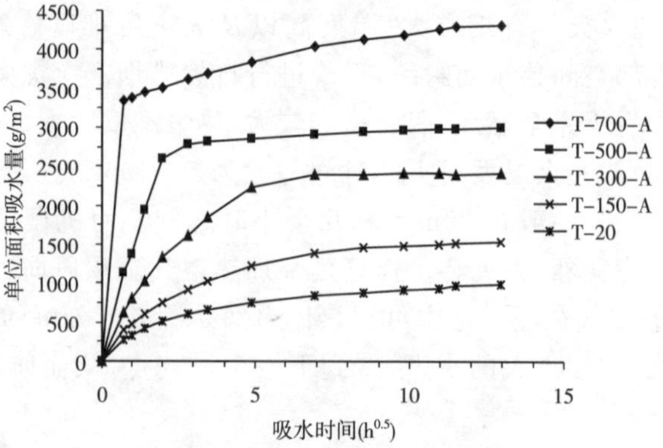

图 2-20　空气中冷却混凝土吸水曲线

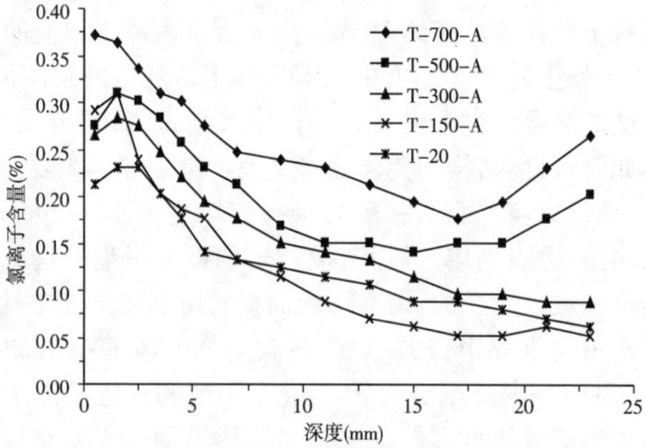

图 2-21　空气中冷却混凝土氯离子曲线

海底隧道衬砌混凝土遭受火灾后，会加速隧道内部空气中的氯离子进入混凝土的内部，并进一步导致较严重的钢筋锈蚀。同时，如前所述，隧道内部的 CO_2 浓度较高，遭受火灾高温后，CO_2 将更容易进入衬砌混凝土内，引起混凝土的中性化。检测发现[55]，在 400～500℃ 这个温度区间内混凝土内部的 CH 胶体大量地向中性盐（如 $CaCO_3$）转化，从而导致了混凝土的中性化。另外，海底隧道中的 PVC 材料高温分解物及火灾中产生的各种酸性气体都是影响海底隧道衬砌结构耐久性、缩短隧道使用寿命的关键因素[54]。这对于海底隧道等长期承受相当水压及围岩压力并处于复杂腐蚀环境中的混凝土结构而言是非常不利的。

2.4.2　地震作用

与桥梁和道路相比，隧道受地震的影响程度相对较小。在日本神户地震发生前，世界上还没有地下结构因发生地震而遭受严重破坏的先例，各国对地下结构震害的研究较少[56]。近年来,隧道的抗震设计得到越来越广泛的重视。实际上,地震或人为诱发地震等都有可能破坏隧道的衬砌结构,引起不同程度的病害,对隧道的安全性和耐久性造成威胁。特别是对海底隧道而言,地震引起的破坏往往是灾难性的,破坏后修复的难度和代价较大。

研究表明[57],隧道工程在大震发生后可能出现的破坏现象主要有:坍方、大变形,洞体横向剪断,纵向错动或剪切裂缝,边墙斜裂缝与竖向裂缝,衬砌内鼓、压碎,开裂或成片剥落掉块,拱顶外翘等。且破坏多发生于隧道洞口段、浅埋段、软质岩、断层破碎带等处。2008年"5·12"地震发生时,我国国道108线剑门关隧道的二次衬砌施工进行了约70%,震后调查发现[58],隧道洞身内多处发育有横向裂缝与纵向裂缝,裂缝长度数米至数十米不等、宽度0.3~2.5 mm不等。部分地段二次混凝土衬砌施工缝因地震拉开,造成防水板破裂引起较为严重的渗漏水。经铁二院检测,隧道衬砌未发现结构性损伤。

隧道抗震设计通常考虑两个等级的激励地震[59],采用50年和500年的再发周期(return period)。隧道设计必须考虑隧道结构能经受住相当于50年再发周期的地震作用。文献[31]给出了海底隧道振动损坏的判据:

①非损坏区(地面水平加速度峰值小于0.19g,即50年的再发周期):混凝土无明显裂缝,无落石,隧道断面无变形。

②小损坏区(地面水平加速度峰值在0.19~0.4g之间,即500年的再发周期):有落石,产生新的裂缝,旧的裂缝加宽,隧道断面产生变形,洞口有重大损坏。

③损坏区(地面水平加速度峰值超过0.4g):有较大岩石崩落,严重开裂,隧道断面有大变形,可能有错位。

实际上,由于地震作用的影响,即便是在非损坏区,隧道衬砌结构内部也不可避免地存在微损伤,势必对结构的耐久性造成相应的影响。另外,在地震作用下,隧道内的机电设备以及它们的支承和固定系统都有可能遭受破坏。当然,隧道震害及其对耐久性的影响,可以通过采取主动的措施加以消除或削弱。日本在接头抗震方面取得了积极进展,过去在地震区修建隧道时,对地震缺乏特别的预防措施,而现在设计的接头处可以有相当挠度和纵向位移。

总之,海底隧道工程耐久性十分复杂,它不仅受设计、施工及管理水平的制约,还在很大程度上取决于设计者对结构特点、耐久性等级和所处环境的把握以及所采取的相关措施是否准确有效,是一个综合性问题。

参考文献

[1] 莫一婷.盾构隧道衬砌接头的构造与耐久性的研究[D].同济大学硕士学位论文,2007
[2] 周晓军.地铁杂散电流对衬砌耐久性影响及防护的探讨[J].地下空间与工程学报,2007,3

(3):522-528

[3] 乔宗昭,朱祖熹.水底盾构法公路隧道耐久性设计[C].沿海地区混凝土结构耐久性及其设计方法科技论坛暨全国第六届混凝土耐久性学术交流会,深圳,2004:4-16

[4] 杨林德,高占学.公路隧道混凝土衬砌结构的耐久性与保护层厚度[J].土木工程学报,2003,36(12):64-67

[5] 孙钧.厦门市东通道海底隧道工程设计施工若干技术关键的思考[C].大直径隧道与城市轨道交通工程技术——2005上海国际隧道工程研讨会,2005:25-32

[6] 潘洪科,杨林德,汤永净.地下结构耐久性研究现状及发展方向综述[J].地下空间与工程学报,2005,1(5):804-808

[7] 王梦恕.水下交通隧道发展现状与技术难题——兼论"台湾海峡海底铁路隧道建设方案"[J].岩石力学与工程学报,2008,27(11):2161-2172

[8] 周永川,张嘉兴,李顺敏等.台湾海底隧道之接头与管段变化研析及对策[J].隧道建设,2007,增刊:121-126

[9] 孙钧.崇明长江隧道盾构管片衬砌结构的耐久性设计[J].建筑科学与工程学报,2008,25(1):1-9

[10] 赵铁军,金祖权,王命平,等.胶州湾海底隧道衬砌混凝土的环境条件与耐久性[J].岩石力学与工程学报.北京:科学出版社.2007年增刊:3823-3829

[11] 中华人民共和国行业标准.JTJ 275—2000 海港工程混凝土结构防腐蚀技术规范[S].北京:人民交通出版社,2000

[12] 何建新.热带海洋大气环境下碳钢大气腐蚀行为规律特征[D].机械科学研究总院硕士学位论文,2008

[13] 穆山.海洋大气环境对航天发射场建设影响与对策研究[J].装备环境工程,2009,6(1):62-65

[14] 中国工程院土木水利与建筑学部工程结构安全性与耐久性研究咨询项目组.混凝土结构耐久性设计与施工指南.北京:中国建筑工业出版社,2004:17,23-25,61,63

[15] 赵铁军.混凝土渗透性[M].北京:科学出版社,2006

[16] Zivica V,Krajci L,Bagel L. Significance of the Ambient Temperature and the Steel Material in the Process of Concrete Reinforcement Corrosion[J]. Construction and Building Materials, 1997,11(2):99-103

[17] 钱磊,宋晓冰,刘西拉.氯离子环境下温度对钢筋混凝土结构中钢筋腐蚀的影响[J].建筑技术开发, 2004,31(7):54-55

[18] 左勇志,闫玉海,宋晓冰,等.温度对碳化引起的钢筋混凝土腐蚀影响研究[J].工业建筑,2003,133(13):8-10

[19] J. Figg. An Attempt to Provide an Explanation for Engineers of the Expansive Reaction between Alkalis and Siliceous Aggregates in Concrete[C]. 6th Int. Conf. Alkalis in Concrete Copenhagen,1983

[20] G. M. Idorn,V. Hohansen,N. Thoulow. Assessment of Caused of Cracking in Concrete[C]. Materials Science in Concrete Ⅲ,Amer. Ceramic Soc. ,New York, 1992

[21] 陈聪，杨林德. 压力水头下开裂混凝土渗透特性试验研究[J]. 低温建筑技术，2009(9)：1-3

[22] 廖朝华，郭小红. 我国修建跨海峡海底隧道的关键技术问题[J]. 隧道建设，2008，28(5)：527-532

[23] 路军富，王明年. 大断面海底隧道二次衬砌结构安全性评价[J]. 现代隧道技术，2008 年增刊：125-128

[24] 雷升祥，李淑媛. 浅谈海底隧道的地下水[J]. 现代隧道技术，2004，41(5)：6-11

[25] 张誉，蒋利学，张伟平，等. 混凝土结构耐久性概论[M]. 上海：上海科学技术出版社，2003

[26] 林江涛，聂欣. 陶粒水泥混凝土耐磨耗性能分析[J]. 建材技术与应用，2007，11：11-12

[27] 王发洲，胡曙光，丁庆军，等. 高性能复合道路水泥混凝土的研究[J]. 中国公路学报，2000，13(3)：12-14

[28] 冯乃谦. 实用混凝土大全[M]. 北京：科学出版社，2001

[29] 陈瑜，张起森. 水工混凝土材料耐磨性的试验研究[J]. 中外公路，2004，24(3)：113-116

[30] 刘彦书，吕丽华，柳俊哲，等. 寒区路用水泥混凝土磨耗机理及试验[J]. 低温建筑技术，2006(1)：16-18

[31] R. K. Dhir，M. R. Jones，E. A. Byars，et al. Predicting Concrete Durability[C]. In：Proceedings on Concrete Technology：Past，Present and Future. Detroit，U. S. A. ACI SP-144. 1999(4)：545-574

[32] 黄文新，殷素红，李铁锋，等. 杂散电流对广州地铁混凝土溶蚀性能影响的加速试验研究[J]. 混凝土，2008(8)：17-33

[33] 中华人民共和国行业标准. CJJ 49-92 地铁杂散电流腐蚀防护技术规程[S]. 中华人民共和国建设部，1992

[34] 刘恒. 大跨公路隧道结构耐久性技术研究[D]. 北京交通大学硕士学位论文，2007

[35] 曲立清，王全胜，张文强. 胶州湾海底隧道综合超前地质预报与注浆方案选择[J]. 铁道工程学报，2009(9)：65-68

[36] 钱春香. 城市隧道混凝土结构耐久性及其增强技术的实践与思考[C]. 第五届混凝土结构耐久性科技论坛，南京，2006，东南大学学报 2006 增刊：95-104

[37] Odd E. Gjφrv 著，赵铁军译，严酷环境下混凝土结构的耐久性设计[M]，北京：中国建材工业出版社，2010

[38] 麦继婷，关宝树. 琼州海峡悬浮隧道的可行性研究[J]. 铁道工程学报，2008(4)：94-96

[39] 林志. 海底隧道技术特点与发展[C]. 2005 年全国公路隧道学术会议论文集. 北京：人民交通出版社，2005：60-65

[40] 李波，杨吉新，熊金波. 琼州海峡索桥式悬浮隧道方案的可行性研究[J]. 中国水运，2009，9(10)：253-255

[41] 王梦恕. 台湾海峡海底铁路隧道建设方案[J]. 隧道建设，2008，28(5)：517-526

[42] 宋超业，周书明，谭志文. 海底隧道衬砌水荷载计算[C]. 中国土木工程学会第十三届年会暨隧道及地下工程分会第十五届年会论文集，广州，2008，11：1-5

[43] 中华人民共和国国家标准. GB/T 50476—2008 混凝土结构耐久性设计规范[S]，2008

[44] 山东省工程建设标准. 混凝土结构耐久性设计规程(DBJ 14—S6—2005)[S]. 山东省建设厅

发布，2005

[45] 张勇.隧道的耐久性的设计与施工.中国土木工程学会隧道与地下工程学会防排水专业委员会第十次学术交流会[C]，南京，2001

[46] 潘金林.公路隧道病害类型产生原因及处治技术[J].工程技术，2009(12)：43

[47] 宋晓翠.基于荷载作用的混凝土碳化及寿命预测[D].青岛理工大学硕士学位论文，2008

[48] 关宝树.隧道工程维修管理要点集[M].北京：人民交通出版社，2004

[49] 刘伟，曾超，涂耘，等.厦门东通道海底隧道防火技术研究[C].2006年公路隧道运营管理与安全国际学术论文集.重庆：2006，10：93-100

[50] 陈磊，李彬，滕桃居，等.混凝土高温力学性能分析[J].混凝土，2003(7)：26-28

[51] 黄玉龙，潘智生，青亦刚，等.火灾高温对PFA混凝土强度及耐久性的影响[C].水泥基复合材料科学与技术会议，北京：1999，10：87-90

[52] Bazant Z P and Kaplan M F. Concrete at high tmperature. London，Longman Group Limited，1996

[53] 张奕.氯离子在混凝土中的输运机理研究[D].浙江大学博士学位论文，2008

[54] 张奕，金伟良.火灾后混凝土结构耐久性的若干研究[J].工业建筑，2005，35(8)：93-96

[55] Morsy M S，Galal A F，AboElEnein S A. Effect of Temperature on Phase Composition and Microstructure of Artificial Pozzolana—Cement Pastes Containing Burnt Kaolinite Clay[J]. Cement and Concrete Research. 1998，28(8)：1157-1163

[56] 张栋梁，杨林德，谢永利，等.盾构隧道抗震设计计算的解析解[J].岩石力学与工程学报，2008.3：543-549

[57] 李林，邓勇.高地震区广甘高速公路隧道抗震设计的探讨[J].路基工程，2009(3)：69-71

[58] 王文杰.地震后隧道渗漏水整治技术[J].建筑施工，2009，31(6)：497-498

[59] 路石.冰岛海底隧道的地震风险评估[J].铁道建筑，1997(11)：39

第3章 海底隧道初期支护耐久性

支护结构包括围岩自身、超前支护、初期支护、二次衬砌等，除了围岩自身，其他支护结构都是辅助围岩的手段。超前支护可以提高围岩强度和防止涌水，初期支护可以防止围岩掉块和风化、减少围岩松弛、提高隧道安全度。初期支护的形式主要有锚喷支护和管片支护。由于初期支护与周边围岩直接接触，是抵御各种有害物质侵蚀的第一道防线，初期支护同时可作为永久支护的一部分，其耐久性设计非常重要。

3.1 海底隧道初期支护形式概述

在海底隧道施工期间，为了保证施工安全，减少坑道围岩松弛，及时控制地压的发展，更主要的是为了保证围岩的自支护能力，从而更充分地利用围岩自身的自支护能力，需要对坑道进行初期支护。初期支护不仅在施工期间能够维护坑道的稳定或暂时稳定，还能够与二次衬砌一起，发挥永久支护的作用。

在选择支护手段时，一般应采用能大面积牢固并且紧密接触围岩的、能及时施设和应变能力强的支护手段。海底隧道选用的施工方法不同，初期支护的形式也就不同。一般来说，钻爆法的初期支护形式通常采用锚喷支护，沉管法、盾构法的初期支护一般采用管段和管片，掘进机法（TBM）则使用锚喷支护或管片。另外，在地质条件差的情况下，有时还需要采取辅助的支护措施，如小导管注浆、管棚、锁脚锚杆、围岩注浆等超前支护，如图 3-1、图 3-2 所示[1]。

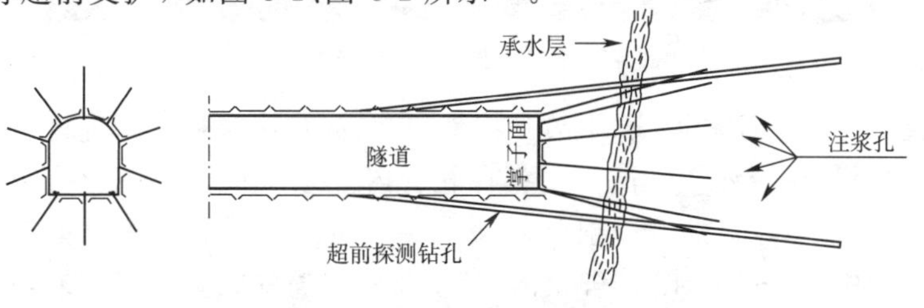

图 3-1 钻孔探测和超前注浆原理示意

图 3-2　施工中的现代高压注浆设备

3.1.1　锚喷支护

锚喷支护即喷射混凝土与锚杆、金属网联合使用，有时也要与钢支撑或隔栅等配合使用的支护形式，如图 3-3 所示。

图 3-3　钻爆法施工后进行锚喷支护

喷射混凝土有干喷和湿喷，干喷是将骨料、水泥和速凝剂按一定比例干拌均匀，然后装入喷射机，用压缩空气使干集料在软管内呈悬浮状态压送到喷枪，再在喷嘴处与高压水混合，以较高速度喷射到岩面上。干喷所使用的机械设备较简单，但其缺点是容易产生较大的粉尘，回弹量大，加水是由喷嘴处的阀门控制的，水胶比的控制比较困难，且与操作人员的熟练程度有关。湿喷是将骨料、水泥和水按设计比例拌和均匀，用湿式喷射机压送到喷头处，再在喷头上添加速凝剂后喷出。湿喷混凝土质量容易控制，喷射过程中的粉尘量和回弹量较小，但对喷射机械要求高。随着技术的进步和对环保要求的提高，海底隧道锚喷支护越来越多地采用湿喷，本书相关内容主要针对湿喷加以阐述。

喷射混凝土施工速度快，不需要模板，也不依赖于隧道的开挖形状，易于与其他支护方法联合使用，喷射混凝土已成为非常适合海底隧道的支护方式。而锚杆对于围岩具有联结作用、组合作用和整体加固作用。锚喷联合支护是锚杆和喷射混凝土两种支护的有机组合，可以与围岩体表面紧密结合。封闭岩层表面的节理裂隙，使洞室轮廓平顺，减少应力集中，避免表面岩层松动、坍塌以至全局失稳，又能使围岩形成整体结构，共同受力。一般在较好的围岩中(如Ⅵ类以上围岩)，可将喷射混凝土作为主要的支护手段，辅以锚杆加固，而在较差的围岩中，以锚杆作为主要加固手段，并与喷射混凝土、钢筋网喷射混凝土或加钢拱的钢筋网喷射混凝土配合使用。

随着喷射混凝土越来越多地用于永久性支护，对其耐久性的要求也越来越高。海底隧道喷射混凝土的设计思想应该是：不以强度为唯一的指标，而以耐久性为主要指标。这是它与传统喷射混凝土设计的主要区别。经过调查，在我国过去的喷射混凝土支护中，达到设计强度要求而后期破坏的工程实例屡见不鲜。目前满足结构物功能要求的混凝土耐久性只有 60 年左右。喷射混凝土就更低些，一般只能满足 30 年不维修的要求。喷射混凝土出现的表面开裂、剥落、甚至坍塌，锚杆锈蚀外露、渗水漏水等问题，足以说明在喷射混凝土设计中，应将耐久性指标放在第一位。在海底隧道中，喷射混凝土层由于直接接触地下水，服役环境恶劣，更易发生耐久性破坏。Dong-Gyou Kim[2]等对建造十余年的喷射混凝土隧道进行检测，发现在地下水侵蚀性离子含量不是很高的情况下，喷射混凝土表面出现裂缝也非常多(图 3-4)，多处渗漏出水，耐久性退化严重。

图 3-4　隧道喷射混凝土拱顶和边墙的风化、裂缝和渗漏

3.1.2 管片(管段)支护

盾构法和TBM法施工多用预制混凝土管片，这两种开挖方法施工进度快，而预制件则可以提前制作、可标准化生产，使得海底隧道施工速度较快。例如已建成通车的英吉利海峡隧道的主隧道即采用了掘进机全断面开挖，通过采用预制管片达到了较快的施工速度，单洞速度可达20～50m/d。但采用预制混凝土管片的隧道整体性较差，管片之间的空隙需封填，施工准确度要求高。另外，在选择管片的结构形式时，需考虑所采用的施工方法、海底隧道服役环境等因素，可单独采用管片(图3-5)，也可采用管片与喷射混凝土结合的形式(图3-6)。沉管法施工时则一般采用预制混凝土管段(图3-7[3])，管段单元的运输和水下沉入如图3-8和图3-9所示[4]。

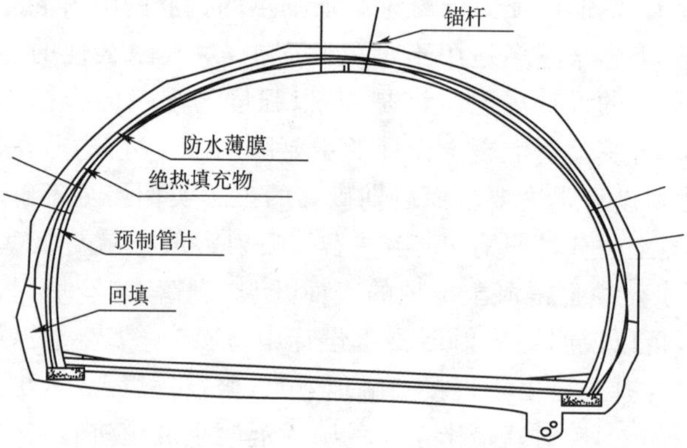

图3-5 预制混凝土管片衬砌

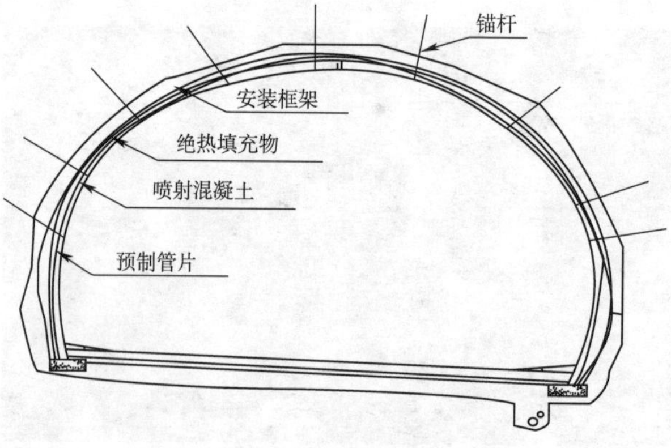

图3-6 喷射混凝土和预制混凝土管片衬砌

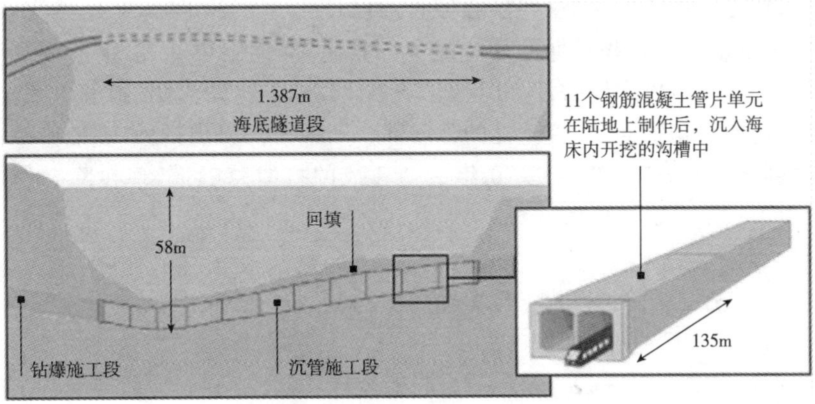

图 3-7 预制混凝土管段用于海底隧道沉管法施工

图 3-8 海底隧道混凝土管段的运输

图 3-9 海底隧道混凝土管段安装就位

从19世纪后期开始，球墨铸铁隧道管片已使用100多年，迄今仍然完好(如伦敦地铁和泰晤士河上一些早期的盾构隧道等)；而20世纪中叶后，钢筋混凝土管片出现的问题却不少，以中国香港20世纪70年代建成的地铁为例，到了20世纪90年代，衬砌结构的内排钢筋、连接螺栓的外露部分和钢拉杆出现锈蚀，多处管片的混凝土保护层剥落。上海市20世纪70年代初建成的打浦路隧道，现在除需增设复线外，同时也面临第二次全面大修。

3.2 海底隧道支护结构混凝土的原材料

如同其他重大工程混凝土结构对材料的要求，海底隧道支护结构混凝土的制备须从原材料的选用上就遵循保证耐久性的原则。对于海底隧道来说，由于海水含盐量高，支护结构必须采用抗腐蚀性混凝土。在传统的水泥、砂、石和水四种原材料的基础上，为进一步改善混凝土的性能，衬砌混凝土的制备还要掺加外加剂和矿物掺合料。

3.2.1 水泥

(1)水泥的品种与强度等级

在海底隧道支护结构混凝土的配制中，水泥品种的选择应保证混凝土抗渗、抗氯离子、抗硫酸盐侵蚀等耐久性能的需要，同时应考虑水泥中混合材料的掺量和水泥强度等级。水泥品种与强度等级不仅对硬化混凝土的强度有影响，对其抗渗性及长期耐久性也有重要的影响。

根据现行国家标准《通用硅酸盐水泥》(GB 175—2007)[5]，我国通用水泥有六个品种：①硅酸盐水泥，有两个代号P.Ⅰ和P.Ⅱ，P.Ⅰ无任何矿物混合材料，P.Ⅱ允许有不超过5%的粒化高炉矿渣或石灰石；②普通硅酸盐水泥，代号P.O，允许以5%～20%的矿物混合材料等量取代硅酸盐熟料；③矿渣硅酸盐水泥，代号P.S，在生产水泥时允许以20%～70%的粒化高炉矿渣作为矿物混合材料等量取代硅酸盐熟料；④火山灰质硅酸盐水泥，代号P.P，允许有20%～40%的火山灰质材料作为矿物混合材料等量取代熟料；⑤粉煤灰硅酸盐水泥，代号P.F，允许有20%～40%的粉煤灰等量作为矿物混合材料取代熟料；⑥复合硅酸盐水泥，代号P.C，用两种以上矿物混合材料取代20%～50%的硅酸盐熟料。

国标按水泥胶砂的强度将硅酸盐水泥分为42.5、42.5R、52.5、52.5R、62.5、62.5R六个等级，普通硅酸盐水泥分为42.5、42.5R、52.5、52.5R四个等级，其他四种掺入较多矿物掺合料的通用水泥分为32.5、32.5R、42.5、42.5R、52.5、52.5R六个等级。水泥的强度对硬化混凝土的强度、抗渗性及耐久性有重要影响。

《混凝土结构耐久性设计规范》(GB/T 50476—2008)[6]规定，氯化物环境下不宜使用抗硫酸盐硅酸盐水泥。考虑到我国水泥生产的实际情况，配制海底隧道钢筋混凝土用的水泥应符合《通用硅酸盐水泥》(GB 175—2007)的规定(选用P.Ⅰ52.5或P.Ⅱ52.5水泥)。

(2)水泥的熟料矿物成分

硅酸盐水泥熟料中的主要成分有硅酸三钙(C_3S)、硅酸二钙(C_2S)、铝酸三钙(C_3A)和铁铝酸四钙(C_4AF)等。其中，C_3S是水泥早期强度的主要来源，水化速度较快，水化发热量较大；C_2S是水泥后期强度的主要来源，水化速度很慢，水化发热量最小；C_3A的水化速度最快，水化放热量最大，水化物强度最低，干缩最大。水泥中C_3A的3d水化热量约为C_3S的3.7倍、C_2S的17.7倍；7d水化热量则分别约为C_3S的7倍、C_2S的37倍；C_3A的收缩率大约是C_3S和C_2S的3倍。而且环境中的化学腐蚀介质对混凝土的主要侵蚀对象之一就是C_3A。另外，水泥中C_3A的含量越少，拌和料流动性的经时损失就越小。

由于水化热过大会使混凝土收缩大、微结构不良，所以减少水泥的水化热对降低混凝土的渗透性有重要意义。水泥熟料中的C_3A含量应低(质量比例一般不超过8%，海水中不宜超过10%)，C_3S含量应适中。一般来说，增加水泥或胶凝材料单方用量均可加强混凝土拌和料中原材料和水化产物对氯离子的物理与化学吸附作用。尽管如此，配制高抗渗的混凝土，还是应尽可能降低胶凝材料中硅酸盐水泥的用量，目的是加大矿物掺合料的用量，减少水泥用量较大带来的负面影响，同时控制C_3A的含量。另外，按国标规定影响水泥体积安定性的游离CaO不应超过1.5%，游离MgO应<5.0%，SO_3应<3.5%。

(3)水泥中的碱含量

在各种耐久性劣化因素中，除了侵蚀性介质从环境中进入混凝土内部造成破坏之外，混凝土内部由原材料带入的一些物质也会造成混凝土开裂等抗渗性和耐久性恶化的问题。水泥中的碱和氯离子含量超过一定的限值就会造成这样的危害。

水泥中的碱含量很大程度上受水泥原料黏土的影响，所以应选择低碱含量的黏土作原料。我国现行的水泥规范是参照美国的标准，规定水泥中的碱含量按Na_2O当量折算，用户要求使用低碱水泥时，水泥的碱含量不得大于0.6%，或由供需双方商定。这一要求主要是从预防碱—骨料反应的角度提出的。但应指出的是，不管是否有活性骨料存在，碱的影响首先表现在增加混凝土的开裂倾向。水泥中含过多的碱会影响水泥的安定性，后期膨胀引起开裂，从而大大降低实际环境中混凝土的抗渗性和耐久性。

(4)水泥中的氯离子含量

氯离子渗入混凝土导致的钢筋锈蚀是混凝土耐久性劣化的最主要因素之一。

除了由环境中渗入，氯离子也可能来自含氯盐的混凝土材料中，所以应限制水泥的氯离子含量。日本土木学会规范规定对耐久性要求较高的钢筋混凝土[7]，Cl^- 总量不超过 0.3kg/m^3；一般钢筋混凝土中，Cl^- 总量不超过 0.6kg/m^3（若每立方米混凝土按 300kg 水泥计算，以上规定为水泥质量的 0.1%～0.2%）。对氯盐环境下的配筋混凝土，应选用氯离子含量尽可能低的水泥，并采用较大掺量矿物掺合料和低水胶比。新拌混凝土硬化后，实测混凝土中的氯离子含量不应超过胶凝材料总重的 0.1%，对预应力混凝土不应超过胶凝材料总重的 0.06%；对无氯盐作用的环境，配筋混凝土所用水泥的氯离子含量也不宜超过水泥质量的 0.2%（普通钢筋混凝土）和 0.06%（预应力混凝土）。现行的国家标准《通用硅酸盐水泥》（GB 175—2007）中已明确规定，水泥中的氯离子含量不应超过水泥质量的 0.06%。

3.2.2 细骨料

海底隧道混凝土用细骨料应为河砂，严禁使用海砂。质量应符合《普通混凝土用砂、石质量及检验方法标准》（JGJ 52—2006）的规定。细度模数应在 2.6～3.0，并控制 4.75 mm、0.6 mm 和 0.15 mm 筛的累计筛余量分别为 0～5%、40%～70%和≥95%。砂中的泥块含量≤0.5%，含泥量≤2.0%，云母含量≤1.0%，水溶性氯离子含量≤0.02%，无潜在的碱活性。

制备混凝土之前应对砂进行全面检验，质量符合标准规定，准予由产地组织运输进厂（场）的天然砂，进厂（场）时应按批检测其颗粒级配、含泥量及氯离子含量。砂在运输与贮存时不得混入能影响混凝土正常凝结与硬化的有害杂质，并应防止将碎（卵）石、水泥及掺合料等混入；堆放砂的场地应平整、排水通畅。

3.2.3 粗骨料

海底隧道混凝土用粗骨料的质量应符合《普通混凝土砂、石质量及检验方法标准》（JGJ 52—2006）的规定。质地均匀坚固、粒形和级配良好、松散堆积密度一般应大于 1500kg/m^3，较致密的石子如石灰岩应大于 1600kg/m^3，吸水率小于 2%，空隙率应小于 40%；粗骨料的压碎指标不大于 7%，吸水率不大于 2%，针片状颗粒不宜超过 5%。用于高抗冻混凝土的粗骨料吸水率不宜大于 1%；处于冻融循环下的混凝土，宜进行骨料的坚固性试验，坚固性试验的失重率应小于 8%；对可能处于干湿交替、冻融循环环境下的混凝土，粗骨料中的含泥量应低于 0.7%；粗骨料中的水溶性氯离子含量不应超过骨料质量的 0.02%；氯盐环境作用下的混凝土，不宜采用抗渗透性较差的岩质（如花岗岩、砂岩）作为粗、细骨料；粗骨料的最大公称粒径不宜超过 25mm，且不应超过保护层厚度的 2/3。

对粗骨料应进行全面检验，如质量符合标准规定，准予由产地组织运输进厂（场），进厂（场）时应按批检验其颗粒级配，含泥量，针、片状颗粒含量。粗骨料在运输与贮存时不得混入能影响混凝土正常凝结与硬化的有害杂质，并应防止将水泥、掺合料及砂等混入。贮存时宜按不同粒级分别堆放，使用时分级称料，以保证碎石级配合格；堆放碎石的场地应平整、排水通畅，宜铺筑混凝土地面。

3.2.4 拌和用水

海底隧道支护混凝土的拌和用水应符合现行国家标准《混凝土用水标准》(JGJ 63—2006)规定，设计使用年限为100年的结构混凝土用水中的氯离子含量(以 Cl^- 计)不得超过500mg/L，硫酸盐含量(以 SO_4^{2-} 计)不得超过2000mg/L。未经处理的海水严禁用于钢筋混凝土和预应力混凝土。

3.2.5 矿物掺合料

《混凝土结构耐久性设计规范》(GB/T 50476—2008)规定，氯化物和化学腐蚀环境中的混凝土结构构件，应采用较大掺量矿物掺合料混凝土。磨细矿粉、粉煤灰能延缓胶凝材料中的水化热发生速度，对抑制支护混凝土因温度应力发生开裂有良好的效果。

对于海底隧道支护混凝土来说，矿物掺合料必须品质合格、质量均匀、来源固定，掺合料的掺量应根据设计对混凝土各龄期强度、混凝土的工作性和耐久性以及施工条件和工作特点(如环境气温、混凝土拌合物温度、构件尺寸等)而定；矿物掺合料中不应含有放射性物质、可溶性(包括可升华而释放的)有毒物质或对混凝土性质有害的物质，并应有相应的检验证明和生产厂家出具的产品检验合格证书；矿物掺合料宜使用两种或两种以上的掺合料复合而成的磨细矿物掺合料。

(1)粉煤灰

针对海底隧道所处的环境，用作混凝土矿物掺合料的粉煤灰应选用游离氧化钙不大于10%的低钙灰。粉煤灰应来自燃煤工艺先进的电厂；粉煤灰的细度应≤12%，烧失量不宜大于5%，引气混凝土不大于3%，需水量比应≤100%；冻融和除冰盐环境下混凝土需要引气时，则应严格限制粉煤灰烧失量，掺量宜控制在30%以内(与硅灰合用时掺量可适当增加)；三氧化硫含量≤3%；需水量比不宜大于105%。

(2)磨细矿渣

混凝土中使用的磨细矿粉比表面积不宜小于 $350m^2/kg$；对于硫酸盐腐蚀环境，特别是高温下的硫酸盐腐蚀环境宜将大掺量矿渣作为胶凝材料的组分；但对冻融部位的混凝土，矿渣的最大掺量不宜超过50%；矿渣需水量比不宜大于105%，烧失量不大于1%。

(3)硅灰

海底隧道混凝土掺入硅灰以后，硅灰可充填于混凝土浆体水泥颗粒之间，胶凝材料具有良好的级配，提高混凝土的密实度。同时，因硅灰活性高，能与水泥水化过

程中剩余的游离 $Ca(OH)_2$ 继续发生水化反应，生成不溶于水的坚硬固相凝胶体，充填于水泥、砂、石的微细空隙中，使混凝土致密，从而促进了混凝土强度和耐久性的大幅度提高。

硅灰中二氧化硅含量不应小于85%，比表面积不小于15000m^2/kg，硅灰掺量一般不超过胶凝材料总量的8%。

(4)沸石粉

磨细天然沸石岩粉应选用斜发沸石岩或丝光沸石岩，其他沸石尤其是方沸石不宜用作混凝土的掺合料。沸石岩的铵离子净交换量不小于107mol/100g(斜发沸石岩)或115mol/100g(丝光沸石岩)，沸石岩品位(即沸石含量，用铵离子净交换容量检测)应当稳定，比表面积大于280m^2/kg。

矿物质掺合料在运输与贮存时不得混入杂物。不同品种、不同等级的掺合料应分别运输与贮存，不得混杂。堆放掺合料的场地应平整、排水通畅，宜铺筑混凝土地面，并有防雨防风设施。

3.2.6 外加剂

海底隧道支护混凝土中使用的外加剂质量必须符合国家现行标准《混凝土外加剂》(GB 8076—2008)、《混凝土外加剂应用技术规范》(GB 50119—2003)的规定。

减水剂氯离子含量≤0.2%，与工程所用水泥有良好的相容性，推荐掺量下限时的减水率≥25%，推荐掺量上限时的减水率≥30%。

宜选用具有防水、抗裂和防腐蚀功能的复合膨胀剂，性能应满足《混凝土膨胀剂》(JC 476—2001)和《砂浆、混凝土防水剂》(JC 474—2008)的要求，氧化镁含量≤5.0%，含碱量≤0.6%，氯离子含量≤0.05%。

外加剂的氯离子含量不得大于混凝土中胶凝材料总重的0.02%，高效减水剂中的硫酸钠含量不宜大于减水剂干重的15%；外加剂与水泥和掺合料应当有良好的相容性；各种阻锈剂的长期有效性需经检验，一般不使用亚硝酸钠类阻锈剂；氯化钙不应作为混凝土的外加剂使用；混合使用高效减水剂、引气剂、缓凝剂、膨胀剂、阻锈剂及其他防腐剂时，应事先专门测定它们之间的相容性。

外加剂在运输和贮存时不得混杂及混入杂物。外加剂应设专库贮存，专人保管。外加剂储存过久或有可能影响质量情况时，使用前应予复验。不同品种的外加剂应分类存放，做好标记，不得受潮和污染。

总而言之，对海底隧道支护混凝土的制备而言，要实现混凝土自身的低渗透性、低宏观缺陷和高密实度，以限制海洋环境侵蚀介质的渗入，其基本途径可归结为：采用高性能优质水泥和级配良好的优质骨料；优质掺合料(磨细矿碴粉、粉煤灰和微硅粉等)，使工业废渣资源得到充分利用；高效减水剂的使用，并尽量降低混凝土水胶比，提高混凝土的抗渗能力；使用硅灰等胶凝性矿物掺合料，提高混凝土的密实度；水泥颗粒的解聚和粒径范围的扩大，以获得较理想的微观结构等。

3.3　海底隧道锚喷支护耐久性设计

目前喷射混凝土主要有三种形式：

①普通混凝土分层喷射，每层厚约100mm；

②钢筋网加固的喷射混凝土，首先在岩石表面喷一层混凝土，然后安装钢筋网，通常为5～6mm直径的钢筋，再喷射第二层混凝土，覆盖整个钢筋网，有时需要多层；

③纤维加固喷射混凝土，纤维可以是钢纤维、PVA纤维或其他纤维。不论采用哪种形式，海底隧道都应采用高耐久性、高工作性（低回弹率和低粉尘）的优质喷射混凝土。

如把喷射混凝土施工工艺分为三个阶段，即喷射阶段、硬化早期和硬化后期，则海底隧道喷射混凝土在各阶段的性能应达到以下要求：

①喷射阶段：具有高黏聚性、附着性，回弹率低、粉尘少；

②硬化早期：早凝、早强，化学收缩小，干缩小；

③硬化后期：高耐腐蚀、高抗渗、高抗碳化、强度适宜。

因此，在海底隧道喷射混凝土原材料选择、配合比设计、施工质量控制中，应通过采取各种措施，使其达到各个阶段的性能指标，要用各项耐久性指标，包括氯离子扩散系数、渗透系数、碳化速度系数、长期强度等来衡量。

3.3.1　锚喷支护结构设计

进行锚喷支护结构设计时，应首先明确以下主要技术要求：

（1）初期支护形式及支护参数，包括喷射混凝土厚度、锚杆的长度和间距、钢筋网和钢架的设置等，应根据围岩的性质及状态、地下水情况、隧道净空尺寸及其埋深等条件确定。在设计中可采用工程类比法，必要时应结合监控量测法及理论验算法确定。

（2）初期支护喷射混凝土厚度设计参数应根据围岩级别、开挖跨度及支护部位的不同，分别拟定。

（3）锚杆的类型应根据地质条件和使用目的确定，应选用耐腐蚀性强的锚杆。

（4）系统锚杆布置应符合下列要求：应沿隧道周边均匀布置，在岩面上按扇形布置。锚杆间距不应大于锚杆长度的1/2；在隧道横断面内，锚杆的方向宜与周边垂直。在层状围岩中，锚杆的方向宜与岩层面垂直。

(5)使用锚杆时在围岩破碎、受力较大地段,可采取增加锚杆数量、加大锚杆长度和直径等措施,在成孔困难地段可采用自钻式锚杆。

(6)在自稳时间短、初期变形大的地层中,或对地面下沉量有严格限制时,应采用钢架支护。根据不同的围岩条件,可选择开口式钢架或封闭式钢架。

(7)在松散、破碎或膨胀性围岩中应采用钢筋网喷射混凝土作初期支护,也可采用钢纤维喷射混凝土、配筋喷射混凝土拱肋。

在锚喷支护结构设计上,典型的挪威海底隧道衬砌由作为支护的喷锚结构和防水防冻的内衬砌组成。钢纤维喷射混凝土是主要的永久性支护结构,喷射混凝土拱肋也有应用,混凝土模注衬砌只在地质条件复杂的特殊地段采用。广泛采用防腐蚀的锚杆,如CT锚杆。在极为恶劣的岩石条件下,如断层和破碎带,则需要精心设计施工,包括减少每轮爆破的进尺,由锚杆锚固的喷射混凝土拱肋,以及扇形分布密集的长锚桩,图3-10是这种支护结构的示意图[8,9]。如果围岩条件较差,锚喷支护时还可以使用加筋喷射混凝土拱肋(图3-11)。

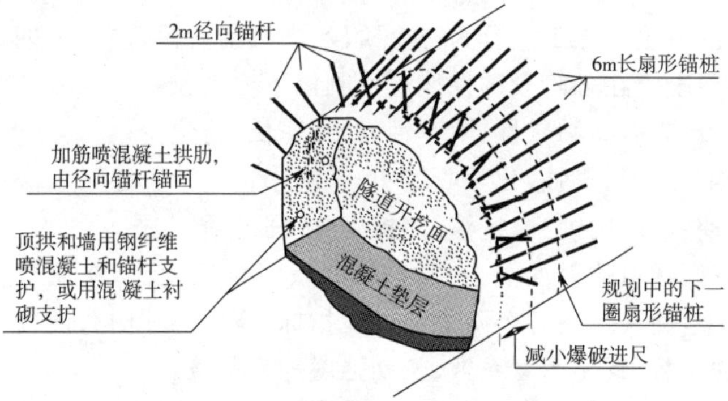

图3-10 断层和软弱带峒段的岩石支护

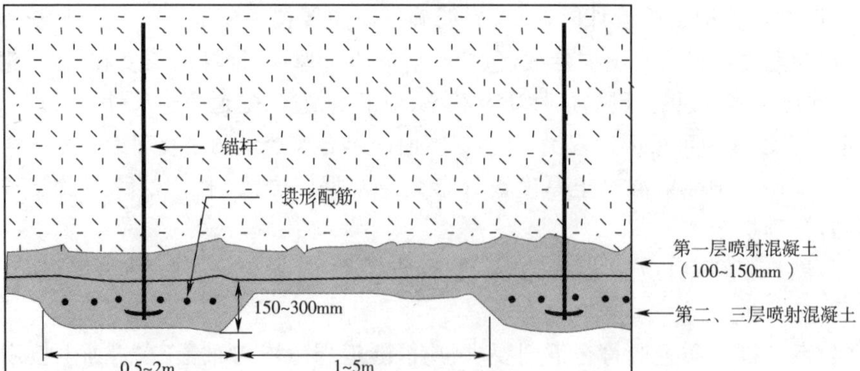

图3-11 加筋喷射混凝土拱肋

挪威海底隧道平均每米设置的锚杆数量从 1.5 至 7 个不等。每米隧道的喷射混凝土用量近年来从 0.7～1m^3 增加到 1.5～2m^3，反映了对隧道稳定性要求的提高，同时可减少后期维护。图 3-12 和图 3-13 分别汇总了不同隧道锚杆和喷射混凝土的设计用量和实际用量[10]。

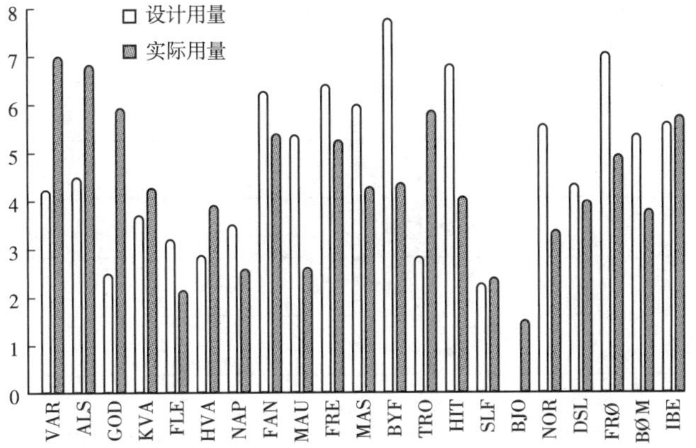

图 3-12 挪威每米海底隧道锚杆的设计用量和实际用量(单位:个)

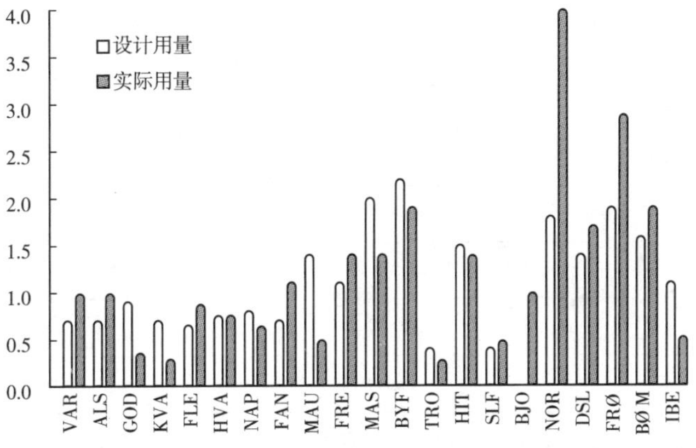

图 3-13 挪威每米海底隧道喷射混凝土的设计用量和实际用量(单位:m^3)

3.3.2 原材料优选

表 3-1 中比较了典型喷射混凝土和相当质量现浇混凝土在原材料方面的差异[11]，相应的物理力学性能如表 3-2 所示。从表 3-1 可以看出：①喷射混凝土一般比现浇混凝土的水胶比略高，以便泵出和喷射；②喷射混凝土粗骨料最大粒径一般小于 10～12mm；③配合比中砂率较小(参见图 3-14)；④使用速凝剂以加速水化反应(参见图 3-15)；⑤成分中的微细硅灰用于增强瞬时黏性和混凝土的密实性。

喷射混凝土和现浇混凝土典型配合比比较　　表 3-1

项　目	高质量喷射混凝土配合比	现浇混凝土配合比
等级	C40	C40
水胶比	0.43	0.4
水泥	430kg/m^3	375kg/m^3
速凝剂	4%	—
减水剂	胶凝材料的 1.6%	1.5%
黏结剂	胶凝材料的 0.7%	—
微细硅灰	60kg/m^3	—
最大骨料粒径	10mm	30mm
骨料粒径<0.6mm	30%～55%	32%

喷射混凝土和现浇混凝土典型配合比的物理力学性能比较　　表 3-2

性　能	高质量喷射混凝土配合比	现浇混凝土配合比
1d 抗压强度(MPa)	20	6
28d 抗压强度(MPa)	59	44
28d 弹性模量(GPa)	34	31
28d 泊松比	0.48～0.18	0.15～0.22
28d 抗拉强度(MPa)	>2	3.8
初凝时间(min)	3～5	45～145
100d 收缩量(%)	0.1～0.12	0.03～0.08
160d 徐变(%/MPa)	0.01～0.06	0.008
密度(kg/m^3)	2140～2235	2200～2600
总孔隙率(%)	15～20	15～19
渗透性(m/s)	2×10^{-12}～2×10^{-14}	10^{-11}～10^{-12}
28d 裂缝长度(m)	1300	—
热膨胀系数(K)	8.25～15×10^{-6}	10×10^{-6}
坍落度(mm)	200	50

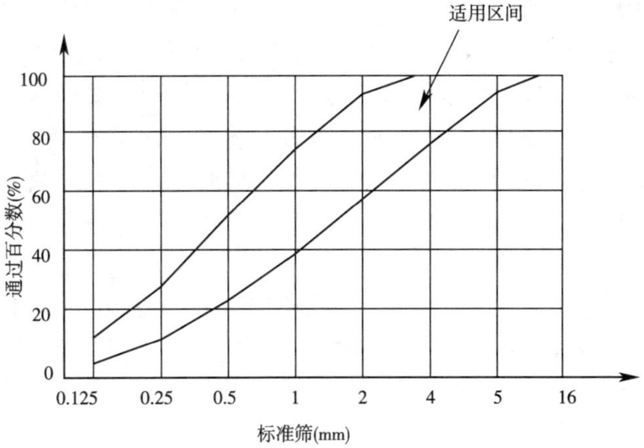

图 3-14　喷射混凝土的典型级配曲线

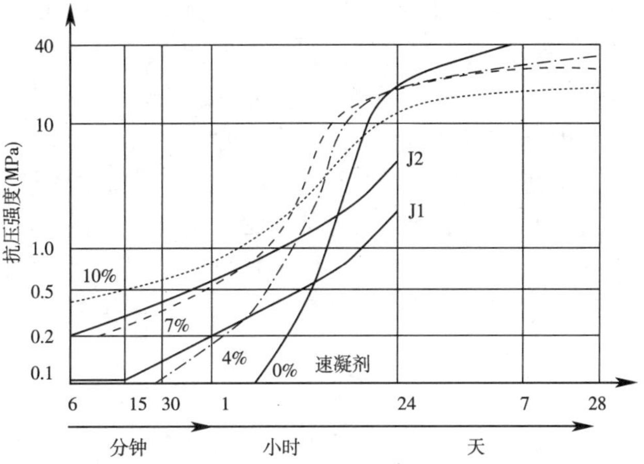

图 3-15　喷射混凝土早期强度发展

值得注意的是，从喷射口出来的混凝土配合比和附着在围岩表面的配比是不一样的。前者可以称为喷射配比，后者称为附着配比。设计规定的喷射混凝土强度，应该是由附着配比决定的。但因现场对附着配比管理比较困难，因此一般都按照设计配比进行管理。多数情况下，为满足附着配比（或设计配比）的要求，往往需要改变现场喷射配比的参数。

通常，现场配比应适当提高喷射混凝土的强度等级，以确保附着在围岩表面的喷射混凝土的设计强度。与喷射混凝土耐久性能密切相关的有：水胶比、单位用水量、单位胶凝材料用量、速凝剂用量。

密实的混凝土渗透性低，具有较高的耐久性，能有效地降低有害物质的侵入。研究表明，硅酸盐水泥在水化过程中所需的水灰比仅为0.2，用水量大导致后期水分蒸发后孔隙率加大,将会降低混凝土的耐久性。基体的孔隙主要来自拌和水过多而产生的凝胶孔与毛细孔。由于在高性能喷射混凝土中要使用许多活性掺合料和多种外加剂,用水量要增加,仅用水泥水化的水灰比是不够的,要根据水泥用量和掺合料的品种、数量确定合适的用水量。通过各种技术措施来降低用水量,从而减低喷射混凝土的孔隙率,提高喷射混凝土的耐久性。根据对海底隧道喷射混凝土耐久性能和物理力学性能的要求,除3.2节所提出的要求外,其原材料还应满足以下条件:

(1)水泥

由速凝剂来加速水泥的水化进程,优先选用含 C_3A 和 C_3S 较多的普通硅酸盐水泥,以加快凝结时间,而且要与速凝剂有良好的相容性。水泥用量适当,一般不低于 $350kg/m^3$。

(2)骨料

①骨料的粒径。试验表明,混凝土的强度随着骨料粒径的减小而提高。骨料最大粒径越小,不仅可增加骨料与水泥浆的黏结面积,而且容易拌和均匀,使骨料周围有害气体减少,水膜减薄,从而提高混凝土强度。因此,使用小粒径的骨料较好。一般颗粒越粗,回弹越多,而且,喷管内的阻力越大,易引起堵塞。粗骨料粒径越大越经济,但回弹过多,易引起堵管。目前,国内的喷射机可使用最大粒径为25mm,但为了减少回弹和管路堵塞,一般规定粒径不大于15mm,在湿喷中最好采用10mm。

②粗、细骨料的比例。粗、细骨料的比例通常取决于骨料的级配与形状。粗、细骨料的体积比约为3∶2,细骨料在喷射混凝土骨料中比例较大,其品质对回弹等施工性能影响较大。从可泵性、和易性、降低回弹率和良好压实度考虑,应采用适于喷射混凝土操作的级配良好的材料。

(3)矿物掺合料

掺入的活性矿物质掺合料,所含的活性成分能与水泥水化产物 $Ca(OH)_2$ 进行二次水化反应,生成含水硅酸钙凝胶与含水铝酸钙凝胶。新生成的水化物使水泥石结构更加致密,从而不仅使喷射混凝土的致密性和强度提高,更重要的是喷射混凝土的耐久性也得到改善。

(4)外加剂

为了降低用水量,降低回弹率和粉尘率,使喷射混凝土早凝早强,必须使用外加剂。可选用以下几种外加剂:

①黏结剂。它是一种纤维素类抗分散剂。喷射混凝土拌合物颗粒之间黏结力很小,各组分的密度、粒径也各不相同,由于水和自重的作用,混凝土极易分散,极易从喷壁上掉落。使用黏结剂有两种作用:第一,黏结剂中含有长链结构的高分子化合物,它将细微颗粒吸附到分子链上,通过细微颗粒之间的纵横交叉,把许多颗粒连接在一起,形成稳定的网状结构;第二,黏结剂是一种表面活性物质,它改变了颗粒

表面的电位，降低了粒子间的排斥作用，增大了粒子间的吸引作用。由于上述两种作用的结果，在宏观上表现为凝聚作用，几乎不泌水，提高了拌合物的黏性，增强了抗分散能力，从而对降低喷射混凝土回弹率和粉尘率起到关键作用。黏结剂的掺量应适宜，过多会产生缓凝作用。

②膨胀剂。混凝土的早期收缩严重影响后期强度及抗渗能力。要改善这些性能，必须从限制或缩小混凝土的早期收缩入手。混凝土膨胀剂利用多相矿物的缓释性膨胀反应，对混凝土的收缩产生明显的补偿作用，从而显著地提高混凝土的强度及抗渗性能。掺入膨胀剂后，早期膨胀速度较快，后期膨胀速度很慢，这正好适应水泥硬化过程中体积收缩补偿的需要。硬化后期，部分膨胀转移到水泥石结构内部的孔隙及裂缝中，从而使水泥石的内部结构更为致密。掺入膨胀剂，使水泥混凝土在硬化过程中持续地生成较多的针柱状钙矾石晶体，这些晶体会随时间而不断长大连生，并向阻力较小的孔隙生长发育；这一过程又伴有C-S-H凝胶的大量交织产生，这些都进一步堵塞各种孔洞，从而使混凝土内部结构得到进一步改善，抗渗性能进一步提高。

③速凝剂。速凝剂对喷射混凝土的初期强度、长期强度影响很大，增加添加量可以减少回弹，早期强度也高。但超过一定量后，凝结时间反而会延长，强度也会降低。尽量使用无碱速凝剂，减少最终强度的降低，也减少发生碱—骨料反应的风险。

另外，在采用湿喷方式时，为了获得合适的和易性，多采用减水剂提高混凝土的耐久性。在使用多种外加剂时，应根据水泥、骨料的品质、混凝土配合比、施工方法等不同而进行试验试配。

3.3.3 喷射混凝土的收缩

海底隧道喷射混凝土各种形式的收缩，包括塑性收缩、自收缩、干燥收缩、碳化收缩、温度收缩等，与现浇混凝土的收缩特点有很大差异，这都会严重影响隧道喷射混凝土的耐久性。

(1)塑性收缩

当混凝土处于塑性状态时，混凝土表面会由于水分蒸发和毛细吸收等作用失水而造成收缩，失水量超过水分扩散到表面的数量时，就会产生混凝土表面裂缝，塑性收缩也是干燥收缩的早期部分。一般地，塑性收缩随水分蒸发的增加而增加，较高的水泥含量、较大的水灰比和较大的表面积都使喷射混凝土的塑性收缩比较严重。

(2)塑性沉降

塑性沉降发生在浇筑后的几个小时之内，粗骨料和钢筋的阻碍造成混凝土不同组分的沉降不同。影响塑性沉降的两个主要因素是混凝土密实程度和混凝土浇筑速度。对海底隧道喷射混凝土而言，在隧道拱顶的喷射混凝土从喷出起就要承载其自重，也代表了喷射混凝土的极端情况。由于是垂直向上喷射，拱顶的喷射混凝土密实程度最差，喷射混凝土与基层的黏结以及喷射混凝土各层的黏结，主要依靠岩石表面的清理程度和喷射混凝土的早期强度。如果清理得不好、早期强度不够，或者喷射的混凝土过厚，喷射混凝土将会松弛下垂甚至掉落。钢筋的使用有助于减少上述情况的出现，但可能会导致塑性沉降裂缝。

(3)自收缩

在混凝土既无水分进入也无失水的情况下会发生自收缩，原因是水泥等胶凝材料在水化期间消耗了毛细孔中的水，这种自干燥导致水泥砂浆浆体趋于密实。混凝土一个月后的自收缩典型值是0.004%，要比塑性收缩值小。由于水化速度快和较高的水泥含量，喷射混凝土比现浇混凝土的自收缩值大。

(4)干燥收缩

由于在空气环境中失水，硬化混凝土会发生干燥收缩。开始，大的空洞和毛细孔先失水但并不导致收缩，当水由于毛细作用在硬化水泥砂浆浆体间移动时，收缩就产生了。

水泥含量越高、骨料含量越少、骨料坚固指数越小，硬化砂浆比例则越高，骨料的约束作用则越弱，混凝土干燥收缩值越大。因此，喷射混凝土的组分及养护条件使其比现浇混凝土的收缩程度更大。

考虑海底隧道内部环境和养护条件，减少喷射混凝土的水分散失就能最大程度地减小干燥收缩。在极端的情况下，处于地下水环境的喷射混凝土会发生膨胀而不是收缩。干燥收缩随着相对湿度的降低而增加，相对湿度40%时的干燥收缩率是相对湿度80%时的3倍。影响收缩的因素也是多方面的，如：延长养护时间可以减少收缩但也减少了可限制收缩的未水化水泥的数量；养护条件好的混凝土较早完成了收缩，成熟度较高，但徐变性能变差，不利于减小收缩应力。

在海底隧道内部，通风会使收缩增加。隧道内部的相对湿度通常大约为50%或者稍高，温度一般保持在12～24℃，并随季节变化。隧道通风管道会使临近的喷射混凝土干燥较快。试验表明，在环境温度20℃，相对湿度50%条件下，内部温度为25℃的混凝土当表面通风风速为2.8m/s时，失水速度为0.5kg/m²/h（图3-16）。当表面不通风时，失水速度仅为0.15kg/m²/h。考虑到通风口处局部气流速度达到5.6m/s，喷射混凝土水化初期温度可能高达30～45℃，且比表面积较高，喷射混凝土在水化初期失水会比较多，通风口处是其最薄弱处。

(5)养护

养护条件对喷射混凝土的收缩影响明显，保持喷射混凝土表面的湿润状态，可以减少水的散失，对混凝土水化过程非常重要，能很好地减缓收缩，减弱内应力，从而减少开裂的危险。隧道喷射混凝土一般规定需要湿养护4～7d，但在施工期间很难做到使用不透水的薄膜等来覆盖养护，喷水不是最好的养护方式但简单易行。另外，也可以使用把养护剂喷涂到喷射混凝土外表面，或者作为特殊添加剂掺入喷射混凝土中，但如果仍需浇筑二衬混凝土或继续进行喷射混凝土，则需事后除去养护剂层以免影响黏结性能。

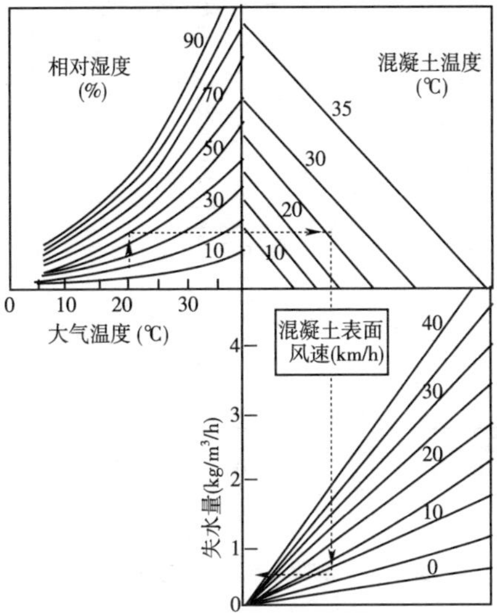

图 3-16　混凝土在不同环境下的失水

(6)碳化收缩

碳化收缩也发生在混凝土表面，空气中的 CO_2 溶于混凝土内部的水后形成碳酸，继而与水泥的各种水化产物（尤其是其中的 $Ca(OH)_2$）发生反应。碳化使得混凝土更加密实，CO_2 越来越难渗入到混凝土深层，因此随着碳化深度的增加碳化速度将会变慢。无论缺水还是饱水，混凝土碳化速度都比较慢，而在相对湿度 50%～75%时碳化速度最快。海底隧道施工期间的机械和交通工具的使用，使得其内部的 CO_2 浓度较高，其碳化收缩的风险也就更大。

(7)温度效应

由于水化热效应及其随后的冷却，喷射混凝土会随温度变化发生膨胀和收缩，其导热系数还随龄期变化。隧道喷射混凝土温度变化如图 3-17[8] 所示。

综上所述，隧道喷射混凝土的收缩和温度效应都会引发裂缝开展，对其耐久性非常不利，需要在制备和施工过程中进行严格控制。

3.3.4　喷射混凝土制备要求

针对海底隧道不同地质条件，应依据现有的喷射工艺，通过分析原材料、拌合物质量控制方法及养护制度等对喷射混凝土力学性能和耐久性能发展的影响规律，才能配制出高强、低回弹、高耐久性的高性能喷射混凝土。把喷射混凝土的力学、耐久性标准按照永久支护的要求进行设计，并在施工中严格喷射混凝土生产过程各环节的质量控制、检测及评价方法，减小缺陷发生概率，使喷射混凝土的质量均匀、稳定。

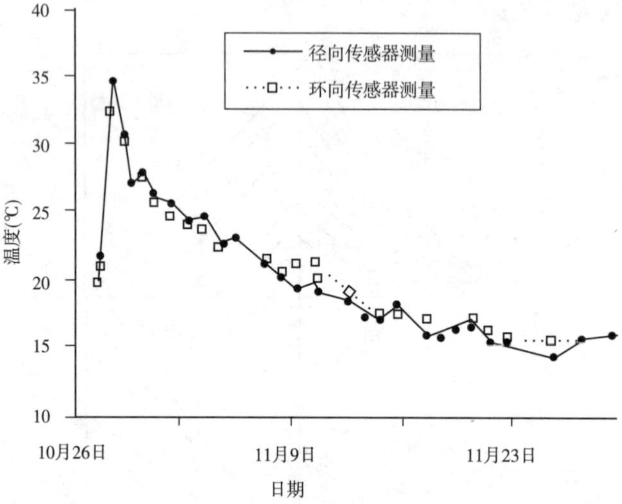

图 3-17　隧道喷射混凝土的温度变化

(1)高性能喷射混凝土

①高强度。喷射混凝土是海底隧道支护的第一道、也是最主要的防线，而喷射混凝土的强度不论对其支护能力还是耐久性能都有举足轻重的意义。普通速凝剂的使用将会降低混凝土的后期强度。由于减水剂、速凝剂的适应性及其与水泥的适应性有较大差异，应充分考虑合理利用矿物掺合料提高混凝土的后期强度、减水效应，合理选择粗骨料和砂的细度模数，综合考虑混凝土水胶比进行配合比优化设计，使制备出的喷射混凝土早期强度高，后期强度损失也较小。

②低回弹。根据混凝土的喷射工艺特别是喷射设备的要求，考虑提高衬砌混凝土的施工速度、混凝土的匀质性、降低其泌水率和离析程度，结合喷射混凝土粗骨料类型与形貌、砂的细度模数等配合比参数，速凝剂类型，混凝土的稠度，以及喷射工艺等与回弹率的关系，降低混凝土回弹率、提高工作性。这同时也是隧道工程现场环境管理、文明施工的要求。

③高耐久性。在保证喷射混凝土高强、低回弹的前提下，提高喷射混凝土的力学和耐久性能，使喷射混凝土可以作为永久性支护。根据喷射混凝土孔隙结构和组成与渗透水、腐蚀离子传输、迁移之间的关系，分析喷射混凝土与岩面、钢筋的黏结状态、界面结构，达到海底隧道喷射混凝土相应的耐久性指标要求。

(2)高性能纤维喷射混凝土

在配制时,针对海底隧道通过的岩石破碎带和地质不良带,为提高喷射混凝土堵水防渗性能,提高混凝土的弯、压强度比和抗裂防渗透性能,有必要选择喷射纤维混凝土,提高隧道施工和运营的安全性和耐久性。

①纤维类型和尺度优选。因为钢纤维、PP纤维以及PVA纤维类型对混凝土的增强效果有一定差异,针对海底隧道特殊环境对喷射混凝土性能的要求,综合考虑混凝土的性价比,可通过试验确定单一纤维种类或混杂纤维增强喷射混凝土。为充分发挥纤维的增强效果,考虑喷射纤维混凝土的可泵性、工作性等,确定纤维的形貌(如哑铃形、压痕形等)、长径比等。并研究纤维类型和尺度与混凝土抗裂性能、力学性能的关系,通过试验确定最优喷射纤维混凝土配合比。

②高性能纤维喷射混凝土制备技术。需要根据海底隧道中特殊地质环境要求,充分保证混凝土中纤维均匀分布,优选混凝土基体和纤维类型、尺度等,优选粉煤灰和聚羧酸系高效减水剂配置高性能纤维喷射混凝土。并应详细研究不同纤维类型、不同纤维掺量、不同掺合料类型、掺量与混凝土的抗裂性能、力学性能、泵送性能的定量关系,保证高性能纤维喷射混凝土质量稳定。

3.3.5 喷射混凝土配合比优化

随着喷射混凝土技术和喷射方法的进步,喷射混凝土在地下工程中的应用范围大大扩展。对用于海底隧道喷射混凝土的耐久性应有更严格的要求,以满足海底隧道服役寿命的要求。而喷射混凝土的抗渗性和普通混凝土的一样,都取决于孔隙率和孔隙结构。提高喷射混凝土的耐久性,确定最佳配合比、提高施工质量是关键。最佳配合比要求水泥用量低、砂率合理、并在保证水泥与速凝剂相容性的前提下,适当的掺加矿物掺合料。

喷射混凝土的配合比设计在考虑耐久性的同时还需要特别考虑早期强度,而且,由于水泥、骨料和其他各成分均不相同,一种成分的变异性可能影响混凝土的整体性能。对一个工程性能良好的混凝土配合比在其他工程上未必适用,实验室和现场试验仍然是必须的。

3.3.6 海底隧道锚喷支护的施工质量控制

不像传统的浇筑混凝土那样主要依靠混凝土配合比设计,喷射混凝土在很大程度上还依赖于施工工艺、施工人员的技能和喷射设备的性能。

隧道初期支护的施工顺序为:初喷混凝土→立钢架或格栅支撑→焊连接钢筋→挂钢筋网→施作注浆锚杆→复喷混凝土。

喷射混凝土分两步进行,在分步开挖后,立即进行混凝土初喷,封闭岩面;待钢架或格栅(在围岩破碎段)、钢筋网、注浆锚杆施作完成后进行混凝土复喷,复喷厚度至设计要求。在拌和喷射混凝土时，除速凝剂外包括水在内的所有骨料在送入喷射机前在拌和站拌和制备完成，喷射混凝土应密实、饱满、表面平顺；由混凝土搅拌运输车运至洞内，采用湿喷机喷射作业。海底隧道喷射混凝土施工质量对其产品和支护结构的耐久性影响很大[12]。

(1)原材料质量控制

根据海底隧道环境特点和混凝土劣化特点，在现行规范基础上，根据对水泥、粉煤灰、砂、碎石等主要原材料的质量控制指标，制订原材料优选原则及质量控制体系，核查速凝剂、减水剂的碱含量、氯离子含量。同时针对海洋环境下氯离子含量较高的现实，引入氯离子含量试验，记录并分析原材料中氯离子含量的变化，降低腐蚀离子引起的耐久性劣化风险[13]。

锚喷支护最终将成为永久支护的一部分，所用材料首先应满足耐久性方面的相关要求，同时，可参照《铁路隧道工程施工质量验收标准》(TB 10417—2003)和《公路隧道施工技术规范》(JTG F60—2009)中对支护的有关规定执行。

水泥、硅粉、粉煤灰等胶凝材料在运输和存放过程中，应严防雨淋、进水和受潮；砂、石在存放过程中，严防混入泥水、大块石等杂物；外加剂在存放过程中，严防进水，以免影响浓度和性能。

(2)喷射混凝土施工

使用强制搅拌、自动计量，混凝土必须在现场检测坍落度、和易性，不满足要求时，增加减水剂用量或减少用水量来调整，直到满足要求。混凝土运到现场之后，还需检测坍落度是否满足施工要求。

喷射基面的处理对保证喷射混凝土与围岩紧密接触(附着)是非常重要的。首先，应事先拆除作业面障碍物、清除开挖面的浮石、岩渣、堆积物等；用高压风冲洗受喷面；埋设控制喷射混凝土的标志；作业区做好通风照明。

喷射作业分段、分片，由下而上的顺序进行分层喷射，后一层在前一层混凝土终凝后进行，直至复喷到设计厚度，喷嘴与喷射面保持垂直。拌合物喷射过程中，可能产生泌水、离析，进而影响混凝土的质量，通过对泵送入口、出口、喷射面取样进行配合比分析，进行凝结时间、早期强度、稠度、表观密度等试验，同时分别针对不同的喷射面情况和气候条件，进行类似的试验，深入研究不同岩面和气候条件下喷射对拌合物性能的影响，进而根据研究结果制订对策，提高现场结构与实验室的符合性[14]。

喷射厚度因喷射面的位置及干湿状态、喷射材料的不同、速凝剂的种类及添加量、喷射方式的不同和喷射操作员的熟练程度等而异，但厚度应以材料不剥离、不流失为准。

研究喷射速度、喷射距离、喷射角度、模板与钢筋安设、喷射分层间隔时间、施工留缝与喷射面整修等工艺对喷射混凝土质量的影响，根据海底隧道的要求，在保证喷射混凝土高强、低回弹和高耐久性的前提下，确定以上各喷射工艺的最佳参数。

隧道拱顶受到拉应力（图 3-18）[15]，容易出现裂缝，施工难度较大，更应加强质量控制。

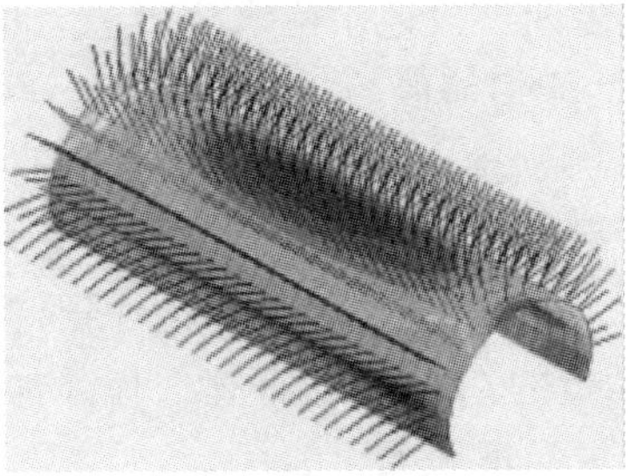

图 3-18　喷射混凝土层的应力分布

（3）喷射混凝土养护

针对冬季低温、夏季高温等情况，分别采用标准养护、喷水养护、覆膜养护、涂养护剂等不同的养护方式，通过对试件力学性能、耐久性（氯离子扩散系数等）指标的测试，对比分析不同环境条件下、不同施工环境下最优的养护方法，提高养护质量。同时根据海底隧道施工要求，在充分保证喷射混凝土耐久性要求的前提下，确定隧道不同施工部位喷射混凝土的最佳养护时间。混凝土终凝后 2h 内应喷水养护，养护时间不得少于 7d，以减少喷射混凝土的各种收缩[16]。

3.4　海底隧道管片（管段）支护耐久性设计与施工

在混凝土管片（管段）设计中，需要切实有效的防裂、抗渗措施，以保证混凝土的密实性、抗裂性。在施工过程中，要严格控制管片（管段）和止水构件的设计和制作精度，同时采取有效措施保证管片（管段）的拼装精度，控制接缝的变形量。

3.4.1　原材料要求

预制混凝土管片（管段）对原材料的要求参见本章第 2 节内容。国外两条海底隧道对管片的耐久性要求如表 3-3[17] 所示。

国外海底隧道混凝土管片耐久性设计要求　　表 3-3

混凝土管片耐久性要求	东京湾隧道	丹麦斯多贝尔特大海峡隧道
渗透系数	$K=0.4\sim3.9\times10^{-13}$m/s	$K<0.25\times10^{-13}$m/s
氯离子扩散系数	—	$D_{Cl^-}<6\times10^{-9}$cm²/s
混凝土配合比和构造要求	水胶比 0.29，其中粒化高炉矿渣微粉 215kg/m³，水泥 215kg/m³，水 125kg/m³	水胶比 0.35，混凝土强度等级达到 C70，保护层 35mm，钢筋 70kg/m³

在沈家门港海底沉管隧道工程中[18]，根据《混凝土结构耐久性设计与施工指南》(CCES 01—2004)及工程场地的环境条件，首先划分了环境作用等级：沉管及暗埋段为Ⅲ—D级，沈家门侧出入口段迎水侧水位以上为Ⅲ—F级，其余为Ⅲ—E级。预制管段采用C50防水高性能钢筋混凝土：①混凝土采用双掺技术，凝胶材料最小用量不少于360kg/m^3；②限制水胶比，水胶比的最大限值为：沈家门侧出入口段结构为0.32，其余为0.36；③混凝土中的最大氯离子含量为0.06%，且混凝土氯离子的扩散系数不大于4×10^{-12}m^2/s；④宜采用非碱活性骨料，混凝土中的最大碱含量为2.0kg/m^3，且不超过水泥质量的0.6%；⑤合理选择外加剂，当采用多种外加剂时，应测定其相容性；⑥控制入模温度不大于28℃。

海底隧道多要求100年以上的服役寿命，考虑到海底隧道服役环境恶劣(其周围地下水氯离子含量通常接近海水氯离子含量)，管片(管段)的保护层厚度可能会非常大，而过厚的保护层在施工和安装的过程中易发生裂损，这时可以使用钢纤维混凝土管片。混凝土内钢纤维的分散性影响了腐蚀电路的连通，也就阻止了连续腐蚀；混凝土表面暴露的钢纤维虽然容易发生锈蚀，但产生的膨胀应力比较小，不致引起裂缝，所以钢纤维混凝土的腐蚀非常有限。如果采用不锈钢纤维，钢纤维混凝土管片的耐久性更好。另外，钢纤维混凝土管片比普通混凝土管片的延性更好，不致产生过宽裂缝。

3.4.2 制作要求

预制管片(管段)体型庞大，对干坞地基基础的承载力要求较高，对地基不均匀沉降较敏感。由于施工时受气温变化、水泥水化热、收缩及管段拖运沉放时复杂的应力应变条件等因素产生的不利影响，管段预制浇筑的结构应尽量避免产生裂缝或将裂缝宽度控制在设计允许的范围内[19]。由于水化和温度的影响，混凝土管片(管段)在制作、养护、运输和安装过程中容易产生裂缝，而管片(管段)一般处于水压作用下，对裂缝有着更为严格的要求。一般迎水面不大于0.15mm，背水面不大于0.2mm[20]，对出现的裂缝可用低黏度的环氧树脂修复。预制管片边角也易受撞击而破损(表3-4)，因此，进一步提高管片混凝土的抗冲击和抗拉性能也是当务之急。并且宜采用高性能混凝土来制作，抗渗等级不宜小于S10。氯离子扩散系数根据海底隧道的环境作用等级确定，钢筋保护层厚度则应根据侵蚀性环境计算确定。

管片裂缝、破损原因及所占比例 表3-4

管片裂缝、破损原因	所占比例(%)
管片制作质量欠佳	9.9
搬运堆放和吊装碰撞(边角缺损)	5.3

续上表

管片在盾构内拼装时碰撞和承拉超限	38.2
盾构行进姿态与管片就位不一致、纠偏与错台	21.6
掘进时管片顶力分布不均匀	18.5
同步注浆量分布不理想	6.5

如果管片(管段)制作精度差,加上拼装的累积误差,将会导致接缝不密贴而出现较大的初始缝隙,此时如果接缝防水材料的弹性变形量不能适应缝隙要求就会出现漏水。根据国内外隧道施工实践,采用高精度钢模来提高管片精度是很重要的环节。因此,应该严格控制管片(管段)的制作误差。

另外,从管片(管段)结构的整体工作性能方面看,接头的耐久性应与管片主体结构的耐久性基本等同,管片环缝和纵缝橡胶性水密材料的耐久性尤为重要,其性能应满足以下相关要求:①耐热、耐低温;②耐酸、碱和化学腐蚀与电腐蚀;③隧道内车辆往复循环运行作用下的耐动力疲劳;④耐干、湿交替环境影响的材料疲劳;⑤耐水;⑥耐地层土体与结构的历时蠕变与应力松弛变化;⑦水胀性材料接触面处膨胀压力的长期保持等。

3.4.3 附加防腐蚀措施

当海底隧道服役环境恶劣时,可在混凝土中加入阻锈剂、水溶性聚合树脂,混凝土外可以涂刷耐侵蚀的防腐涂料如环氧树脂、硅烷或水泥基渗透结晶涂料等防腐防水材料,可选用环氧涂层钢筋,必要时采用阴极保护等措施。

沉管管段当使用防水薄膜时,则将防水薄膜沿管段全长做成连续的,具体方式有:①在底板下设钢板,在边墙和顶盖上涂沥青或铺设塑料薄膜;②在底板下和两侧设钢板,仅在顶盖上用沥青或塑料薄膜;③四周都用钢板包围;④四周都用塑料薄膜铺设。为了提高钢板膜防腐蚀的性能,可以安装阴极保护装置(图 3-19)。有时对钢板的涂层也有规定,但实际上不可能保证没有局部(即在拼接处)的缺陷。对此要引起足够的重视,并采取切实措施予以解决。

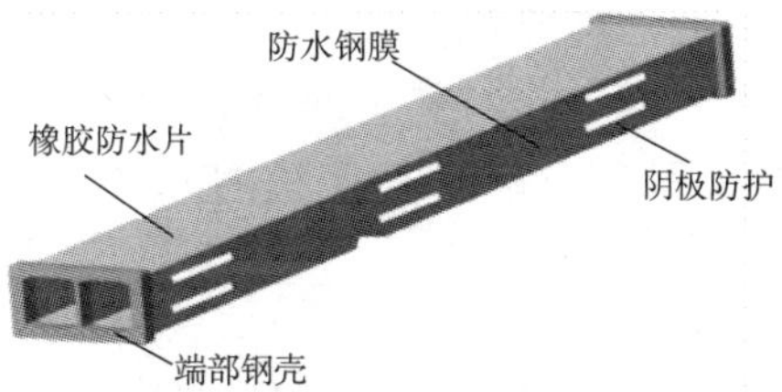

图 3-19 预制混凝土管片单元结构

3.5 青岛胶州湾海底隧道锚喷支护

青岛胶州湾海底隧道采用钻爆法施工，初期支护采用锚喷支护。在初期支护实施中，根据实际工作环境，通过原材料选择、配合比设计、超前支护、施工质量控制等方面来保证锚喷支护的耐久性。

3.5.1 原材料

实验室试配所用水泥、砂、石材料直接取自青岛当地。

(1)水泥：P.Ⅱ52.5水泥；水泥熟料矿物组成如表3-5所示，水泥基本物理性能如表3-6所示。

水泥主要矿物组成(%)　　表3-5

C_3S	C_2S	C_3A	碱含量	f-CaO	烧失量
53.36	23.64	7.88	0.68	0.75	0.49

(2)砂：中砂，细度模数为2.3。

(3)石子：最大粒径小于20mm。

(4)速凝剂：无碱液态速凝剂。

(5)减水剂：聚羧酸系高效减水剂。

(6)硅灰：SiO_2含量大于92%；比表面积大于$20m^2/g$。

水泥的基本物理性质　　表3-6

凝结时间		抗压强度(MPa)		SO_3(%)	比表面积(m^2/kg)
初凝	终凝	3d	28d		
2h50min	4h	31.5	57.5	2.87	376

3.5.2 配合比设计

几组混凝土的配合比试验研究如下。

(1)A1组：水泥∶石∶砂∶水＝485∶875∶875∶180，其中$w/c=0.37$；减水剂掺量为水泥质量的0.6%；速凝剂掺量为水泥质量的6%。

(2)A2组：水泥∶硅灰∶石∶砂∶水＝450∶35∶875∶875∶180，其中w/b(水胶比)＝0.37；硅灰掺量为7.2%；减水剂掺量为0.8%；速凝剂掺量为水泥质量的6%。

(3)B1组：水泥∶石∶砂∶水＝485∶875∶875∶184.3，其中$w/c=0.38$；减水剂掺量为水泥质量的0.8%；速凝剂掺量为水泥质量的6%。

(4)B2组：水泥∶硅灰∶石∶砂∶水＝460.75∶24.25∶875∶875∶184.3，其中

w/b=0.38;硅灰掺量为5%;减水剂掺量为0.8%;速凝剂掺量为水泥质量的6%。

测试不同配合比的混凝土在不同龄期的抗压强度、抗弯拉强度,试验结果如表3-7所示。

混凝土不同养护龄期的强度 表3-7

组别	坍落度(mm)	抗压强度(MPa)			
		1d	3d	7d	28d
A1	50	19.55	38.6	42.6	47.9
A2	50	19.03	40.5	38.2	52.2

组别	抗压强度(MPa)	抗弯拉强度(MPa)
	28d	28d
B1	48.25	8.77
B2	55.43	9.0

考虑到喷射混凝土将与岩石渗透的地下水接触,而前期的地质勘察资料表明,胶州湾海域段的地下水接受海水的垂直补给,其成分与海水相似,有高浓度的氯离子。因而,必须通过配合比优化,提高喷射混凝土的抗氯离子渗透能力,从而提高混凝土的耐久性。为此,对喷射混凝土进行了氯离子扩散渗透性试验研究,试验方法参照《海港工程混凝土结构防腐蚀技术规范》(JTJ 275—2000)进行。

对A1、A2组和B1、B2组的喷射混凝土进行快速氯离子渗透试验,同时考察w/b变化以及硅灰对混凝土抗氯离子渗透性能的影响,试验结果如表3-8所示。可见,控制混凝土的w/b在0.37左右,单方胶凝材料485kg,砂率控制在50%,掺加0.8%的减水剂,6%的速凝剂配制的喷射混凝土抗压强度满足C40要求,混凝土抗渗等级大于S10。所配制的喷射混凝土具有很好的抗氯离子渗透能力。通过在混凝土中掺加硅灰,喷射混凝土的抗氯离子渗透性将大幅度提高。

混凝土抗氯离子渗透试验 表3-8

试样编号	电量(C)	评价
A1	1128.15	低
B1	1170.22	低
A2	335.97	很低
B2	375.11	很低

3.5.3 注浆超前支护

针对隧道施工中遇到的断层破碎带、裂隙发育段等不良地质体,为确保隧道施工安全、防排水要求以及隧道建成后的运营安全，基于快速掘进，快速通过的目的，以地质预报和水压水量为标准，制定了注浆堵水方案，如表 3-9 和图 3-20 所示[21]。

注浆方案及适用条件 表 3-9

注浆方案	适用条件
全断面	(1)根据超前地质预报结果判定，前方围岩破碎、断层岩体风化严重或存在断层泥； (2)V 级围岩地段； (3)超前探水孔单孔出水量大于 60L/min； (4)探水孔水压不小于 0. 6 MPa(服务隧道不小于 0.65MPa) 。 当隧道通过以上特点断层长度大于 25m，一次不能完成时采用全断面注浆(以上适用条件满足任 1 条即选择此方案，以下同)
周边帷幕	(1)根据超前地质预报结果综合分析判定，前方围岩比较破碎，围岩风化较严重； (2)超前探水孔单孔出水量 25～60L/min； (3)探水孔水压 0.3～0.6MPa (服务隧道 0.35～0.66MPa)。 其他有全断面需要注浆的特点，但隧道穿过长度小于 25 m 时，采用隧道周边帷幕注浆
局部断面	(1)隧道局部断面围岩节理裂隙较发育或比较破碎，其余部位围岩比较完整； (2)超前探水孔单孔出水量 5～25L/min； (3)探水孔水压不小于 0.3MPa (服务隧道不大于 0.35MPa)

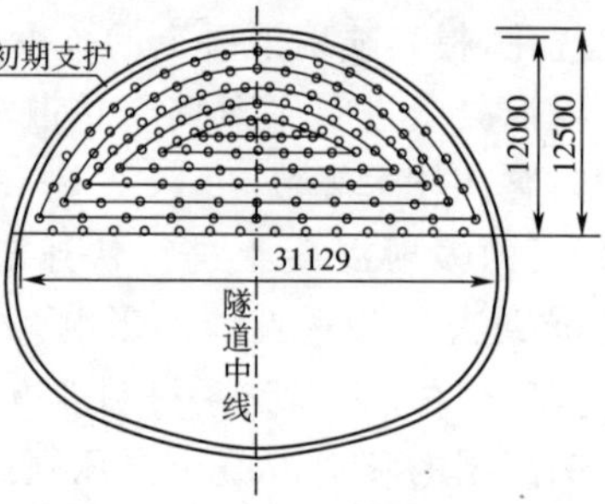

a）注浆孔开孔布置图

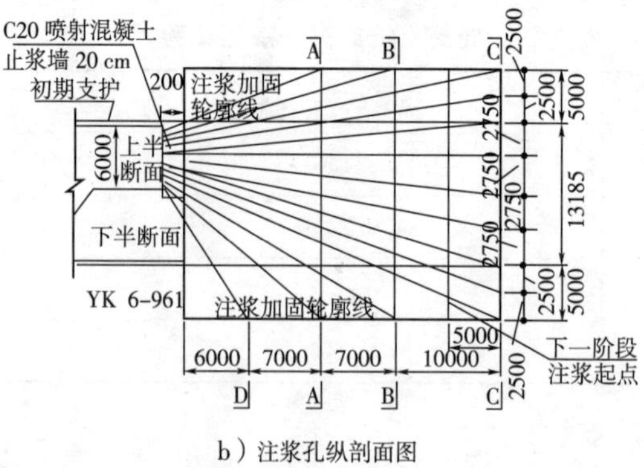

b）注浆孔纵剖面图

图 3-20 海底隧道超前注浆孔布置(尺寸单位：mm)

3.5.4 施工质量管理

在初期支护过程中，应重点对质量管理措施、工艺控制和设备使用情况进行控制。为达到避免喷射混凝土过早开裂及漏水等问题，保证海底隧道工程的耐久性，在施工质量管理方面应保证：

(1)混合料的配合比

混合料的配合比应严格按喷射混凝土设计配合比执行，每次施工1h必须测定砂、石含水率，确定施工配合比，混合料的用量按施工配合比严格控制。

(2)混合料的拌制

高性能混凝土搅拌时负荷非常大，如混凝土拌合物工作性不能满足施工要求，可向罐车内增掺0.1%～0.2%的减水剂，快速旋转罐体搅拌90s恢复工作性后再施工，严禁通过加水增加其工作性[22]。

(3)拌和混凝土的质量控制

拌和好的混凝土装入罐车时宜检测其拌合物的坍落度，与设计值偏差不得超过3cm。对新拌混凝土检测其3d、7d强度，与实验室强度对比来预估施工混凝土强度。

(4)已喷射混凝土检验

对已喷射的混凝土，应按《公路隧道施工技术规范》(JTG F60—2009)中附录C及《锚杆喷射混凝土支护技术规范》(GB 50086—2001)附录F的相关规定取样做抗压强度试验。如未达到要求，应采取补救措施。在已喷射混凝土的表面上，不得出现开裂、漏水，也不允许钢筋、锚杆外漏。

应根据喷射混凝土现场28d龄期抗压强度、黏结强度、抗渗标号、氯离子扩散系数、抗硫酸盐侵蚀性和56d龄期的电通量来控制和验收高性能混凝土的质量。

在青岛胶州湾海底隧道喷射混凝土施工中，除了严格执行一般喷射混凝土的工艺要求，还针对海底隧道的特殊情况和所使用的原材料特性，着重进行了以下工艺控制：

①施工风压

风压与喷射混凝土的回弹率有关，较大的风压会增加回弹率，不经济。喷射边墙时，风压、风量、速凝剂量要适量减小，喷射顶部时，风压、风量、速凝剂要适量加大，力争获得最经济用风和速凝剂消耗。根据现场实际情况总结设定相应的参数，喷射压力控制以边墙0.3～0.5MPa、拱部0.4～0.65MPa为宜。

②喷射距离

控制喷射距离不大于1m，角度尽量与喷射面垂直，因为变化较大的喷射距离会使得风压不足，造成高回弹率。由于进口喷射机组喷射速度快，出料密集，泵送机理主要以后续风力将回弹压住，所以喷嘴离受喷面距离控制在一定范围内。根据现场实际确定:喷头距受喷面 0.6～1.0m。

③喷射厚度

作业分段、分片,按由下而上的顺序进行分层喷射,一次喷射混凝土的厚度以所喷混凝土不滑移、不坠落为度,既不能因厚度太大而影响喷混凝土的黏结力和凝聚力,也不能太薄而增加回弹量。后一层在前一层混凝土终凝后进行,直至复喷到设计厚度。

④调整喷射方式

根据连续观察、测算,发现用进口喷浆机组喷射时,流量大、风压大,拱架段边墙部分喷嘴基本垂直于喷射混凝土堆积体,在风压作用下,密实性比较好,可以一次成型。边墙部分出料可适当加大到 13～20m^3/h,速凝剂用量控制在 5%左右。拱部出料速度控制在 13m^3/h 以下,速凝剂用量控制在 8%,喷射效果比较好。

根据施工组织设计要求,隧道采用 C35 抗渗喷射混凝土施工,喷射采用 PM500PC 型喷射机组。该喷射机组可以使速凝剂掺量得到很好控制,降低喷射的反弹率并且减少混凝土罐车放料和等待喷射的时间。同时,在施工过程中提高了施工效率,降低了操作人员的劳动强度。另外,使用 PM500PC 型喷射机组进行作业,还可以避免掌子面由于围岩较差而掉落石块伤人、喷射反弹料伤人等事故,同时可减少操作人员吸入大量喷射混凝土的粉尘而危害身体,具有较好的安全性。

参考文献

[1] B. Nilsen, J. E. Henning. Thirty years of experience with subsea tunnels. Proceedings of the fifth symposium on strait crossings[C]. Trondheim, Norway, June 21-24, 2009:35-44

[2] Olav Torgeir Blindheim. Nordic subsea tunnel projects. Tunnelling and Underground Space Technology[J], 2005, 20(10):570-580

[3] Ahmet Gokce. The challenges involved in concrete works of Marmaray immersed tunnel with service life beyond 100 years. Tunnelling and Underground Space Technology [J], 2009, 24(3):592-601

[4] T. Olsen, P. Jackson, J. S. Lee. Construction of the Busan-Geoje immersed tunnel from the designer's view point. Proceedings of the fifth symposium on strait crossings[C]. Trondheim, Norway, June 21-24, 2009:409-414

[5] 中华人民共和国国家标准. GB 175—2007 通用硅酸盐水泥[S]. 北京:中国标准出版社,2007

[6] 中华人民共和国国家标准. GB/T 50476—2008 混凝土结构耐久性设计规范[S]. 北京:中国建筑工业出版社,2009

[7] [日] 土木学会编,朱伟 译. 隧道标准规范(盾构篇)及解说[M]. 北京:中国建筑工业出版社,2001

[8] 吕明,Grøv E,Nilsen B,Melby K. 挪威海底隧道经验. 岩石力学与工程学报[J],2005,24(23):4219-4225

[9] Nilsen B, Palmstrøm A. Stability and water leakage of hard rock subsea tunnels. In: Proc. Int.

Symp. IS-Kyoto Modern Tunnelling Science and Technology [C]. Kyoto: Balkema, 2001: 497-502

[10] Norwegian Public Roads Administration. Subsea road tunnels in Norway. Publication no. 98, Directorate of Public Roads[R],2002:30

[11] Alun Thomas. Sprayed Concrete Lined Tunnels [M]. Taylor & Francis,2008.11

[12] 孙钧. 管片衬砌结构的耐久性. 建筑科学与工程学报[J],2008,25(3):1-9

[13] 中华人民共和国行业标准. 铁路混凝土结构耐久性设计暂行规定(铁建设[2005]157号)[S]. 北京,2005

[14] 李宁军,曹文贵,刘生. 隧道设计与施工百问[M]. 北京:人民交通出版社,2004

[15] S. Y. Min. Design and construction of a road tunnel in Korea including application of the Decision Aids for Tunnelling-A case study. Tunnelling and Underground Space Technology [J], 2008,23(3):91-102

[16] 陈小雄. 现代隧道工程理论与隧道施工[M]. 成都:西南交通大学出版社,2006.11

[17] 朱祖熹. 当今国内外盾构隧道防水技术比较谈. 地下工程与隧道[J],2002(1):14-20

[18] 宁茂权,肖明清. 海底沉管隧道关键技术设计与分析. 铁道工程学报[J],2008(8):50-53

[19] 庄道庆. 沉管隧道的防水技术. 东海海洋[J],2001,19(3):32-38

[20] 王晋川. 盾构隧道防水设计要点. 中国建筑防水[J],2009(3):13-17

[21] 曲立清,王全胜,张文强. 胶州湾海底隧道综合超前地质预报与注浆方案选择. 铁道工程学报[J],2009(9):64-68

[22] 于书翰,杜谟远. 隧道施工[M],北京:人民交通出版社,1999

第4章 海底隧道二次衬砌混凝土耐久性

海底隧道的衬砌结构必须能够承受围岩压力、水压等荷载，确保隧道的设计净空，同时，考虑到海底隧道工程所处的特殊地质、水文及环境特点，衬砌结构应具有与隧道的使用目的和施工条件相适应的安全性、功能性和耐久性。对于复合式衬砌结构来说，可分为初期支护和二次衬砌，初期支护可以是预制管片结构也可以是直接与围岩接触的喷射或压注混凝土层，二次衬砌则是通过支模现浇的混凝土结构层。

从功能上看，由于通常初期支护或一次衬砌能与围岩形成一体，成为稳定的支护结构体，因此，二次衬砌不主要承担外荷载或仅与一次衬砌共同承担荷载[1]，它主要以提高初期支护的安全性为目的，并通过其设计体现隧道工程内部装修、维修管理、洞内设施的保持等功能[2]。然而，二次衬砌的耐久性却与海底隧道整体工程的耐久性密切相关[3]。前面已提到，海底隧道工程属于严酷环境下的结构工程，二次衬砌混凝土也同样受气候条件、环境条件以及裂损等各种病害导致的渗漏水影响，从而导致服役性能劣化并影响其工程寿命。本章将从二次衬砌构造参数、混凝土配合比优化、施工技术与质量保证、二次衬砌结构劣化机理等几个方面阐述海底隧道工程中二次衬砌混凝土的耐久性要求，并对海底隧道二次衬砌混凝土结构的寿命预测理论进行一些介绍。

4.1 海底隧道二次衬砌结构概述

4.1.1 二次衬砌作用分析

海底隧道与陆上隧道作用的不同之处在于海底隧道除了实际覆盖层以外，还有很高的静水压力。海底隧道所受的主要荷载有外水压力、围岩压力、地层弹性抗力、地层摩擦力、衬砌自重、灌浆压力、地震荷载等[4]。海底隧道衬砌结构方案应从地质情况、水头高度、水质对结构的腐蚀情况以及荷载结构形式等多方面综合考虑。

海底隧道衬砌承受的高水压是进行隧道衬砌设计需要考虑的重要因素。隧道的防排水设计主要包括全封堵方案和排导方案两种类型。采用全封堵方式时，衬砌结构设计需考虑全水头外水压力作用，排导方式则采用折减系数乘以绝对水头计算衬砌所受的外水压力，有时即使是二次衬砌也需承担一定的水压力[5]。目前，关于隧道衬砌水荷载的计算还没有相应的规范，主要参照水工隧道设计规范和经验。外水压力计算采用折减系数的方法，对实测得到的隧道区域地下水位进行相应的折减，作为隧道衬砌的外水压力[6]。

厦门东通道海底隧道全封闭复合衬砌在Ⅳ、Ⅴ级围岩地段按初期支护和其所加固的围岩承担大部分围岩压力、二次衬砌承担小部分围岩压力和全部静水压力；在Ⅰ～Ⅲ级围岩地段按初期支护和其所加固的围岩承担全部围岩压力、二次衬砌承担全部静水压力模式综合考虑计算。静水压力按照隧道埋置深度进行调整，东通道最低设计高程为－69.281m，最高潮水位 4.51m，拱顶最大静水压力按0.65 MPa取值。厦门东通道海底隧道在海域深处的微风化地段，由于岩石的完整性能较好，其渗透系数为 0.012m/d，结构采用排导衬砌；其静水压力由一次衬砌承担。而在竖井圆变方及与主洞相交地段、行车横洞与主洞相交地段、行人横洞与主洞服务隧道相交地段，由于结构处于交叉部位，受力不利，因此也采用排导衬砌。排导衬砌所承受的静水压力较小，设计按 30％的静水压力作用于一次衬砌结构上。结构设计中钢拱架结构按容许应力法进行强度校核，钢筋混凝土结构安全系数 2.0，混凝土抗压安全系数 2.4，混凝土抗拉安全系数 3.6[7]。

4.1.2 二次衬砌结构设计

衬砌结构设计中常采用荷载结构法。在实际工程设计中，按最不利受力分析，应对选用的衬砌形式，在不同厚度、不同荷载组合下计算衬砌受力，并根据计算结果进行强度验算，以选择合理的衬砌参数[8]。二次衬砌结构的设计选择应服从于整体衬砌方案的设计和构造参数。

在隧道断面基本轮廓线和整体支护方案已经确定的基础上，对于复合式衬砌，初期支护和二次衬砌按共同承载结构设计，二者按刚度分担荷载。根据计算内力进行结构设计和配筋验算。拟定的结构断面和尺寸应能够满足强度、刚度、稳定性要求。在青岛胶州湾海底隧道工程中，包括二衬结构设计的隧道设计是基于新奥法原理的动态设计，可根据现场施工监控量测结果进行结构调整。

4.1.3 二次衬砌结构参数

青函海底隧道主洞的结构设计，在一般地质条件时采用了 70cm 的普通混凝土衬砌；在导洞中只采用 15～20cm 的喷射混凝土。对处于断层破碎带的衬砌，采用了 90～100cm 的厚度。由于水压力大，主要用地层注浆来应对海底隧道的高水头压力。

东京湾渡海公路连接川崎市和木津市的海底隧道,水压力达 6kg/cm^2(0.6MPa),一次衬砌规定按承受全部荷载进行设计,采用 65cm 厚的管片;二次衬砌从增加重量及防灾方面考虑,采用 35cm 厚的钢筋混凝土。一次衬砌与二次衬砌之间设防水板,同时二次衬砌按衬砌的自重和水压力(用来自拱顶的静水压力设计,用来自海平面的静水压力进行校核)进行设计。

青岛胶州湾海底隧道在二次衬砌结构设计时提出,一般地段三车道断面采用 50cm 厚的模筑混凝土,一般地段服务隧道断面采用 30cm 厚的模筑混凝土,特殊地段三车道断面采用 60cm 厚的模筑混凝土,特殊地段服务隧道断面采用 35cm 厚的模筑混凝土。

4.2 海底隧道二次衬砌构造要求及混凝土配合比优化

衬砌混凝土自身的耐久性是保证混凝土隧道工程耐久性的关键。影响混凝土结构耐久性的因素主要可以归纳为:环境,混凝土的形状和容积,埋入钢材的保护层厚度,水泥种类,骨料种类,混凝土的水泥含量和水胶比、工作质量,充分捣实和有效养护[9]。本节首先介绍钢筋混凝土衬砌的构造要求,其次结合青岛胶州湾海底隧道配合比试验研究阐述二次衬砌混凝土的耐久性劣化规律,最终提出隧道二次衬砌混凝土的配合比设计指标要求并给出其优化结果。

4.2.1 钢筋混凝土衬砌构造要求

前面已提到,钢筋混凝土衬砌的设计首先应满足结构荷载的要求,同时也与水压力、地质、环境条件密切相关。这里主要从耐久性的角度介绍衬砌结构的构造要求。

(1)混凝土保护层厚度

在不同环境作用下,钢筋(包括主筋、箍筋和分布筋)的混凝土保护层厚度应满足钢筋防锈、耐火以及与混凝土之间黏结力传递的要求,且混凝土保护层厚度设计值不得小于钢筋的公称直径。混凝土保护层越厚,氯离子迁移到钢筋表面的时间或保护层完全中性化所需的时间越长。因此,国内外都将适当提高钢筋的保护层厚度作为提高混凝土结构耐久性的主要措施之一。

海底隧道衬砌混凝土所处的环境属于海洋氯化物环境。青岛胶州湾海底隧道基于 100 年设计使用寿命要求,在混凝土强度等级 C50 的基础上,根据模型定量计算,确定二衬混凝土结构的钢筋保护层厚度为 60mm(通车一侧)和 50mm(接触围岩一侧),符合《混凝土结构耐久性设计规范》(GB/T 50476—2008)规定[10](见表 4-1)。

氯化物环境中混凝土材料与钢筋的保护层最小厚度 c(mm) 表 4-1

设计使用年限 / 环境作用等级		100 年			50 年			30 年		
		混凝土强度等级	最大水胶比	c	混凝土强度等级	最大水胶比	c	混凝土强度等级	最大水胶比	c
板、墙等面形构件	Ⅲ－C Ⅳ－C	C45	0.40	45	C40	0.42	40	C40	0.42	35
	Ⅲ－D Ⅳ－D	C45 ≥C50	0.40 0.36	55 50	C40 ≥C45	0.42 0.40	50 45	C40 ≥C45	0.42 0.40	45 40
	Ⅲ－E Ⅳ－E	C50 ≥C55	0.36 0.36	60 55	C45 ≥C50	0.40 0.36	55 50	C45 ≥C50	0.40 0.36	45 40
	Ⅲ－F	≥C55	0.36	65	C50 ≥C55	0.36 0.36	60 55	C50	0.36	55
梁、柱等条形构件	Ⅲ－C Ⅳ－C	C45	0.40	50	C40	0.42	45	C40	0.42	40
	Ⅲ－D Ⅳ－D	C45 ≥C50	0.40 0.36	60 55	C40 ≥C45	0.42 0.40	55 50	C40 ≥C45	0.42 0.40	50 40
	Ⅲ－E Ⅳ－E	C50 ≥C55	0.36 0.36	65 60	C45 ≥C50	0.40 0.36	60 55	C45 ≥C50	0.40 0.36	50 45
	Ⅲ－F	C55	0.36	70	C50 ≥C55	0.36 0.36	65 60	C50	0.36	55

(2)混凝土表面裂缝计算宽度 W

《混凝土结构耐久性设计规程》(DBJ 14－S6—2005)[11]及《混凝土结构耐久性设计与施工指南》(CCES 01—2004)[12]对混凝土裂缝宽度最大值规定为 $W_{max}=0.1$mm；《公路钢筋混凝土及预应力混凝土桥涵设计规范》(JTG D62—2004)[13]规定Ⅲ、Ⅳ类区 $W_{max}=0.15$mm；《公路隧道设计规范》(JTG D70—2004)[14]规定 $W_{max}=0.2$mm。

我国《混凝土结构耐久性设计规范》(GB/T 50476—2008)[10]规定，环境作用等级为 E、F 时，表面裂缝最大宽度计算值不应超过 0.15mm。海底隧道表面裂缝最大宽度应按此规定确定。

另外，《混凝土结构耐久性设计规范》(GB/T 50476—2008)[10]还规定，作为氯化物环境中的配筋混凝土，海底隧道衬砌中的纵向受力钢筋直径应不小于 16mm。

4.2.2 海底隧道二次衬砌混凝土耐久性研究

以下基于青岛胶州湾海底隧道二次衬砌基准混凝土配合比设计试验工作，总结海底隧道混凝土耐久性部分研究成果。

(1)混凝土抗氯离子渗透性

鉴于胶州湾海底隧道存在着广泛的氯盐侵蚀环境,在二次衬砌混凝土耐久性研究中,采用了RCM法对大量不同配合比的试块进行了氯离子扩散系数测定。

进行试验的配合比中,采用了P.Ⅰ52.5硅酸盐水泥,I级粉煤灰,S95磨细矿粉,胶凝材料总量范围是400~550kg/m^3、水胶比范围是0.39~0.31,同时在部分配合比中掺加了2.5kg/m^{3}的硅灰。图4-1是不同配合比的混凝土在28d龄期的RCM氯离子扩散系数测定结果。可以看出,随着混凝土中胶凝材料的增加和水胶比的降低,混凝土的内部结构趋于密实,混凝土的RCM氯离子扩散系数逐渐降低,氯离子在混凝土中的渗透性明显下降。但当胶凝材料总量不变时,水泥用量的变化对混凝土氯离子渗透性的影响趋势并不显著。

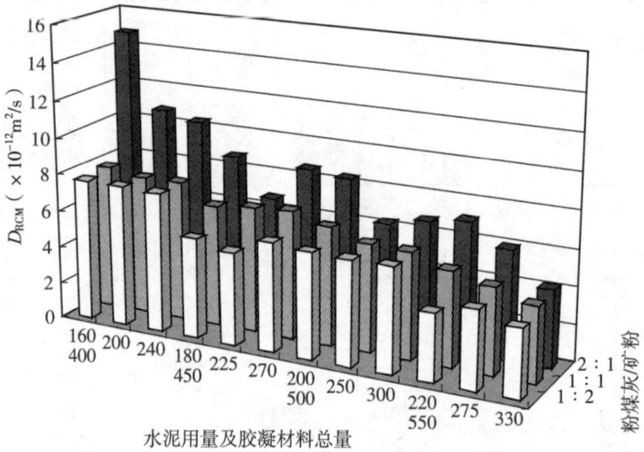

图4-1 不同配合比的混凝土28d龄期 D_{RCM}试验结果

此外,在胶凝材料总量和掺合料总量不变的情况下,随着掺合料中矿粉用量的增大,混凝土的氯离子扩散系数明显降低。其原因是:$Ca(OH)_2$和水泥中的石膏可对矿粉、粉煤灰的水化起诱导激发作用,而其中矿粉的水化活性较粉煤灰高,在水泥浆体中水化反应较粉煤灰快,有助于C—S—H凝胶的增加,同时矿粉析出的CaO可促进粉煤灰颗粒中铝、硅相的溶解,使水化液相中的铝、硅的浓度增加,这又可加速矿粉和粉煤灰的水化进程。试验结果表明,矿粉、粉煤灰双掺可起到优势互补的作用,在节约成本、改善混凝土工作性的前提下,对混凝土的抗氯离子渗透性有明显的改善。

试验结果还表明,硅灰对混凝土抗氯离子渗透性的改善作用并不明显。其原因在于本试验配合比中采用的是聚羧酸减水剂,减水率高达30%以上,混凝土成型后孔隙率降低幅度较大,因此相对于应用萘系等减水剂的混凝土来说,硅灰的火山灰效应和微集料填充效应发挥得并不明显。

(2)混凝土的碳化

由于矿物掺合料用量较大,混凝土的碳化也是重要的环境劣化因素之一。试验中研究了水泥用量、胶凝材料总量以及矿物掺合料用量对混凝土碳化性能的影响。碳化试验参照我国《普通混凝土长期性能和耐久性能试验方法》(GBJ 82—85)❶[15]进行。

图 4-2 是水胶比为 0.39 和 0.36 的混凝土在不同水泥掺量下的碳化深度试验结果。在相同水胶比情况下,当水泥掺量在 40%～50%～60%变化时,混凝土 14d、28d 和 56d 的碳化深度均随之降低。这是由于水泥用量决定着单位体积混凝土中水泥熟料的多少,也就决定了水泥水化后单位体积混凝土中可碳化物质含量的主要材料因素,从而影响了混凝土的碳化速度。水泥用量越多,则单位体积混凝土中可碳化物质的含量越多,消耗的 CO_2 越多,从而使碳化速度放慢;同时水泥用量的增多也使混凝土密实度有所增加,减缓了 CO_2 气体的侵入。

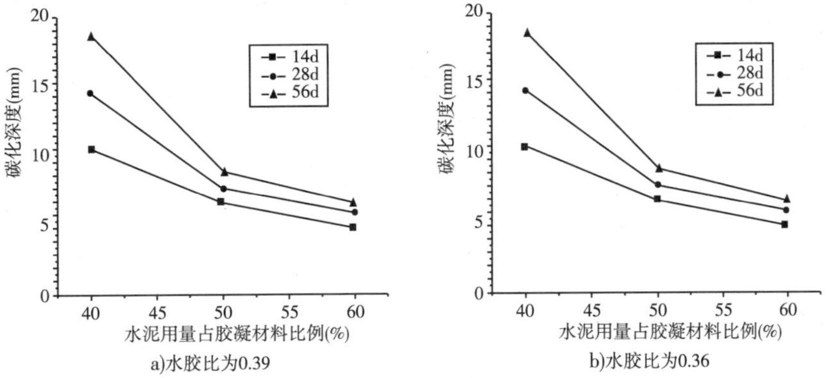

图 4-2 不同水泥掺量下混凝土的碳化深度

当水泥掺量为 40%时,绝大多数混凝土试块的 14d 碳化深度已达到或超过 10mm,所有试块的碳化深度平均值为 12.07mm,28d 平均值为 14.52mm,56d 时则增至 18.06mm,这使得此类混凝土在实际应用中会面临很大的碳化腐蚀危险性。当水泥掺量为 50%时,混凝土的碳化深度大幅降低,14d 碳化深度平均为 4.22mm,28d 碳化深度平均为 5.60mm,56d 时为 6.37mm;水泥掺量继续增加至 60%时,相应混凝土的碳化深度进一步降低,14d 碳化深度平均为 2.48mm,28d 碳化深度平均为 3.26mm,56d 时为 3.91mm。因而,仅从碳化角度考虑,混凝土中的水泥掺量不宜低于 50%(占总胶凝材料比例)。

❶ 该规范现已更新为 GB/T 50082—2009。

(3)混凝土抗硫酸盐腐蚀性

胶州湾海底隧道前期的地质勘探资料表明，海底隧道开挖面的地下水中有高浓度的SO_4^{2-}，其海域段地下水中的SO_4^{2-}在1868～2560mg/L之间，考虑到岩石中有一定量的硫酸盐，在高水压下可能分解，因而其硫酸盐浓度将在一定范围内变化，高浓度的硫酸盐将会导致隧道喷射混凝土和衬砌混凝土破坏。混凝土在硫酸盐作用下的腐蚀产物主要有石膏、钙矾石、氢氧化镁、镁硅酸凝胶、硅灰石膏等。而且，海水中同时含有氯离子，需考虑海底隧道衬砌混凝土在硫酸盐和氯盐同时存在的海水中的耐久性问题。

试验所用的试件尺寸为100mm×100mm×400mm，成型24h拆模，标准养护56d。对一定配合比的海底隧道衬砌混凝土试件进行了单纯浸泡和浸烘循环两种暴露制度的试验。浸泡液为5.0%的Na_2SO_4溶液和3.5%NaCl+5.0%Na_2SO_4的复合溶液。浸烘循环制度中，混凝土试件在烘箱中60°C烘24h，为了防止激冷激热导致的温度应力，将试件自然冷却3h后，再浸泡到溶液中45h，作为浸烘循环一个周期。为定量评价混凝土在腐蚀作用下的损伤程度，用相对动弹性模量来衡量混凝土的内部损伤情况。

混凝土的动弹模量通过式(4-1)计算得到。由于混凝土的泊松比υ敏感性差，动弹模量变化甚微。而混凝土的相对动弹性模量E_{rd}可以通过式(4-2)计算得到。混凝土的相对动弹性模量E_{rd}在腐蚀前半年，每1～2周测定一次，半年后每月测定一次。

$$E_d=\frac{(1+\upsilon)(1-2\upsilon)\rho V^2}{1-\upsilon}=\frac{(1+\upsilon)(1-2\upsilon)\rho L^2}{(1-\upsilon)T^2} \tag{4-1}$$

$$E_{rd}=\frac{E_{dt}}{E_{d0}}=\frac{V_t^2}{V_0^2}=\left(\frac{T_0}{T_t}\right)^2 \tag{4-2}$$

式中：E_d——动弹性模量；

E_{rd}——相对动弹性模量；

V——超声波声速(m/s)；

T——超声波声时(μs)；

L——试件长度(m)；

ρ——混凝土试件密度(kg/m³)；

T_0，T_t——分别是混凝土腐蚀前的声时和腐蚀到t龄期的声时；

υ——泊松比。

混凝土的质量损失用于表征混凝土表面的剥落情况。参照抗冻性的规定，其损伤失效的临界值为5%。混凝土试件质量损失按式(4-3)计算：

$$\Delta W=\frac{G_0-G_t}{G_0}\times 100\% \tag{4-3}$$

式中：ΔW——一定腐蚀时间混凝土试件的质量损失率，以三个试件的平均值计算(%)；

G_0——腐蚀前混凝土试件的质量(g)；

G_t——腐蚀到 t 龄期混凝土试件的质量(g)。

图 4-3 是 C45 和 C50 混凝土浸泡在 5%Na_2SO_4 溶液以及复合溶液中 130d，其相对动弹性模量(E_{rd})的变化规律。

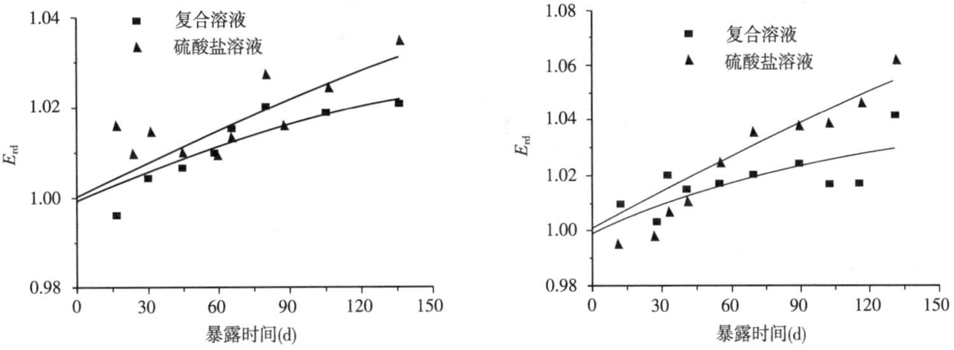

a) C45混凝土　　b) C50混凝土

图 4-3　混凝土在硫酸盐及复合溶液中浸泡腐蚀相对动弹性模量演化规律

混凝土在 5%Na_2SO_4 腐蚀溶液中浸泡腐蚀 130d，其质量变化如图 4-4 所示。显然，随腐蚀时间增加，混凝土的质量相应增加，但腐蚀产物钙矾石并未破坏该两种配合比的混凝土的黏聚性，没有导致混凝土表层的剥落。

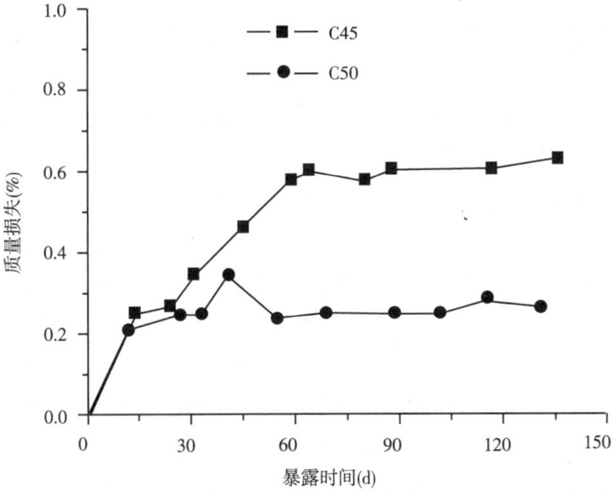

图 4-4　混凝土在 5%Na_2SO_4 溶液中浸泡腐蚀质量变化规律

混凝土在5% Na_2SO_4 溶液中浸烘循环，其相对动弹性模量随腐蚀龄期变化如图4-5所示。

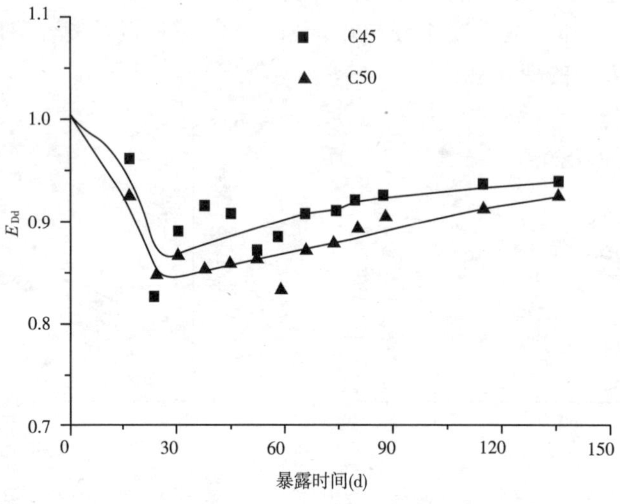

图4-5 混凝土在5% Na_2SO_4 溶液中浸烘循环下的 E_{rd}

可见，相对动弹性模量 E_{rd} 的变化全过程包括三个阶段：快速下降段、线性增加段和稳定段。快速下降段主要是由于浸烘循环制度本身对混凝土内部结构造成损伤导致；线性增加段则会因混凝土类型、腐蚀溶液浓度变化而变化。E_{rd} 出现线性增加的原因主要在于：硫酸盐向混凝土内部扩散，与混凝土的水化产物生成石膏、钙矾石等腐蚀产物。其中，每摩尔 SO_4^{2-} 生成石膏使体积增加41.63cm³，而每摩尔 SO_4^{2-} 生成钙矾石使体积增加172.19cm³，因此，混凝土在硫酸盐作用下的腐蚀过程是一个膨胀反应的过程。腐蚀初期，硫酸盐向混凝土内部扩散，通过腐蚀反应密实了混凝土结构，提高了混凝土的相对动弹性模量。

当腐蚀产物聚集到一定程度，膨胀性腐蚀产物将导致混凝土的孔壁或界面区破坏及混凝土内部微裂纹的产生，从而导致动弹性模量保持稳定。而当这些微裂纹扩展并贯通，外部硫酸盐的渗透速度提高到1～2个数量级，则其相对动弹性模量将会加速下降。这种劣化规律对海底隧道二衬混凝土耐久性的影响意义重大。

图4-6是扫描电子显微镜(SEM)观察到的硫酸盐腐蚀产物在混凝土孔洞中结晶生长的情况。由于在孔洞中结晶生长所需的能量最小，因而，腐蚀产物最先在孔洞中生长。随腐蚀龄期增加，混凝土的孔洞逐渐被针状产物充填，这将密实混凝土结构，从而导致混凝土相对动弹性模量上升。

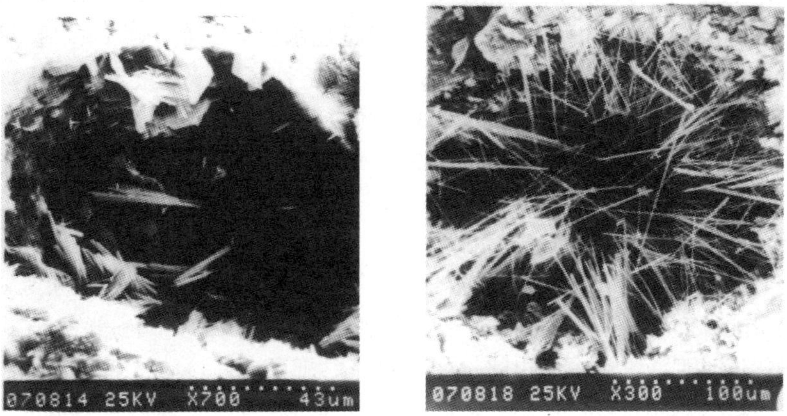

a) b)

图 4-6 钙矾石晶体在混凝土孔洞中生长

4.2.3 二次衬砌混凝土配合比设计优化

(1)混凝土的原材料

在 Marmaray 海底隧道中所用的水泥为普通波特兰水泥 CEM Ⅰ 42.5,同时符合 EN 197－1(2000)的标准[16]。作为国内首个开工建设的海底隧道工程,厦门翔安海底隧道二次衬砌设计采用 C45 的混凝土,采用 P. O 42.5 水泥,再加入高效减水剂以及硅灰、粉煤灰和磨细矿渣等矿物掺合料,在低水胶比条件下得到和易性好、高密实度和较高耐久性的混凝土[17]。

2009 年 5 月,我国开始实施首部关于混凝土结构耐久性设计的国家标准《混凝土结构耐久性设计规范》(GB/T 50476—2008)[10],其中对工程环境进行了划分,海底隧道工程环境主要可参考其中的氯化物环境。该规范规定,氯化物环境下不宜使用抗硫酸盐硅酸盐水泥,同时还规定,氯化物环境中应采用有矿物掺合料的混凝土。考虑到我国水泥生产的实际情况,配制海底隧道衬砌现浇钢筋混凝土更适合选用《通用硅酸盐水泥》(GB 175—2007)[18]规定的掺混合材料较少的 P. Ⅰ 52.5 或 P. Ⅱ 52.5 水泥。在青岛胶州湾海底隧道二次衬砌混凝土的配制中,采用了 P. Ⅰ 52.5 硅酸盐水泥。

对于海底隧道二次衬砌混凝土结构所使用的水泥要进行严格的质量控制,除按批检验其强度、安定性、凝结时间和细度外,还要检测氯离子含量和碱含量。在 Marmaray 海底隧道所用的水泥中,C_3A 和 C_3S 的含量分别控制在(2±0.5)%和(45±2)%。在胶州湾海底隧道二次衬砌混凝土的配制中,要求水泥中的 C_3A 含量≤8%,游离氧化钙≤1.5%。水泥含碱量要求与《通用硅酸盐水泥》(GB 175—

2007)[18]中的要求一致，含碱量应≤0.6%。国家标准《通用硅酸盐水泥》(GB 175—2007)[18]中规定，水泥中的氯离子含量不应超过水泥质量的0.06%。胶州湾海底隧道二次衬砌混凝土的配制中，要求水泥中的水溶性氯离子含量不超过水泥质量的0.02%。另外，水泥的细度(比表面积)不宜超过350m^2/kg。

胶州湾海底隧道二次衬砌混凝土的配制中，要求使用不含有影响水泥正常凝结、硬化或促使钢筋锈蚀的饮用水，水中氯离子含量(以Cl^-计)不大于200mg/L，硫酸盐含量(以SO_4^{2-}计)不大于2000mg/L。

在现有海底隧道工程中的混凝土衬砌结构中，广泛使用粉煤灰与矿粉等矿物掺合料。在Marmaray海底隧道中的胶凝材料中使用的是F级的低钙粉煤灰[16]。青岛胶州湾海底隧道衬砌混凝土中使用的粉煤灰为I级，细度≤12%，烧失量≤4%，需水量比≤95%，三氧化硫≤3%，水溶性氯离子含量≤0.02%，可溶性碱含量≤0.30%。粉煤灰检验方法按现行国家规范《粉煤灰混凝土应用技术规范》(GBJ 146—90)[19]及《用于水泥和混凝土中的粉煤灰》(GB 1596—2005)[20]的规定进行。

青岛胶州湾海底隧道衬砌混凝土中使用的矿粉是100%水淬高炉矿渣制得的S95或S105级矿粉，比表面积控制在(350～450)m^2/kg，三氧化硫≤3%，水溶性氯离子含量≤0.02%，可溶性骨料含量≤0.45%。磨细矿粉的检验按现行国家规范《用于水泥和混凝土中的粒化高炉矿渣粉》(GB/T 18046—2000)[21]的规定进行。

关于二衬混凝土原材料的更多详细要求可参见本书3.2节的相关内容。

(2)混凝土强度等级

对海底隧道来说，二次衬砌混凝土的强度等级不仅取决于荷载作用，更主要是由环境作用决定，即取决于耐久性所要求的混凝土最低强度等级。根据《混凝土结构耐久性设计规范》(GB/T 50476—2008)的规定，环境作用等级为D的结构混凝土强度等级应达到C45，环境作用等级为E的结构混凝土强度等级应达到C50，见表4-1。

青岛胶州湾海底隧道根据各部位混凝土所处环境的不同，海域段及隧道洞口段(300m)二次衬砌混凝土的强度等级均采用C50，隧道陆域中间段二衬混凝土采用C45混凝土，后来在实际施工中均采用了C50混凝土。实验室和现场试验表明，该混凝土3d龄期的实际强度≥21MPa，28d龄期的实际强度≥58MPa。

厦门翔安海底隧道按照设计基准期100年考虑。其陆域地下水环境下二次衬砌混凝土强度等级不小于C30，3d龄期抗压强度不低于21MPa；浅滩及海域环境下二次衬砌混凝土强度等级不小于C45，3d龄期抗压强度不低于21MPa[7]。

Marmaray海底隧道中所用的混凝土28d抗压强度则达到40MPa[16]。

(3)混凝土抗氯离子、抗渗和抗冻要求

对于混凝土耐久性的检测，当前采用最多的是检测混凝土的氯离子扩散系数。

对于海底隧道这类氯化物环境中的重要配筋混凝土结构工程，设计时应明确提出混凝土抗氯离子侵入性指标，并满足表 4-2 的要求[10]。

混凝土的抗氯离子侵入性指标 表 4-2

设计使用年限	100 年		50 年	
作用等级	D	E	D	E
28d 龄期氯离子扩散系数 D_{RCM}($\times10^{-12}m^2/s$)	≤7	≤4	≤10	≤6

从上表中可以看出，如果海底隧道的设计使用寿命最低为 100 年，环境作用等级为 D 时，28d 龄期氯离子扩散系数应≤$7\times10^{-12}m^2/s$，环境作用等级为 E 时，28d 龄期氯离子扩散系数应≤$4\times10^{-12}m^2/s$。青岛胶州湾海底隧道二次衬砌混凝土结构对抗氯离子侵入性的指标要求为：海域段 28d 龄期氯离子扩散系数≤$4\times10^{-12}m^2/s$，陆域段 28d 龄期氯离子扩散系数≤$7\times10^{-12}m^2/s$。厦门翔安海底隧道浅滩及海域环境下，二次衬砌混凝土的抗氯离子侵入性设计要求为：90d 龄期氯离子扩散系数＜$2.0\times10^{-12}m^2/s$。

为达到海洋环境下大于 100 年的设计使用寿命，海底隧道应采用一级防水。青岛胶州湾海底隧道二衬混凝土的抗渗等级为 S12 以上；厦门海底隧道关键部位的衬砌混凝土也采用了 S12 的抗渗混凝土[22]。

青岛胶州湾海底隧道洞口段二衬混凝土的抗冻耐久性指数 DF 要求达到 70%以上。

(4)混凝土的水胶比和胶凝材料用量

水胶比是判断混凝土渗透性和密实性的一个宏观指标。混凝土要达到低渗透，首先要考虑降低水胶比以减少混凝土中的毛细孔道。根据 T. C. Powers 的试验，0.38 水灰比(水胶比)的成熟水泥浆的渗透系数为 $2.47\times10^{-14}m/s$，相当于致密暗火成岩的渗透系数，比花岗岩的渗透系数($1.56\times10^{-10}m/s$)还要低。所以设计使用年限在 100 年以上的结构都采用水胶比在 0.38 以下的高性能混凝土[23]。

为保证混凝土结构的耐久性要求，《混凝土结构耐久性设计规范》(GB/T 50476—2008)[10]规定了最大水胶比和胶凝材料最小用量(表 4-1、表 4-3)。从表中可以看出，设计使用寿命为 100 年的海底隧道，环境作用等级为 D 时，混凝土的水胶比不应超过 0.40，最小胶凝材料用量为 340 kg/m^3，最大胶凝材料用量为 $450kg/m^3$；环境作用等级为 E 时，混凝土的水胶比不应超过 0.36，最小胶凝材料用量为 $360kg/m^3$，最大胶凝材料用量为 $480kg/m^3$。混凝土中还应采用大掺量的矿物掺合料[10]。

在 Marmaray 海底隧道中所用的混凝土水胶比为 0.38，其胶凝材料中，普通硅酸盐水泥为 $275kg/m^3$，粉煤灰为 $50kg/m^3$，微硅粉为 $15kg/m^3$[16]。

单位体积混凝土的胶凝材料用量表　　表 4-3

最低强度等级	最大水胶比	最小用量（kg/m³）	最大用量（kg/m³）
C25	0.60	260	400
C30	0.55	280	
C35	0.50	300	
C40	0.45	320	450
C45	0.40	340	
C50	0.36	360	480
≥C55	0.36	380	500

(5)混凝土中氯离子、三氧化硫和碱含量

为保证混凝土以及钢筋不受原材料所带入的有害成分影响，《混凝土结构耐久性设计规范》(GB/T 50476—2008)[10]还限定了混凝土中氯离子的最大含量(占胶凝材料质量的百分比)，见表 4-4。

混凝土中氯离子的最大含量(水溶值)　　表 4-4

环境作用等级	构件类型	
	钢筋混凝土	预应力混凝土
Ⅰ－A	0.3%	0.06%
Ⅰ－B	0.2%	
Ⅰ－C	0.15%	
Ⅲ－C、Ⅲ－D、Ⅲ－E、Ⅲ－F	0.1%	
Ⅳ－C、Ⅳ－D、Ⅳ－E	0.1%	
Ⅴ－C、Ⅴ－D、Ⅴ－E	0.15%	

单位体积混凝土中三氧化硫的最大含量不应超过胶凝材料的 4%。

对骨料无活性且处于干燥条件下的混凝土构件，碱含量不应超过 3.5 kg/m³，当设计年限大于 100 年时，混凝土的碱含量不应超过 3kg/m³。对骨料无活性但处于潮湿环境(相对湿度≥75%)条件下的混凝土构件，碱含量不应超过 3kg/m³。对骨料有活性且处于潮湿环境(相对湿度≥75%)条件下的混凝土构件，应严格控制混凝土的碱含量并掺加矿物掺合料。

青岛胶州湾海底隧道衬砌混凝土将原材料中的水溶性氯离子控制在 0.35 kg/m³以下；在严格控制骨料质量的基础上，将原材料中的碱含量控制在 3kg/m³以下。

(6)二次衬砌混凝土配合比

对海底隧道衬砌结构来说,高性能海工混凝土材料的优化配制是增强其耐久性的研究热点[24]。混凝土的配合比应在正式施工前进行试配,通过混凝土工作性、强度和耐久性指标的测定,并结合抗裂性能的对比试验加以确定;在现场模拟浇筑混凝土,发现问题及时调整。混凝土坍落度试验、泌水试验、表观密度试验等应按照现行国家标准《普通混凝土拌合物性能试验方法标准》(GB/T 50080—2002)[25]规定测试。混凝土配合比在使用过程中,应根据混凝土质量的动态信息及时进行调整。

虽然我国内地目前只有两条海底隧道进行建设,但是在一些重要的公路、跨江、跨湖隧道工程的混凝土衬砌耐久性设计中也已积累了不少的实践经验[26~31]。

青岛胶州湾海底隧道二次衬砌混凝土基准混凝土采用的是C50高性能混凝土,其胶凝材料总用量为470kg/m^3,水胶比≤0.34,水泥用量为250kg/m^3,磨细矿粉和粉煤灰总掺量为220kg/m^3。

4.3 隧道衬砌混凝土的开裂及防控

由于设计、施工、材料及地质等方面的原因,无论是国内还是国外,大多隧道都存在不同程度的病害,隧道病害的类型主要有水害、冻害、衬砌裂损和衬砌腐蚀。但几乎所有的隧道病害都直接或间接与水有关,其中最常见的病害形式是渗漏水。渗漏水、积水会造成隧道衬砌开裂和原有裂缝发展变大,加重衬砌裂损。衬砌裂损病害主要表现为衬砌的变形、开裂和错台,而衬砌一旦开裂,将会给地下水打通外渗的通道,引发隧道严重水害。

隧道长期渗漏水不仅影响正常使用,而且严重危及行车安全。衬砌裂损使隧道结构的稳定性遭受不同程度的破坏,使衬砌的有效厚度减薄,安全可靠性降低,最终导致衬砌结构失稳破坏。对于海底隧道衬砌结构,侵蚀性海水或地下水(含有碳酸根、硝酸根、硫酸根离子或碱性物质)会通过裂缝、孔洞进入衬砌内部,使混凝土中的水泥石分解流失,结构表面起毛疏松,内部呈多孔状,逐渐风化,强度降低而失稳。

本节主要针对隧道衬砌的裂缝及防控措施进行阐述。

4.3.1 隧道衬砌裂缝的外观分类

(1)依据裂缝与隧道轴线的走向关系

纵向裂缝:隧道衬砌纵向裂缝平行于隧道轴线,在拱部、边墙都会发生,这种裂缝的危害性最大,其发展可能引起隧道掉拱、边墙断裂甚至造成隧道塌方。

环向裂缝:隧道衬砌环向裂缝垂直于隧道轴线,多发生在施工缝、沉降缝处,或发生在洞口、不良地质地带与完整岩石地层的交接处。环向裂缝的危害性相对不大。

斜向裂缝：隧道衬砌斜向裂缝一般和隧道纵轴呈45°左右夹角，在拱部、边墙都会发生。其危害性仅次于纵向裂缝。

(2)依据裂缝的宽度

根据裂缝宽度 δ 大小分为四级[32]：毛裂缝（发丝裂缝）$\delta \leqslant 0.3mm$；小裂缝 $0.3mm < \delta \leqslant 2mm$；中裂缝 $2mm < \delta \leqslant 20mm$；大裂缝 $\delta > 20mm$。

4.3.2 隧道衬砌裂缝的成因

由于衬砌混凝土的组成材料和微观构造不同以及所处外界环境条件不同，混凝土产生裂缝的原因较为复杂。最初的裂缝可能来自于骨料的沉降以及塑性阶段的收缩，干缩增加了微裂缝的数量，而外部荷载作用使得微裂缝进一步扩展或衍生新的裂缝[33]。微裂缝的存在为气相、液相和可溶性离子的侵入提供了便捷的通道，影响混凝土的渗透性和耐久性。产生裂缝的原因归结起来可能有以下几个方面：

(1)大体积混凝土水化热引起的裂缝

在大体积混凝土凝结和硬化过程中，水泥和水发生化学反应，释放出大量的水化热，导致混凝土体温度升高。当混凝土内部的温度与外部环境温度相差很大，以致形成的温度应力或温度变形超过混凝土的抗拉强度或极限拉伸值时，就会产生裂缝。

(2)塑性收缩裂缝

塑性收缩裂缝发生在混凝土浇筑后数小时（仍处于塑性状态的时期）。发生这种裂缝的原因多是失水造成的。如在大面积的路面或楼板、炎热或大风天气条件下，容易产生这种裂缝。这类裂缝的宽度可大可小，其长度可由数厘米到数米，深度很少超过5cm，分布的形状一般是不规则的。

(3)混凝土塑性坍落引起的裂缝

在大厚度的构件中，混凝土浇筑后半小时到数小时即可发生这种裂缝，其原因是混凝土的塑性坍落受到模板或顶部钢筋的制约，或是在过分凸凹不平的基础上进行浇筑，或是模板沉陷、移动，或是斜面浇筑的混凝土向下流淌等情况。

(4)混凝土干缩引起的裂缝

普通混凝土在硬化过程中，会由于干缩引起体积变化。当这种体积变化受到约束时，就可能产生干缩裂缝。这种裂缝的宽度有时很大，甚至会贯穿整个构件。

(5)碱—骨料反应引起的裂缝

碱—骨料反应有两种——碱—硅酸盐反应和碱—碳酸盐反应，后一种比较少见。前一种引起混凝土裂缝的原因是混凝土加水拌和后，水泥中的碱不断溶解，这种碱液与活性骨料中的活性氧化硅起化学反应，析出胶状的碱—硅酸凝胶。此凝胶从周围介质中吸水膨胀后，体积增大数倍，使混凝土胀裂，其破坏特点是裂缝中充满白色胶体，表面裂缝常有白色的沉淀胶体。

(6)外界温度变化引起的裂缝

大体积混凝土在拆模以后，突然遇到短期内大幅度的降温，会产生较大的内外温差，引起较大的温度应力，使混凝土开裂。混凝土烟囱、核反应堆容器、海下石油储罐等承受高温的结构也会因温差产生裂缝。

(7)钢筋腐蚀引起的裂缝

当钢筋混凝土构件处于不利的环境中，如容易渗入氯离子和氧(溶于海水中)的海洋环境，若混凝土保护层过薄，特别是混凝土的密实性不良时，埋在混凝土中的钢筋将发生锈蚀，形成氧化铁。氧化铁的体积比原来的金属大得多，使混凝土胀裂。这种裂缝一般为先锈后裂，其走向沿钢筋方向，比较容易识别。顺筋开裂会进一步加速钢筋锈蚀的进程，最后导致保护层成片剥落，对结构耐久性的影响很大。

除上述因素之外，隧道混凝土衬砌产生裂缝的因素还包括：拱圈不均匀下沉，隧道仰拱地基不均匀沉降，以及设计依据的围岩级别与实际围岩级别不相符，造成衬砌断面不适应受力的需要；光面爆破不够完善，局部有欠挖，衬砌厚度不均匀，造成断面局部应力过大；隧道偏压，受力不均匀，造成局部开裂；混凝土强度还未形成，就去掉支撑和模板，使混凝土过早受力，致使衬砌开裂；拱部超挖过多，混凝土与围岩不密贴，有空洞，上部岩土坍落导致拱部衬砌开裂；混凝土密实性差，振捣不实，以及施工缝未作妥善处理，这些都可能是导致裂缝和渗漏水的原因。

正确判断和分析隧道衬砌混凝土裂缝的成因是有效控制和减少混凝土裂缝产生的最有效途径。

4.3.3 胶州湾海底隧道混凝土收缩与抗裂性试验研究

混凝土收缩试验依据《普通混凝土长期性能和耐久性能试验方法》(GBJ 82—85)[15]进行，试验采用 100mm×100mm×515mm 标准试件，两端预埋金属测头。试件成型后标准养护 2 昼夜，然后移入恒温恒湿室，即温度保持在(20 ±2)℃、相对湿度保持在(60 ±5)%，采用测量标距为 540mm，装有精度为 0.01mm 百分表的卧式混凝土干缩仪测试试件在指定干缩龄期(3d,7d,14d,28d,56d,90d)的长度，从而计算出试件的相对收缩量。结果表明：28d 以后各组试件的相对收缩趋于稳定；90d 龄期各组试件的相对收缩值均不超过 5.5×10^{-4}；大掺量矿物掺合料混凝土的收缩小于普通混凝土，有利于混凝土的抗裂。

另外还开展了圆环收缩试验，图 4-7 为圆环试件限制性收缩受力示意图。既定的内置钢环和水泥基材料的横截面积可以保证试件在受约束时，变形和开裂能够在合理的时间内发生。这取决于计算得到的约束度 R，它是钢环的刚度与钢环和混凝土环二者刚度之和的比值，由式(4-4)计算。

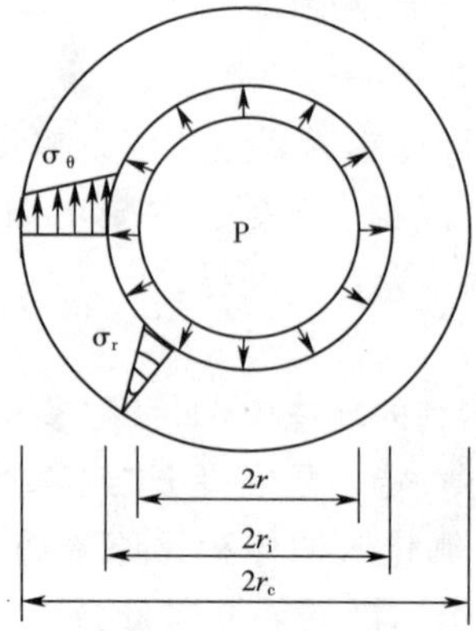

图 4-7　圆环试件受力示意图

$$R=\frac{A_{st}E_{st}}{A_{st}E_{st}+A_{c}E_{c}} \tag{4-4}$$

式中：A_{st}和 A_{c}——分别是钢环和混凝土环试件的横截面积；

E_{st}和 E_{c}——分别是钢和水泥基材料的弹性模量。

当环形水泥基材料试件干燥收缩时，在钢环内部将产生内压力 P，而在环形试件上产生径向应力σ_r和切向应力σ_θ。根据弹性理论，它们的大小可分别由式(4-5)～式(4-7)计算。

$$\sigma_r=\frac{(r_e^2/r^2-1)P}{r_e^2/r_i^2-1} \tag{4-5}$$

$$\sigma_\theta=-\frac{(r_e^2/r^2+1)P}{r_e^2/r_i^2-1} \tag{4-6}$$

$$P=\frac{E_{st}\varepsilon_\theta}{(r_e^2+r_i^2)/(r_e^2-r_i^2)+\mu} \tag{4-7}$$

式中：r_e、r_i和 r——分别为圆环试件的外径和内径以及钢环的内径；

ε_θ——压缩应变；

E_{st}——钢环的弹性模量；

μ——泊松比。

当干燥收缩到一定程度时，圆环切向应力大于抗拉强度导致裂缝出现。根据数量关系，圆环试件中的干缩应变对应于水泥基材料的弹性应变、拉伸徐变，再加上钢环的弹性压缩应变，它们的关系可用式(4-8)表示。

$$\varepsilon_{sh}(t)=\varepsilon_e(t)+\varepsilon_{cp}(t)+\varepsilon_{st}(t) \tag{4-8}$$

式中：$\varepsilon_{sh}(t)$——在时间 t 时水泥基材料的自由收缩应变；

$\varepsilon_e(t)$——在时间 t 时水泥基材料的弹性应变；

$\varepsilon_{cp}(t)$——在时间 t 时水泥基材料拉伸徐变应变；

$\varepsilon_{st}(t)$——在时间 t 时钢环的弹性应变。

由圆环试件与钢环之间径向压力的平衡可知，当为时间 t 时，试件中的平均拉应力如式(4-9)。

$$\sigma_t(t)=\frac{E_{st}r_{ic}h_{st}}{r_{is}h_c}\varepsilon_{st}(t) \tag{4-9}$$

式中：E_{st}——钢环的弹性模量；

h_{st}和 h_c——分别是钢环和圆环试件的径向厚度；

r_{is}和 r_{ic}——分别是钢环和混凝土环的内径。

上述这些公式可以用来量化试验中所研究的混凝土试件的限制性收缩。

圆环收缩试验的典型结果如图 4-8 所示，图中的两条曲线分别为：收缩应变—龄期关系曲线和平均裂缝宽度—龄期关系曲线。

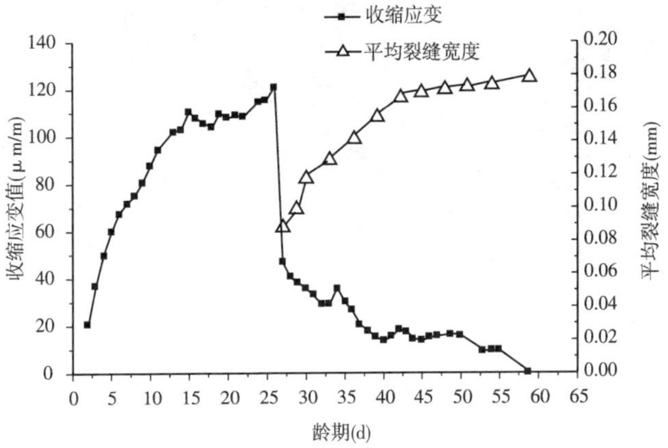

图 4-8 海底隧道衬砌混凝土收缩应变、平均裂缝宽度—龄期关系图

可见，从混凝土成型至 15d 龄期，收缩应变增加很快，说明 15d 已经完成了较大部分的收缩；从 16d 至 26d 的龄期，收缩应变缓慢增加，于第 26d 达到最大值；龄期为 27d 时，收缩应变值急剧降低，从第 26d 的 121μm/m 降为 46.7μm/m，在该天圆环出现了两条裂缝，其平均宽度为 0.09mm，说明裂缝的出现释放了圆环的收缩应变。随后收缩应变缓慢下降，平均裂缝宽度缓慢增加，从开始出现裂缝至 59d 龄期，平均裂缝宽度仅增加了不到 0.1mm。两条裂缝出现在圆环的对称位置，且一开裂即贯通整个圆环侧面，见图 4-9。

平板抗裂试验，采用尺寸为 600mm×600mm×50mm 的钢制模具成型，模具每个边上均采用双螺帽固定上、下两排相互交错且长短不一的螺栓。对不同配合比的 15 组混凝土分别制作 2 个试件。试件浇筑后立即用塑料薄膜覆盖，保持环境温度为 20℃±1℃，相对湿度为 60%，两小时后将薄膜取下，用调速风扇吹混凝土表面，风速

0.6m/s；然后开始观察平板表面的裂缝发生过程。在开始的3h内，每5min观察一次；当发现有裂纹出现后改为每10min观察一次；当混凝土表面出现贯穿裂缝后很少会再有新的裂缝出现，改为30min观察一次；到1d后，每0.5d观察一次直到龄期3d为止。记录试件开裂时间、裂缝数量、裂缝长度和宽度等随时间的变化，采用试件的初裂时间和最大裂缝宽度等数据作为试件混凝土抗裂性的评定指标。对平板试验试件连续观察了3d，均未发现有裂缝出现，说明试验配合比的混凝土均有较好的抗裂性。

图4-9　圆环试验俯视图（黑线标注的地方为两条裂缝）

4.3.4　隧道衬砌裂缝的防控原则

混凝土裂缝不可避免，但可以控制。主要从设计、原材料的选择、混凝土配合比和施工等方面入手控制隧道衬砌混凝土裂缝。

首先，应延长隧道的设计使用寿命，推迟大修年限，将其作为隧道结构设计的基本原则。

第二，长期以来人们普遍认为隧道衬砌是拱形结构，截面内力以轴力（压）为主，所以，采用低强度等级的素混凝土浇筑即可。这说明人们对隧道在安全性和耐久性方面存在的问题认识不够。作用在隧道衬砌上的围岩压力的大小和分布状态是千变万化的，衬砌的受力状态也是各不相同，而且它受施工方法的影响很大。因此，对于这种处于地下的、事先无法明确知道其受力条件的结构应具有较大的安全储备和较高的抗裂性，以适应多变的地质条件。考虑到衬砌与围岩共同作用的特性，衬砌结构刚度宜小不宜大。所以，提高衬砌安全储备的方法主要是提高混凝土的强度等级，同时通过掺加纤维提高其抗裂性[28]。

第三，在设计方面，应保持构件截面均匀，避免截面突变出现尖角、棱角，以减小混凝土收缩应力和荷载应力的集中。通过裂缝宽度验算调整主筋配筋量。结构配筋应加强纵向分布钢筋，其配筋应按细而密的原则配置，控制钢筋间距，必要时可加设扩张金属网，以提高混凝土的极限拉应变，控制混凝土的收缩裂缝。

第四，前面已提到，海底隧道衬砌所处的环境恶劣，所以，在海底隧道中应尽量避免单纯使用普通硅酸盐水泥，建议加大矿物掺合料掺量，以提高隧道衬砌的抗腐蚀能力。同时提高衬砌的抗渗性。

关于隧道衬砌病害的进一步综合治理可见第八章的相关内容。

4.4 二次衬砌混凝土的施工及质量控制

由于海底隧道施工条件和施工环境的限制，隧洞内混凝土施工与露天混凝土施工相比有一定的难度，也有其特点。而且，隧道内钢筋混凝土衬砌结构的耐久性问题，与衬砌结构的施工技术和施工管理也有密切的关系。本节将结合青岛胶州湾海底隧道二次衬砌混凝土的施工及质量控制进行系统总结。

4.4.1 二次衬砌混凝土的施工及质量验收

在衬砌施工中有两种方法经常被采用，一种是先墙后拱法，另一种是先拱后墙法[34]。前者目前在大多数隧道施工中采用，后者是在软弱围岩的隧道中，采用台阶法时使用。从施工实践上看，先拱后墙法中出现的问题不少，如边墙与拱脚的连接质量不良，拱部悬臂过长引起纵向下沉，边墙施工时引起拱脚下沉而造成衬砌开裂等。因此，衬砌作业宜采用先修仰拱，后修边墙和拱圈的自下而上的修筑方法。《铁路隧道设计规范》(TB 10003—2005)已规定，原则上不容许采用先拱后墙法[35]。

对于混凝土结构施工应实行温度控制，并宜从混凝土裂缝控制方面，确定混凝土浇筑、养护的方法与工序，事先给出施工过程中混凝土温度的合理控制方式。

在一般情况下，二次衬砌应在围岩和初期支护变形基本稳定后施工。复合式衬砌采用仰拱超前时，应根据对围岩和支护量测的变化规律，确定二次衬砌的施工时间。变形基本稳定应符合隧道周边位移速度有明显减缓趋势。

(1)钢筋制作安装

钢筋应有出厂证明书或检验报告单，每捆(盘)钢筋均应有标牌，进场时应按炉(批)号及直径分批验收，验收内容包括查明标牌、外观检查，并应在使用前进行力学、工艺性能试验，试验应按照现行国家标准《金属材料　室温拉伸试验方法》(GB/T 228—2002)[36]、《金属材料　弯曲试验方法》(GB/T 232—1999)[37]及《钢筋混凝土用钢筋弯曲和反向弯曲试验方法》(YB/T 5126—2003)[38]进行。

钢筋在加工弯制前应调直,加工后的钢筋表面不应有削弱钢筋截面的伤痕;钢筋表面的油渍、水泥浆和浮皮铁锈等均应清除干净。安装钢筋时,钢筋的位置和混凝土保护层厚度应符合设计要求。为保证钢筋保护层厚度尺寸及钢筋定位的准确性,宜采用工程塑料制作的保护层定位夹或定型生产的纤维砂浆块,当使用一般的细石混凝土垫块定位保护层的厚度时,垫块的尺寸和形状(宜为I字形或锥形)必须满足保护层厚度和定位的公差要求,垫块的强度应高于构件本体混凝土。

混凝土结构内部设置的各种钢筋或绑扎铁丝不得接触模板,固定模板的螺栓穿过混凝土结构时应有止水措施。

使用环氧树脂对钢筋表面进行涂层,可以防止钢筋的锈蚀,但是不能改变混凝土材料自身的破坏作用。使用环氧涂层钢筋不但会增加成本和降低钢筋与混凝土材料的黏结力,而且施工中很难避免钢筋由于磕碰造成涂层的破坏。此外,使用钢筋阻锈剂、耐蚀钢筋等同样可以获得明显的效果,但会显著增加成本。

(2)衬砌模板

用于隧道衬砌的模板,可分为移动式模板台车和组装式模板两类。模板结构要在浇筑混凝土过程中不发生偏位、应变、膨胀等,其强度高、能反复使用且具有耐久性。作用于模板的荷载,是由每次的浇筑量、浇筑长度、灌注速度等得出的未硬化混凝土的重力,以及压力输送灌注时增加的压力等。

衬砌厚度较薄时,要增强横撑或控制混凝土的灌注速度,防止因侧压变大出现跑模现象。曲墙式整体衬砌模板要有一定的质量,以抵抗混凝土最初灌注时所产生的上浮力。此外,移动式模板应能抵抗移动时可能发生的扭转等变形。

移动式模板台车的一般适用长度为9~12m,一次灌注段长度过长,混凝土容易因温度收缩和干燥收缩而开裂。组装式模板应提高钢、木模板的强度,使在灌注混凝土的压力下不致产生大的挠度。拱架间距通常为1.2~1.5m。

使用模板台车浇筑衬砌混凝土时,应确定整体移动式模板台车的轨道,轨道铺设应稳固,能使模板移动顺畅,其位移和沉降量均应符合施工误差要求。台车定位前,施工缝处的水泥砂浆、松动石子或松弱混凝土层应凿除,并用水冲净,但不得存有积水;并将模板内的杂物清除干净。轨道铺设和台车就位后,应进行位置、尺寸检查,然后锁紧卡轨器,涂刷脱模剂。用全站仪、水准仪校核模板台车是否位于设计位置。

台车定位后,应仔细检查定位夹或保护层垫块的位置、数量及其紧固程度,垫块数量不少于4个/m^2,绑扎垫块和钢筋的铁丝头不得伸入保护层内。安装好施工缝或变形缝处的防水卷材、止水带。另外,还要进行底模与挡头模安装。底模安装前须检查边模是否已完全支撑到位,然后用小块钢模拼装立于基础表面,上缘紧靠整体钢模下沿,并辅以支撑,确保牢固。挡头模应根据开挖情况决定长度,现场用木锯裁出合理长度,自下向上环向安装,安装时保证接缝的密实性,以防漏浆。在安装模板时，做好止水带(条)的施工。根据衬砌厚度不同，调整挡头模的支撑，防止跑模现象发生。还要将挡头模板安装稳固，并注意挡头模板不得损伤防水材料。

(3)混凝土计量

拌制混凝土时，必须严格按签发的混凝土配合比和指定的材料进行配料。混凝土的各组成材料均应按质量计，水及外加剂可按质量折算成体积计，各组成材料按质量计的计量偏差，不得超过表4-5的规定值。

混凝土各组分计量的允许偏差　　表4-5

材料名称	允许偏差
水泥、掺合料	±1%
粗、细骨料	±2%
水、外加剂溶液	±1%

生产过程中应测定骨料的含水率，每一工作班不应少于一次，当含水率有显著变化时，应增加测定次数，依据检测结果及时调整用水量。计量器应定期检查，经中修、大修或迁移至新的地点后，也应进行检查。每一工作班正式称量前，应对计量设备进行零点校核。

(4)混凝土搅拌

混凝土搅拌应采用搅拌效率高、均质性好的强制搅拌机。混凝土拌合物宜先以掺合料和细骨料干拌，再加水泥和部分拌和用水，最后加粗骨料、外加剂溶液和剩余拌和用水，自全部材料装入搅拌起至开始卸料时止，连续搅拌的最短时间为1.5min，且当掺入外加剂时搅拌应延长1min。

在混凝土搅拌工序中，拌制的混凝土拌合物的均匀性应按《混凝土搅拌机》(GB/T 9142—2000)[39]的规定进行，混凝土中砂浆密度两次测值的相对误差不应大于0.8%，混凝土中粗骨料含量两次测值的相对误差不应大于5%。

混凝土搅拌完毕后，应在搅拌地点和浇筑地点分别取样检测混凝土的坍落度，同时还应观察混凝土拌合物的黏聚性和保水性。测定新拌混凝土的水胶比、水泥含量及组成等参数，以及时检验新拌混凝土的组成是否符合原设计配合比，并用以进行生产控制。混凝土拌合物水胶比的测定可按《普通混凝土拌合物性能试验方法标准》(GB/T 50080—2002)[25]的有关规定进行。

(5)混凝土运输

在运输工序中，应控制混凝土运至浇筑地点后，不离析、不分层，组成成分不发生变化，并能保证施工所需的坍落度。

混凝土运送至指定卸料地点后，如混凝土拌合物出现离析或分层现象，应对混凝土拌合物进行二次搅拌。混凝土运至指定卸料地点时，所测坍落度应符合设计和施工要求，其允许偏差为±30mm。混凝土拌合物运至浇筑地点时的温度，最高不宜超过 28℃，最低不宜低于 12℃。

采用泵送混凝土时，应保证混凝土泵的连续工作，受料斗内应有足够的混凝土，泵送间歇时间不宜超过 15min。

(6)混凝土浇筑

浇筑是混凝土衬砌施工的主要阶段。一是混凝土用量大，二是泵送混凝土施工中容易出现跑模，产生偏压，因此需特别重视。

混凝土浇筑前，应设计混凝土浇筑方案，包括浇筑起点、浇筑方向和浇筑厚度、施工缝设置等。浇筑混凝土前，应检查模板、钢筋、保护层和预埋件等的尺寸、规格、数量和位置，其偏差值应符合现行国家标准的规定，此外，还应检查模板支撑的稳定性以及接缝的密合情况。模板和钢筋隐蔽项目应分别进行预检和隐检验收，符合要求后，方可进行浇筑。

混凝土入模浇筑前，应测定混凝土的温度、坍落度及泌水率等工作性能。入模前的模板与钢筋温度以及附近的局部气温不得超过 40℃。灌注前用同强度等级砂浆将泵送系统润滑。在已选合格材料、合格配合比的前提下，坍落度以 8～12cm 为宜。泵送压力控制在 5MPa，防止压力过大造成管路接头断裂对钢模的影响。泵送速度是影响混凝土质量的原因之一，泵送过快，易产生跑模，形成麻面及错台，过慢，易造成冷缝。泵送混凝土施工时两侧对称灌注，两侧高差不得大于 50cm，单侧灌注高度一次不得高于 60cm，以免形成偏压、跑模等现象。混凝土拌合物运至浇筑地点后，应立即浇筑入模，在浇筑工序中，应控制混凝土的均匀性和密实性，使混凝土充满所有角落，必须回填密实初期支护和二次衬砌间的空隙。

如前所述，二次衬砌宜采用先墙后拱法浇筑混凝土，浇筑顺序应从两侧拱脚向拱顶对称进行，间歇及封顶的层面应成辐射状，按封顶工艺施工，确保拱顶混凝土密实，拱顶应预留注浆孔，对空洞进行回填灌浆，确保拱部密实。浇筑大体积混凝土前，应预先做好防裂措施。混凝土要连续灌注，并从堵头板的开口处排除泌浆和空气。

拱部浇筑混凝土需要考虑输送压力和混凝土灌注饱满程度。为此，首先调整混凝土坍落度，其次应确定专人检查灌注情况，确保封顶饱满。浇筑混凝土时左右侧分层对称施工，分层厚度一般为 30～40cm，每浇筑一层，用振捣器捣固密实。

边墙内的洞室，应在浇筑边墙混凝土前，布设钢筋及预埋件后，主洞与洞室一次浇筑完成，保证各种洞室与主洞的整体性和整体受力。洞室不得设在衬砌断面变化及各种衬砌接缝处。紧急停车带应布置在同一类围岩地层中。紧急停车带衬砌两端与洞身衬砌以喇叭口形式连接，应圆顺平整。在夜间浇筑施工时，要有足够的照明设备。

(7)混凝土振捣

宜采用高频振捣器及时将入模的混凝土均匀振捣密实，不得过振与漏振。振捣混凝土过程中，应加强检查模板的支撑是否牢固稳定，并防止漏浆。振捣混凝土过程中，不应破坏防水层及止水带，不应将钢筋及保护层垫块振移位。

边墙和拱脚部分利用作业窗采用插入式振捣器进行振捣，衬砌拱顶混凝土振捣有困难，可利用混凝土输送泵的泵送压力，并使用附着式高频振捣器进行拱顶混凝土的振捣作业，使混凝土密实，但不能过振使混凝土产生离析。对于大面积构件，在浇筑振捣完成后立即抹平，并用塑料薄膜紧密覆盖防止表面水分蒸发。墙板宜采用有蓄水内膜或有良好保水性能的模板。

(8)混凝土养护

衬砌混凝土一般在浇筑后12h内即开始养护。在养护工序中，应控制混凝土处在有利于硬化及强度增长的温度和湿度环境中，使硬化后的混凝土具有必要的强度和耐久性。在气温高于5℃时衬砌混凝土的湿养护通过喷水或喷雾来实现，但蓄水养护更优于洒水养护。养护用水应与混凝土拌和用水相同，且水温应与环境温度基本相同。如平均气温低于5℃，不得浇水。混凝土表面不便浇水时，应涂刷保护层，如薄膜养生液等。当隧道内平均气温低于6℃时，应采用综合蓄热法或升温法，确保湿养护时，隧道内温度不低于6℃，并保持混凝土表面湿润，保证衬砌混凝土有较高的密实性，抗渗性好，并起到自防水混凝土的作用。表4-6为湿养护最短期限。

隧道衬砌混凝土湿养护期限　　表4-6

隧道内平均温度 t(℃)	湿养护期限(d)
$t=6$	21
$6<t<20$	$21\sim(t-6)\times0.5$
$t\geqslant20$	14

养护时要保证内部温度与环境温差不超过20℃，混凝土降温速率最大不超过5℃/h。严禁养护用水与建筑场地原土接触，尽可能推迟新浇混凝土与腐蚀物质直接接触的龄期，一般不宜小于6周，而且混凝土浇筑14d之内不应受到海水的冲刷。

胶州湾海底隧道施工过程中，对实验室标准养护和工程现场自然养护试件进行了对比研究，结果表明，养护条件对混凝土的力学和耐久性能影响较大。

抗压强度：标准养护试件的强度发展较快，明显高于现场养护的强度，见图4-10。

抗渗透性：混凝土的养护方式对其氯离子扩散系数有非常重要的影响。采用现场养护方式，其28d氯离子扩散系数由$2.8\times10^{-12}m^2/s$增加到$3.07\times10^{-12}m^2/s$。

冻融循环：标准养护隧道混凝土经过300次冻融循环，其质量损失率为3%，相对动弹性模量达到了0.65左右，损失了约35%。现场养护混凝土质量损失率为4.5%，相对动弹性模量达到了0.60左右，损失了近40%。见图4-11。

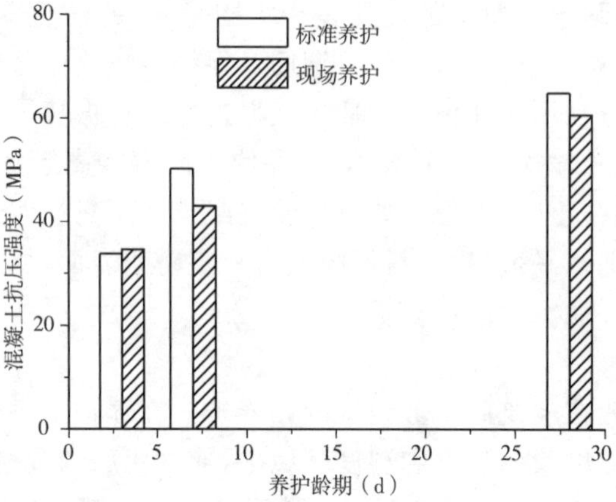

图 4-10　混凝土 3d、7d、28d 强度发展

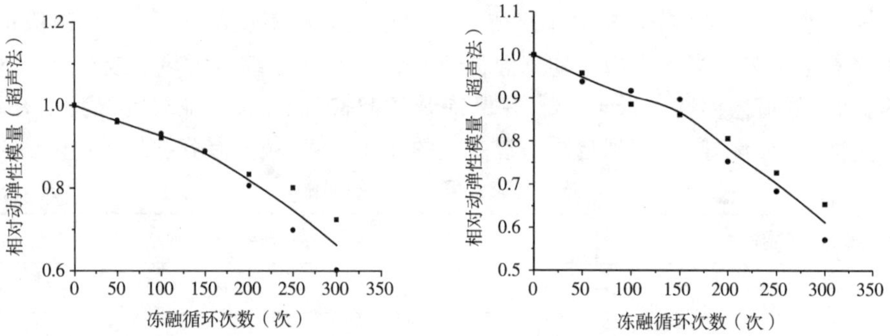

a)标准养护　　b)现场养护

图 4-11　混凝土 300 次冻融作用下相对动弹性模量(超声法测试)

(9)混凝土拆模

拆模时间一定程度上会影响混凝土强度的发展和结构的整体变形。特别是对于大体积混凝土,如果拆模时间过早,此时若混凝土内部温度达到最高,易引起温度裂缝。还有一点值得注意的是,此时若立即浇冷水养护,容易产生热震,所以此时注意保温养护很重要。

混凝土拆模时,内外温差不得大于 20℃。

二次衬砌混凝土拆模强度:Ⅱ级围岩时不低于 10MPa;Ⅲ级围岩时不低于 16MPa;Ⅳ级围岩时不低于 21MPa;Ⅴ级围岩时不宜小于设计强度的 70%;断裂破碎带范围拆模时混凝土强度应针对现场特点确定。要准确控制二次衬砌混凝土拆模强度和拆模时间,可选测两层支护间压力、衬砌内压力、表面应力及裂缝,供设计、施工单位共同研究,确定拆模时间。选测项目量测断面的数量,宜在每级围岩内选有代表性的两个。

在浇筑混凝土时，应制作供确定混凝土结构拆模时间用的与结构混凝土同条件养护的试件，并可用混凝土成熟度推算现场混凝土拆模所需的阶段强度。

拆模前检查电路、风路、水路是否已妥善处理；严格按照拆模程序作业，每道工序绝对不能颠倒；拆除下来的挡头模、接缝模板、插锁等应有序地放在指定位置，严禁乱放乱丢；拆模工序应与混凝土带模、脱模养护衔接好。

(10)衬砌混凝土施工缝和变形缝

施工缝、变形缝是发生渗漏水的常见部位，一方面是接头处理不到位，凿毛不够彻底，另一方面是止水带偏移及该部位混凝土振捣不密实。预留孔洞部位也容易不同程度地存在渗水现象，该位置由孔洞形成的倒三角形区域往往是施工过程中的“死角”，振捣棒达不到该部位，从而使该部分混凝土较其他部位松散[40]。因此，在施工时应予以重视。

应合理划分施工段长度，适当缩短施工缝间距，分段长度宜控制在12m以内。底板、边墙、顶板施工缝尽可能对齐，必要时采取跳槽施工，也可采用后浇带。

墙体水平施工缝不应留在剪力与弯矩最大处或底板与侧墙的交接处，在高出底板表面300mm的墙体上，拱墙结合的水平施工缝，宜留在拱墙接缝以下150～300mm处。垂直施工缝应避开地下水和裂隙水较多的地段，并宜与变形缝相结合。水平施工缝浇灌混凝土前，应将其表面浮浆和杂物清除，先铺净浆，再铺30～50mm厚的1∶1水泥砂浆，并及时浇筑混凝土。垂直施工缝浇筑混凝土前，应将表面浮浆和杂物清除，并涂刷水泥净浆或混凝土界面处理剂，并及时浇筑混凝土。

混凝土施工缝要采用二道防水，即外贴式止水带及中埋式止水带：外贴式止水带总宽度应≥300mm，中埋式止水带总宽度应≥250mm。应确保中埋式止水带固定牢固，位于墙体正中，中埋式止水带施工中不得被刺破，无接头，混凝土浇筑时防止止水带偏移，加强混凝土振捣，使止水带与混凝土紧密结合。止水带与衬砌端头模板应正交。

衬砌混凝土施工中，在围岩对衬砌有不良影响的硬软岩交界处，应设置沉降缝；在严寒地区，均应在洞口和易受冻害地段设伸缩缝；沉降缝、伸缩缝统称为变形缝。

变形缝应满足密封防水、适应变形、施工方便、检修容易等要求。用于伸缩的变形缝宜不设或少设，可根据不同的工程结构类别及工程地质情况采用诱导缝、加强带、后浇带等替代措施。变形缝处混凝土结构的厚度若小于300mm，应采用迎水面局部加厚的措施，加厚宽度为700mm，并与主体采用45°逐渐过渡。用于沉降的变形缝，最大允许沉降差不应大于30mm，当计算沉降值大于30mm时，应在设计时采取措施。用于沉降的变形缝宽度宜为20～30mm，用于伸缩的变形缝宽度可取为20mm。

变形缝应采用三道防水——背贴式止水带、中埋式止水带、嵌缝材料。中埋式止水带埋设位置应正确，其中间空心圆环应与变形缝的中心线重合，止水带应妥善固定，止水带与衬砌端头模板应正交。嵌缝材料嵌填施工时，缝内两侧应平整、清洁、无渗水，并涂刷与嵌缝材料相容的基层处理剂，嵌缝时应先设置与嵌缝材料隔离的背衬材料；嵌填应密实，与两侧黏结牢固，最大伸长率应不大于300%。背贴式止水带与中埋式止水带之间混凝土、变形缝两侧界面混凝土易受渗水侵蚀，应加以防护，在先浇混凝土表面涂1mm厚沥青油膏防腐，再贴上一层浸乳化沥青的木丝板，一方面作为模板不再取出，另一方面作为可变形的填充物；这样沥青油膏对变形缝两侧混凝土形成防腐蚀保护层。

仰拱、仰拱回填、衬砌基础、喷射混凝土一次支护、二次衬砌混凝土等各部分的施工缝、变形缝设置应贯通。

(11)二次衬砌混凝土的工程质量验收标准及评定方法

二次衬砌混凝土必须满足设计和规范规定的耐久性基本要求。所用材料的质量和规格必须满足规范和设计要求。基底承载力应满足设计要求，对基底承载力有怀疑时应做承载力试验。拱墙背后的空隙必须回填密实。因严重超挖和塌方产生的空洞要制定具体的处理方案经批准后实施。

作为海底隧道施工分项工程之一，二次衬砌混凝土工程质量检验内容包括基本要求、实测项目、外观鉴定和质量保证资料四个部分。只有在其使用的原材料、半成品、成品及施工工艺符合基本要求的规定，且无严重外观缺陷和质量保证资料真实并基本齐全时，才能对分项工程质量进行检验评定。以下以胶州湾海底隧道工程为例介绍二次衬砌混凝土的工程质量验收标准及评定方法。

涉及结构安全和使用功能的重要实测项目为关键项目，其合格率不得低于90%，且检测值不得超过规定极值，否则必须进行返工处理。分项工程的评分值满分值为100分，按实测项目采用加权平均法计算。存在外观缺陷或资料不全时，应予减分。分项工程评分值不小于75分者为合格，小于75分者为不合格。评定为不合格的分项工程，经加固、补强或返工、复测，满足设计要求后，可以重新评定其质量等级，但计算分部工程评分值时按其复评分值的90%计算。

工程质量检验项目见表4-7。

混凝土衬砌实测项目 表4-7

项次	检查项目	规定值或允许偏差	检查方法和频率	权值
1	混凝土强度(MPa)	在合格标准内	参照《混凝土强度检验评定标准》(GBJ 107—87)或《钻芯法检测混凝土强度技术规程》(CECS 03—2007)	3
2	衬砌厚度(mm)	不小于设计值	激光断面仪或地质雷达：每40m检查一个断面	3
3	钢筋保护层厚度(mm)	+8，−5	钢筋位置测试仪：每40m检查不少于6根钢筋，每根钢筋1个检查点	3
4	墙面平整度(mm)	5	2m直尺：每40m每侧检查5处	1

进行外观鉴定时，混凝土表面密实，每延米的隧道面积中，蜂窝、麻面和气泡面积不超过0.5%，不符合要求时，每超过0.5%减0.5～1分。蜂窝、麻面深度超过5mm时不论面积大小，每处减1分。深度超过10mm时应处理。结构轮廓线条顺直美观，混凝土颜色均匀一致，不符合要求时减1～3分。施工缝平顺无错台，不符合要求时每处减1～2分。混凝土因施工养护不当产生裂缝，每条裂缝减0.5～2分。混凝土应无渗水；结构表面无湿渍，不符合要求时每处减1～3分。

4.4.2 二次衬砌混凝土的施工质量检测

海底隧道穿越海域，必须在施工全过程进行衬砌混凝土质量、施工质量等耐久性影响因素检测，以确保达到设计使用年限。

混凝土试配时应检测混凝土中氯离子含量及氯离子扩散系数、碱含量、混凝土强度等级、抗渗等级、抗碳化性能、含气量及抗冻性等，以满足设计要求。混凝土搅拌时应对每批次各组成材料及新拌混凝土的氯离子含量、碱含量、含水率等进行检测，随时复核。混凝土硬化后应采用无损检测方法（必要时采用取芯法）检测混凝土质量及施工质量，包括混凝土表层强度（回弹值）、混凝土保护层厚度的变化、衬砌混凝土背后的空洞以及不同深度的缺陷等，以便及时做出补救措施。胶州湾海底隧道的部分现场检测结果见图4-12、图4-13，满足设计要求。

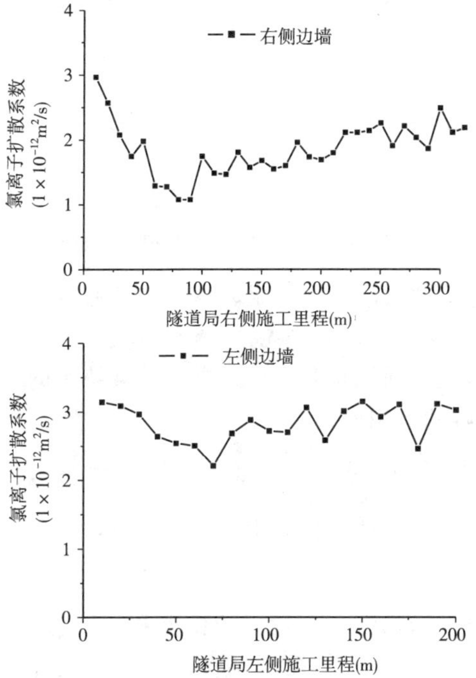

图4-12 胶州湾海底隧道氯离子扩散系数波动

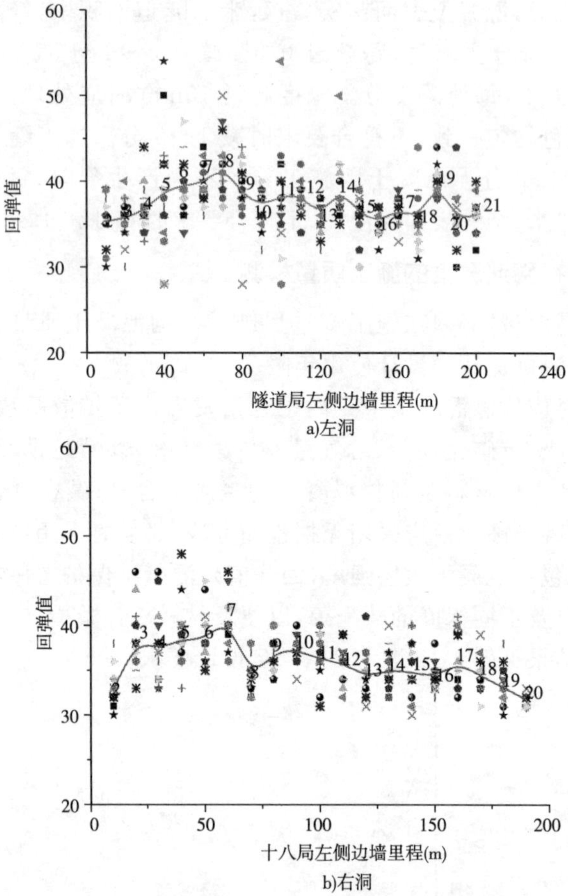

图 4-13 胶州湾海底隧道在施工里程上的回弹值统计

此外，有的铁路隧道对衬砌厚度不足、不密实、背后空洞等衬砌质量问题采用探地雷达方法进行检测。探地雷达方法无损，检测迅速，一次性检测信息量大（包含厚度、密实度、衬砌背后接触、回填状况等），该方法以其特有的高分辨率在浅层或超浅层地质调查中有着广阔的应用前景[41]。

4.5 基于氯离子扩散模型的海底隧道二次衬砌混凝土结构耐久性设计

近年来，用于混凝土结构耐久性设计的模型和程序得到了快速发展[42-45]，而且在许多国家已经应用到众多重要混凝土结构的耐久性设计中[46-48]。这类耐久性设计主要是基于欧洲研究项目 Duracrete(2000)的成果,近年来随着实践经验的不断丰富,Duracrete 耐久性设计的依据得以简化并在实践中得到进一步验证。

前面已提到,氯离子环境是海底隧道工程面临的重要腐蚀环境。本节将首先介绍失效和锈蚀概率计算的理论基础,进而介绍 Duracrete 耐久性分析中的有关参数。在此过程中将以胶州湾海底隧道的部分耐久性设计工作为例,通过 Duracrete 模型修正和计算,分析混凝土原材料、保护层厚度等对工程服役寿命的影响。

4.5.1 失效与锈蚀概率

在进行混凝土结构设计时,主要的目标是建立作用效应(S)和结构抗力(R)之间的关系,在这种情况下设计准则变为式(4-10)。

$$R \geqslant S \text{ 或 } R-S \geqslant 0 \tag{4-10}$$

当 $R<S$ 时,结构会失效,由于影响 R 和 S 的各种因素都具有很大的离散性和变异性,因此,目前多数设计方法都对此进行了适当考虑。

因为结构的服役寿命预测不可能是确定性的,所以概率方法是唯一可行的方法。在原理上,耐久性设计和结构设计采用的方法是一致的。在进行耐久性设计时,主要考虑氯离子的作用效应 S 和抗氯离子渗透性的抗力 R。虽然 S 和 R 与结构设计的取值不同,但是失效概率小于给定值的准则是相同的。

在图 4-14 中,R 和 S 的离散性和变异性可由纵轴方向的两个分布曲线来表示。在早期阶段这两条曲线没有交叉部分,但随着时间从 t_1 向 t_2 推进,两条曲线逐渐趋于交叉。在某一时刻,不断趋于交叉反映了"失效"或钢筋锈蚀发生的概率,而且逐渐达到并超过失效概率的上限值(t_{SLS})。

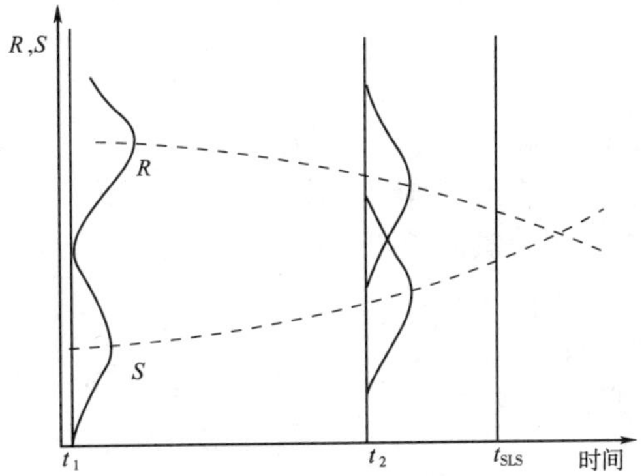

图 4-14 基于时间的可靠度分析原理

原则上,失效概率可表示为式(4-11)。

$$P(failure)=P_f=P(R-S<0)<P_0 \tag{4-11}$$

式中：P_0——失效概率标准。

通常，失效函数包含许多变量，而且每个变量又有各自的参数。因此，使用失效函数需要进行大量的计算，并且需要专门的软件。当前，有多种可行的数学方法来评价失效函数，如 FORM（一次可靠度法）、SORM（二次可靠度法）、MCS（蒙特卡罗模拟法）等。

锈蚀概率的计算可以采用合适的软件并以上面任何一种数学方法进行计算。基于当前氯离子环境下耐久性设计的经验，利用 Fick 第二定律并结合蒙特卡罗模拟法来计算氯离子扩散并进而计算钢筋锈蚀的概率已证实是一种简捷恰当的基本方法[49]，DURACON 软件就是基于这样的思路。

混凝土中钢筋锈蚀的机理按诱因不同主要有两种：混凝土碳化和氯离子侵蚀。对海底隧道而言，氯离子侵蚀是最主要的影响因素。由于在氯离子环境下，钢筋一旦开始锈蚀，发展即非常迅速，腐蚀发展阶段与腐蚀诱导阶段相比非常短，所以在现有研究中，对海洋环境和除冰盐环境，通常将腐蚀诱导期定义为混凝土结构的使用寿命[23]。这样，就可以通过氯离子临界浓度来评估钢筋锈蚀的情况，并预测混凝土结构的使用寿命。

对于海底隧道混凝土工程的耐久性设计，应根据其独特的工程结构、施工与环境特点，优化分析模型，确定计算参数并将其与结构、构造、材料与施工技术完美结合，使给定环境下的混凝土结构能够获得最理想的耐久性。

4.5.2 氯离子扩散计算模型

氯离子在混凝土中的扩散传输是一个复杂的过程，在简化的形式下，可以采用 Fick 第二定律来估计氯离子的渗透速率，见式(4-12)。

$$C(x,t)=C_0+(C_s-C_0)\left[1-\mathrm{erf}\left(\frac{x}{2\sqrt{D\cdot t}}\right)\right] \tag{4-12}$$

式中：$C(x,t)$——t 时刻 x 深度处的氯离子浓度；

C_s——混凝土表面的氯离子浓度；

C_0——混凝土初始氯离子浓度；

D——氯离子扩散系数；

$\mathrm{erf}(x)$——误差函数。

钢筋锈蚀准则一般如式(4-13)。

$$C(x)=C_c \tag{4-13}$$

式中：$C(x)$——钢筋表面处的氯离子浓度；

C_c——钢筋开始锈蚀的临界氯离子浓度。

由此，钢筋混凝土结构物服役寿命可以简化为钢筋表面处的氯离子浓度达到临界氯离子浓度以前的时间。Duracrete 基于 Fick 第二定律，结合国际上混凝土耐久性研究的成果建立了基于氯离子渗透的寿命预测模型，并对不同服役环境、养护条件、工程重要等级、保护层厚度等进行了统计，寿命预测模型如式(4-14)。

$$t=\left\{\left\{\frac{2}{x-\Delta x}\mathrm{erf}^{-1}\left[1-\frac{C_c}{\gamma_1}\frac{1}{A(w/b)\gamma_2}\right]\right\}^{-2}\cdot\frac{1}{Dk_e k_c t_0^n\gamma_3}\right\}^{\frac{1}{1-n}} \tag{4-14}$$

式中：$x,\Delta x$——保护层厚度及保护层厚度施工偏差(mm)；

C_c——钢筋开始锈蚀的临界氯离子浓度(占胶凝材料的百分数)；

A——混凝土表面氯离子浓度与水胶比 w/b 关系的回归系数；

D——混凝土氯离子扩散系数(28d 测值，m^2/s)；

t_0——混凝土氯离子扩散系数测试龄期(年)；

k_e,k_c——扩散系数环境影响系数和养护影响系数；

$\gamma_1,\gamma_2,\gamma_3$——分别是与临界氯离子浓度、表面氯离子浓度、结构抗氯离子渗透性有关的安全系数，胶州湾海底隧道工程根据 Duracrete 的规定取值，$\gamma_1=1.06$，$\gamma_2=1.40$，$\gamma_3=2.35$；

n——龄期系数，主要反映混凝土氯离子扩散系数随时间增加而减小的趋势，在 Duracrete 模型中是按照服役环境和水泥类型对该系数进行确定。根据胶州湾海底隧道二次衬砌混凝土中掺合料的使用情况和服役条件，龄期系数取值 $n=0.7$。

注：对于胶州湾海底隧道，如果防水层在施工不利情况下破裂，地下水将直接接触到二次衬砌混凝土，由于海域段地下水接受海水垂直补给，其成分与海水一致，同时工程中有可排水途径，从不利情况考虑，确定二次衬砌混凝土处于干湿交替环境。需要指出的是，Duracrete 是根据水泥类型和环境分区对扩散系数环境影响系数 k_e 进行规定的，其中环境分区包括水下浸没区、潮汐区、浪溅区和大气区，但 Duracrete 对这四类环境的恶劣程度排序已与目前的相关研究成果不符，如，Duracrete 将水下浸没区认定为促进氯离子向混凝土传输的最恶劣的环境，而现今已普遍认为，海水全浸环境其实对混凝土结构中的氯离子侵入作用相对稳定。因此，胶州湾海底隧道二次衬砌混凝土结构在确定扩散系数环境影响系数时只是参考了 Duracrete 的相关取值范围，并根据实际环境的恶劣程度对 k_e 进行了重新确定。从混凝土具体所处环境条件来看，与围岩一侧相比，二次衬砌混凝土通车一侧环境条件更为恶劣。另外，混凝土中使用了矿粉、粉煤灰做掺合材料，参考 Duracrete 规定，围岩一侧扩散系数环境影响系数取值 $k_e=1.1$，通车一侧 $k_e=1.85$；工程采用钻爆法施工，为了保证施工速度，拆模时间较快，因而按 7d 养护时间确定扩散系数的养护影响系数 $k_c=1.0$。

显然，式(4-14)中的 Duracrete 预测模型忽略了混凝土中的初始氯离子浓度。实际工程中混凝土的原材料中不可避免的含有一定量的氯离子，如果不对该氯离子含量进行严格控制，就可能导致混凝土中钢筋提前失效，钢筋混凝土中因使用海砂而导致结构提前失效就是一个明显的例子。因而，综合上述公式，修正 Duracrete 预测模型公式如式(4-15)。

$$t=\left\{\left\{\frac{2}{x-\Delta x}\mathrm{erf}^{-1}\left[1-\frac{C_c-C_0}{\gamma_1}\frac{1}{A(w/b)\gamma_2}\right]\right\}^{-2}\cdot\frac{1}{Dk_e k_c t_0^n\gamma_3}\right\}^{\frac{1}{1-n}} \tag{4-15}$$

式中：C_0——混凝土中初始氯离子浓度（占胶凝材料的百分比）。

4.5.3 模型中的参数及服役寿命预测

耐久性寿命预测是构成混凝土结构整体设计不可缺少的一部分。总体来讲，对于给定的环境，耐久性分析为混凝土质量和保护层厚度的确定提供了基础依据。然而，在最终的混凝土质量和保护层厚度给出之前，有必要对各种混凝土质量和保护层厚度的组合做出计算。对于所有这些计算，需要确定模型中的参数。以下主要结合青岛胶州湾海底隧道工程二次衬砌混凝土的实际情况对模型（式 4-15）中的参数选择和计算过程进行阐述。

（1）表面氯离子浓度 Cs

对于处在氯盐环境下的混凝土结构来说，混凝土表面的氯离子浓度通常由图4-15所示的氯离子实测数据并基于 Fick 第二定律回归分析得到。表面氯离子浓度通常高于混凝土表层的最大测量数值（C_{max}）。表面氯离子浓度主要由当地的环境因素决定，但是混凝土的质量和结构形状也会影响表面氯离子的聚积。例如，有文献表明[50]，虽然海洋环境下混凝土桥梁的氯离子浓度很大程度上依赖于其在水面以上的高度，但即使是在同一高度，结构表面的氯离子浓度在不同部位积累的程度也不相同。表面氯离子聚积较少的部位大多暴露于主风向和盐水溅渍的地方。在这些部位盐分会间断地被雨水冲刷掉，而在较隐蔽的部位则积累较多。因此，如同第 2 章所述，混凝土结构的表面氯离子浓度表现出很大的离散性和变异性。然而，对于耐久性分析来说，评价和选择一个恰当的尽可能代表结构表面暴露关键部位的氯离子浓度值是很重要的。

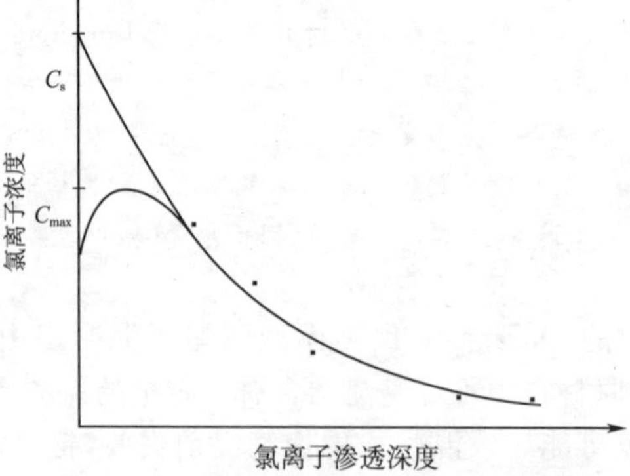

图 4-15 基于氯离子渗透实测数据回归分析确定的表面氯离子浓度 C_s

许多国家对氯离子环境下的桥梁和港口工程进行过广泛的调查。挪威已经对许多海洋混凝土结构进行了氯离子渗透值测量，数据如图4-16[51]所示。对于服役的混凝土结构，表面氯离子浓度会在一定年限内逐渐聚积直到趋于稳定为止。对于新建混凝土结构，评价和选择一个恰当的表面氯离子浓度不容易。通常的做法是，利用相似环境下相似混凝土结构的相关调查数据，同时参考有关文献中的数据。

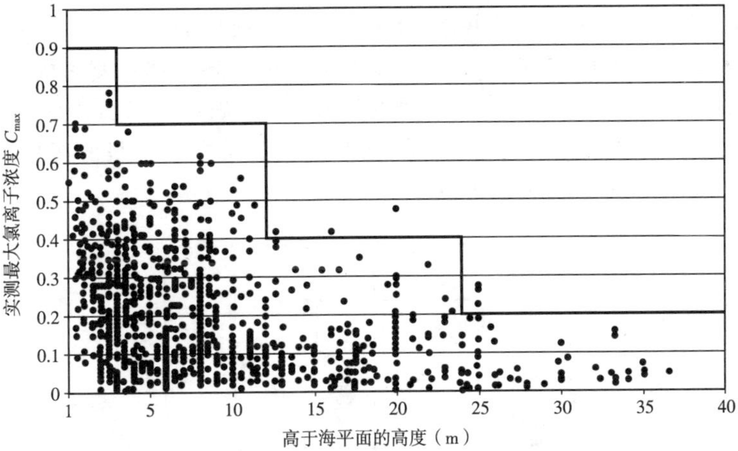

图4-16　挪威滨海混凝土桥梁结构的最大表面氯离子浓度

在式(4-15)中，混凝土表面氯离子浓度是通过参数 A 和水胶比 w/b 的乘积反映的。在Duracrete预测模型中，该参数 A 按结构服役环境和水泥类型确定。对于胶州湾海底隧道二次衬砌混凝土，其表面氯离子浓度系数取值为 $A=7.0$。

(2)初始氯离子浓度 C_0

初始氯离子含量代表了由原材料引入混凝土中的氯离子，许多规范中都强调需要对原材料的氯离子含量进行控制，但各国的标准要求有一定差异。如《混凝土结构耐久性设计与施工指南》(CCES 01—2004)规定：硬化混凝土中氯离子总含量不超过混凝土中胶凝材料质量的0.1%，预应力混凝土为0.06%。《混凝土结构耐久性设计规范》(GB/T 50476—2008)则针对更细化的环境分区进行了类似的规定(见表4-4)。欧洲标准EN 206-1则规定：对于钢筋混凝土，要求最大氯离子总含量不超过混凝土中水泥质量的0.2%～0.4%；预应力混凝土为0.1%～0.2%。日本为了便于应用，规定了每 $1m^3$ 混凝土中 Cl^- 总量的限定值，一般钢筋混凝土不超过 $0.6kg/m^3$，耐久性要求较高的钢筋混凝土不超过 $0.3kg/m^3$。此外，德国标准DIN 1045-2001、英国标准BS EN 206-1和挪威标准NS-EN 206-1也都针对混凝土中初始氯离子含量给出了限值。

在胶州湾海底隧道二次衬砌混凝土结构中，要求水溶性氯离子含量≤

0.35kg/m³，折算成占胶凝材料的比例为≤0.07%。

(3)氯离子扩散系数 D

有关文献中对于给定的混凝土来说，氯离子的扩散系数有多种类型和定义，同样也存在多种扩散系数测试方法[23,50]。

为了在施工时能够既简便又快速地测定氯离子扩散速率，大量的经验表明，非稳态迁移法，即快速氯离子迁移法(RCM)是一种较为合适的试验方法。RCM 试验方法最早由 Tang 在 1996 年提出，随后在欧洲研究项目 Duracrete 中与其他试验方法进行了大量的相关性研究。Tang 和 Gjørv 发现稳态迁移法测得的结果和 RCM 法有很好的相关性。在 Duracrete 研究项目中，最终规定把 RCM 法测得的扩散速率作为耐久性设计的依据。同时，RCM 法与浸没试验方法测得的氯离子扩散系数也有很强的统计相关性，如图 4-17 所示[52]。

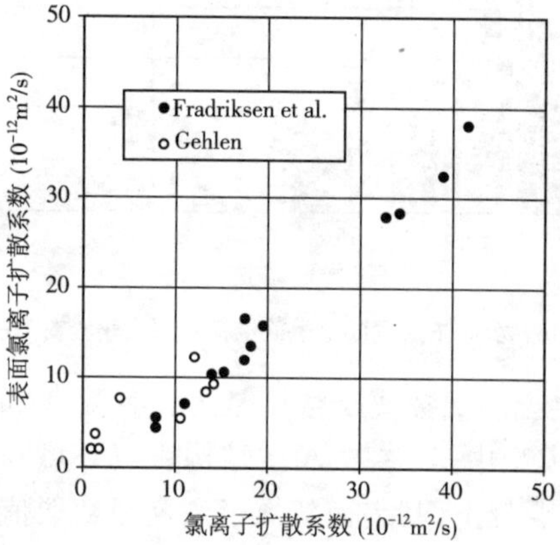

图 4-17 浸没试验法与 RCM 法测得的有效氯离子扩散系数的关系

在耐久性设计的概率分析中，氯离子扩散系数作为输入参数通常是基于 28d 标准养护情况下测得的数值。有时候长时间养护条件下获得的氯离子扩散系数也可以用于一些附加的概率分析，如混凝土性质是基于水化作用较慢的胶凝材料体系如粉煤灰发展而来。实验室养护 28d 后继续进行养护，在一定时期内氯离子扩散系数会逐渐降低，这在很大程度上依赖于胶凝体系的类型。在养护大约一年的时间后，氯离子扩散系数会趋于稳定。

在胶州湾海底隧道工程中，规定 28d 氯离子扩散系数不超过 $4\times10^{-12}m^2/s$。

(4)临界氯离子含量 C_c

很多因素会影响钢筋的去钝化作用，基于这些因素，孔溶液中破坏钝化作用的临界氯离子浓度会在较大的范围内变化。另外，由于混凝土氯离子浓度和钢筋钝化作用的关系十分复杂，所以很难给出通用的临界氯离子含量。现有的混凝土规范并没有给出确切的氯离子含量临界值,只能采用一些关于氯离子引起钢筋锈蚀风险的经验值(表4-8[50])。然而,锈蚀能否发生还依赖于其他参数,比如混凝土电阻率和氧含量。一般说来,混凝土孔溶液中非常低的氯离子浓度也能破坏钢筋的钝化膜,然而对于干燥的混凝土来讲这种风险是很小的,因为电阻值控制腐蚀过程;对很湿润或水浸没条件下的混凝土来说这种风险也很小,因为氧含量很少。

Duracrete也根据水胶比和服役环境条件规定了不同的临界氯离子浓度。基于广泛的混凝土质量和内部湿度状况的应用经验,类比海洋环境下的潮汐区条件、水胶比 w/b=0.3~0.4,参考表4-8和Duracrete的相关规定,青岛胶州湾海底隧道二次衬砌混凝土中的临界氯离子含量 C_c 取为胶凝材料质量的0.4%。

基于氯离子含量的锈蚀风险 表4-8

氯离子含量(%)		锈蚀风险
占水泥(胶凝材料)质量的百分比	占混凝土质量的百分比	
>2.0	>0.36	一定
1.0~2.0	0.18~0.36	很可能
0.4~1.0	0.07~0.18	可能
<0.4	<0.07	可忽略

注:水泥用量为440kg/m^3。

(5)混凝土保护层厚度 x

保护层厚度对混凝土的耐久性及钢筋和混凝土的共同作用性能都有重要的影响。若保护层厚度过小,会缩短钢筋的脱钝时间,使钢筋提前生锈并加快钢筋锈蚀速度;如果保护层过厚,构件表面则容易出现较大的收缩裂缝和温度裂缝。保护层厚度的不均匀性将影响结构的可靠度。

青岛胶州湾海底隧道基于100年以上设计使用寿命要求,在混凝土强度等级C50的基础上,确定二次衬砌混凝土结构接触围岩一侧的钢筋保护层厚度为50mm;考虑到隧道内通车有风、汽车尾气及溅水对混凝土的影响,确定二次衬砌混凝土结构接触通车一侧的钢筋保护层厚度为60mm。

在现行混凝土规范中也需考虑容许偏差值的要求。保护层厚度施工偏差 Δx 在Duracrete预测模型中是基于安全设防等级来考虑的,根据安全设防等级由高到低,施工偏差分别取为20mm、14mm、8mm。青岛胶州湾海底隧道二次衬砌结构在进行耐久性设计时,从施工质量控制方面确定混凝土保护层施工偏差 Δx 不超过+8mm和−5mm(表4-7);而在这里进行模型计算时,参照Duracrete的安全设防等级要求将保护层施工偏差 Δx 取为14mm,这样计算出来的结果也偏于安全。

(6)混凝土水胶比 w/b

水胶比是判断混凝土渗透性和密实性的一个宏观指标。混凝土要达到低渗透,首先要考虑降低水胶比以减少混凝土中的毛细孔道。图 4-18[53] 是水化程度达到 93％的水泥石渗透系数和水胶比的关系。根据 T. C. Powers 的试验，水灰比为 0.38 的成熟水泥浆的渗透系数为 2.47×10^{-14} m/s，相当于致密暗火成岩的渗透系数，比花岗岩的渗透系数(1.56×10^{-10} m/s)还要低。所以设计使用年限在 100 年以上的结构都采用水胶比在 0.38 以下的高性能混凝土。青岛胶州湾海底隧道二次衬砌混凝土的水胶比规定为≤0.34。

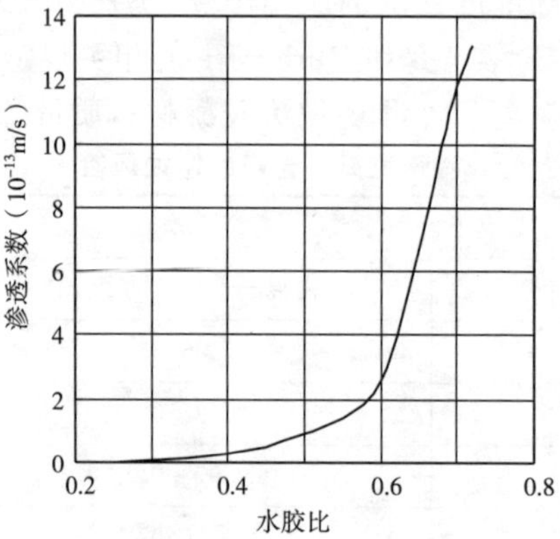

图 4-18 渗透系数与水胶比的关系

(7)隧道混凝土接触围岩侧的服役寿命

综上所述，海底隧道二次衬砌混凝土接触围岩的一侧在式(4-15)中的有关参数为：

保护层厚度 x＝50mm；

保护层厚度施工偏差Δx＝14mm；

临界氯离子浓度 C_c＝0.4％；

初始氯离子浓度 C_0＝0.07％；

混凝土表面氯离子浓度与水胶比 w/b 关系的回归系数 A＝7.0；

氯离子扩散系数 $D=4\times10^{-12}$ m²/s；

扩散系数环境影响系数 k_e＝1.1；

龄期系数 n＝0.7；

混凝土氯离子扩散系数测试龄期 t_0＝28d＝0.0767 年；

其他参数取值如式(4-14)的符号说明。

根据式(4-15)计算，胶州湾海底隧道衬砌混凝土围岩一侧的服役寿命为 125.3 年。

(8)隧道混凝土通车一侧的服役寿命

海底隧道二次衬砌混凝土通车一侧在式(4-15)中的有关参数为：

保护层厚度 x=60mm；

保护层厚度施工偏差Δx=14mm；

临界氯离子浓度 C_c=0.4%；

初始氯离子浓度 C_0=0.07%；

混凝土表面氯离子浓度与水胶比 w/b 关系的回归系数 A=7.0；

氯离子扩散系数 $D=4\times10^{-12}\mathrm{m}^2/\mathrm{s}$；

扩散系数环境影响系数 k_e=1.85；

龄期系数 n=0.7；

混凝土氯离子扩散系数测试龄期 t_0=28d=0.0767 年；

其他参数取值如式(4-14)的符号说明。

根据式(4-15)计算，胶州湾海底隧道衬砌混凝土通车一侧的服役寿命为113.53 年。

上述计算中所采用的氯离子扩散系数及其他相关参数并未考虑混凝土碳化或冻融对其带来的影响。实质上，海底隧道二次衬砌混凝土通车一侧既有海风、车辆带来的盐雾污染，同时又应考虑由于机动车辆排放的尾气导致隧洞内较高浓度的CO_2环境。显然，这一侧的衬砌混凝土容易遭受碳化和氯离子环境的复合作用影响。此外，隧道洞口附近还受冻融作用影响。目前，环境复合作用下的混凝土耐久性设计理论和寿命预测模型仍需不断完善，但在本计算中，已通过调整扩散系数环境影响系数 k_e对通车一侧更为严重的劣化环境进行了适当考虑，在增大保护层厚度的条件下得到了 150 年左右的设计服役寿命，因此能够满足海底隧道工程服役耐久性能的要求。

参考文献

[1] [日]土木学会.隧道标准规范(盾构篇)及解说[M].北京:中国建筑工业出版社,2001

[2] 关宝树.隧道工程设计要点集[M].北京:人民交通出版社,2003

[3] 赵铁军,金祖权,王命平,等.胶州湾海底隧道衬砌混凝土的环境条件与耐久性[J].岩石力学与工程学报,2007,增刊(2):3823-3829

[4] 李术才,徐帮树,李树忱,等.海底隧道衬砌结构选型及参数优化研究[J].岩石力学与工程学报,2005,24(21):3894-3902

[5] 宋超业,周书明,谭志文,等.海底隧道衬砌水荷载计算[C].中国中铁隧道集团 2007 年水底隧道专题技术交流大会论文集,2007:1-5

[6] 荣耀,蔡晓鸿.海底隧道开裂衬砌的渗漏量计算分析[J].南昌工程学院学报,2006,25(3):7-10

[7] 梁巍,朱光仪,郭小红,等.厦门东通道海底隧道土建工程设计[J].中南公路工程,2006,31(1):99-102

[8] 张芹,张琳,王亚伟,等.海底隧道衬砌结构静力分析[J].土工基础,2006,20(4):71-74

[9] 英国钢筋混凝土设计规范(BS8110)[S],1997
[10] 中华人民共和国国家标准. GB/T 50476—2008 混凝土结构耐久性设计规范[S]. 北京,2008
[11] 山东省工程建设标准. DBJ 14—S6—2005 混凝土结构耐久性设计规程[S]. 济南,2005
[12] 中国土木工程协会标准. CCES 01—2004 混凝土结构耐久性设计与施工指南[S]. 北京,2005
[13] 中华人民共和国行业标准. JTG D62—2004 公路钢筋混凝土及预应力混凝土桥涵设计规范[S]. 北京:人民交通出版社,2004
[14] 中华人民共和国行业标准. JTGD 70—2004 公路隧道设计规范[S]. 北京:人民交通出版社,2004
[15] 中华人民共和国国家标准. GBJ 82—85 普通混凝土长期性能和耐久性能试验方法[S]. 北京,1985
[16] Ahmet Gokce, Fumio Koyama, etc. The Challenges Involved in Concrete Works of Marmaray Immersed Tunnel with Service Life beyond 100 years[J] Tunnelling and Underground Space Technology, 2009, 24:592-601
[17] 厉顺荣. 厦门翔安海底隧道在施工中应注意的几个方面[J]. 隧道建设,2006,26(4):43-45
[18] 中华人民共和国国家标准. GB 175—2007 通用硅酸盐水泥[S]. 北京:中国标准出版社,2007
[19] 中华人民共和国国家标准. GBJ 146—90 粉煤灰混凝土应用技术规范[S]. 北京:中国标准出版社,1990
[20] 中华人民共和国国家标准. GB 1596—2005 用于水泥和混凝土中的粉煤灰[S]. 北京:中国标准出版社,2005
[21] 中华人民共和国国家标准. GB/T 18046—2000 用于水泥和混凝土中的粒化高炉矿渣粉[S]. 北京:中国标准出版社,2000
[22] 雷升祥,李淑媛. 浅谈海底隧道的地下水[J]. 现代隧道技术,2004,41(5):6-11
[23] 赵铁军. 混凝土渗透性[M]. 北京:科学出版社,2006
[24] 孙钧. 海底隧道工程设计施工若干关键技术的商榷[J]. 岩石力学与工程学报,2006,25(8):1513-1521
[25] 中华人民共和国国家标准. GB/T 50080—2002 普通混凝土拌合物性能试验方法标准[S]. 北京:中国标准出版社,2002
[26] 游有鲲,刘加平,缪昌文,等. 南京玄武湖隧道 C30P8 高耐久混凝土的配制[J]. 地下工程与隧道,2003,增刊:92-97
[27] 杨林德,高占学. 公路隧道混凝土衬砌结构的耐久性与保护层厚度[J]. 土木工程学报,2003,36(12):64-67
[28] 张弥. 我国铁路隧道安全性和耐久性分析[C]. 陈肇元主编. 土建结构工程的安全性与耐久性. 北京: 中国建筑工业出版社,2003:23-30
[29] 乔宗昭,朱祖熹,范益群,等. 水底盾构法公路隧道耐久性设计[C]. 沿海地区混凝土结构耐久性及其设计方法科技论坛与全国第六届混凝土耐久性学术交流会论文集,2004:3-16
[30] 裴作君. 混凝土耐久性是高寒地区隧道的生命[J]. 铁道标准设计,2005,(9):70-72
[31] 杨亮,吴波,苏强,等. 玄武湖隧道防裂耐久混凝土研究[J]. 中国建筑防水,2004,(11):10-13
[32] 朱常春. 公路隧道衬砌裂缝病害治理技术[J]. 岩土工程界,2004,7(9):67-68

[33] V. C. Li and M. Lepech. Crack Resistant Concrete Material for Transportation Construction. Transportation Research Board 83rd Annual Meeting, Washington, D. C. , Compendium of Papers CD ROM, 2004, Paper 04-4680

[34] 关宝树. 隧道工程施工要点集[M]. 北京：人民交通出版社，2003

[35] 中华人民共和国国家标准. TB 10003—2005 铁路隧道设计规范[S]. 北京：中国铁道出版社，2005

[36]中华人民共和国国家标准. GB/T 228—2002 金属材料　室温拉伸试验方法[S]. 北京：中国标准出版社，2002

[37] 中华人民共和国国家标准. GB/T 232—1999 金属材料　弯曲试验方法[S]. 北京：中国标准出版社，2000

[38]中华人民共和国行业标准. YB/T 5126—2003 钢筋混凝土用钢筋弯曲和反向弯曲试验方法[S]. 北京：中国标准出版社，2004

[39] 中华人民共和国国家标准. GB/T 9142—2000 混凝土搅拌机[S]. 北京：中国标准出版社，2000

[40] 刘加华，钱春香，王镝，等. 考虑施工因素影响某城市超长隧道主体混凝土耐久性初探[J]. 施工技术，2005，增刊：305-308

[41] 贾华强. 探地雷达方法在铁路隧道衬砌质量检测中的应用[D]. 西南交通大学[硕士学位论文]，2002

[42] Siemes, A. J. M. , Rostam, S. Durability Safety and Serviceability: A Performance Based Design [C]. in Proceedings, IABSE Colloquium on Basis of Design and Actions on Structures, Delft, 1996

[43] Engelund, S. , Sorensen, J. D. A Probabilistic Model for Chloride－ingress and Initiation of Corrosion in Reinforced Concrete Structures[J]. Structural Safety, 1998, 20: 69-89

[44] DuraCrete (2000) General Guidelines for Durability Design and Redesign, The European Union: Brite EuRam Ⅲ, Research Project No. BE95－1347: 'Probabilistic Performance Based Durability Design of Concrete Structures', Document R 15, 10

[45] fib (2006) Model Code for Service Life Design, fib Bulletin 34, federation international du beton-fib, Lausanne

[46] Stewart, M. G. , Rosowsky, K. V. . Structural Safety and Serviceability of Concrete Bridges Subject to Corrosion[J]. Journal of Infrastructure Systems, 1998, 4 (4): 146-155

[47] Gehlen, C. , Schiessl, P. Probability-based Durability Design for the Western Scheldt Tunnel [J]. Structural Concrete, 1999, P. 1(2): 1-7

[48] Carola K. Edvardsen, Young-Jin Kim, etc. Busan-Geoje Fixed Link Concrete Durability Design for the Bridges and Tunnels [J]. Tunnelling and Underground Space Technology, 2006, 21: 432

[49] Gjørv, O. E. (2004) Durability Design and Construction Quality of Concrete Structures, in Proceedings Vol. 1, Fourth International Conference on Concrete Under Severe Conditions: Environment and Loading, ed. B. H. Oh, K. Sakai, O. E. Giørv and N. Banthia, Seoul National U-

niversity and Korea Concrete Institute, Seoul: 44-55

[50] Odd E. Gjørv 著. 赵铁军译. 严酷环境下混凝土结构的耐久性设计[M]. 北京：中国建材工业出版社，2010

[51] Fluge, F. Marine Chlorides: A Probabilistic Approach to Derive Provisions for EN 206-1[C]. Third Workshop on Service Life Design of Concrete Structures: From Theory to Standardisation, DuraNet, Tromsϕ, 2001: 47-68

[52] Schiessl, P. and Lay, S. Influence of Concrete Composition, in Corrosion in Reinforced Concrete Structures[C]. ed. H. Böhni, Woodhead Publishing, Cambridge, 2005: 91-134

[53] T. C. Powers. Physical Properties of Cement Paste[C]. Proceedings of the Fourth International Symposium on the Chemistry of Cement, Washington, 1960

第5章　海底隧道防排水系统耐久性

无论是在国内还是在国外，由于设计、施工、材料及地质等各方面的原因，大多数隧道都存在不同程度的病害。隧道病害的类型主要有水害、冻害、衬砌裂损和衬砌侵蚀，其中最常见的病害形式是水害。所谓“十隧九漏”正反映了水害的频繁[1]。水对海底隧道的危害是多方面的，漏水的长期作用会造成海底隧道侵蚀破坏，危害海底隧道结构的耐久性。因此，必须在设计、施工和运营期间做好海底隧道的防排水等有关工作。

5.1　海底隧道防排水系统耐久性的重要性

海底隧道不同于一般的山岭隧道，有其自身的特殊性。海底隧道构筑在海底海床之下，往往要穿过海底的许多岩层和不同层位的节理裂隙，地层中存在着大量的地下水，因而海底隧道在建成之后始终处于地下水的包围之中。地下水无孔不入，由于隧道设计、施工或使用过程中的有害扰动而造成的隧道防排水体系的缺陷，都可能引起海底隧道渗漏水，使得海底隧道渗漏水防不胜防。据调查，耗巨资建成的日本青函海底铁路隧道在海下施工的过程中曾发生过 4 次涉及严重漏水的事故[2]，刚刚开通 10 年，隧道内渗漏和腐蚀就已十分严重，日本政府每年需投入巨资对隧道进行维护修补。

另外，由于海底隧道地下水受海水补充，其成分基本与海水类似，有些地段则由于海水盐分在岩石中沉积等影响而导致其氯离子浓度高于海水中氯离子浓度。如果发生渗漏，这些高氯离子含量的地下水将严重腐蚀衬砌内的钢筋和隧道设备[3]，从而大大降低海底隧道的使用寿命。

海底隧道不严重漏水是其正常工作的必要条件，防排水系统的耐久性对海底隧道工程的耐久性至关重要。

从表 1-1 和表 1-2 中可以看出，国内外已建、在建或拟建的海底隧道工程多采用钻爆法，沉管法、盾构法和 TBM 法四种建造方法。由于施工工艺的不同，其防排水系统有所差异，其防排水系统耐久性的影响因素和提高措施也有所不同。下面针对不同建造方法修建的海底隧道分析其防排水系统的耐久性及其提升措施。

5.2 钻爆法海底隧道防排水系统耐久性

采用钻爆法施工的海底隧道与山岭隧道、城市浅埋隧道在防排水方面有许多方法是相同的，但是由于海水是无限的，隧道位于海底岩石下，岩体内存在节理裂隙、断层破碎带、岩层接触面等渗水通道，隧道开挖后，虽然可以采取一定的措施阻止部分渗水，但水头大、水源丰富，海水还是会渗透到支护体系中，海水环境中 Cl^- 和 SO_4^{2-} 对衬砌结构中混凝土和钢筋有严重的腐蚀作用，会严重影响到结构的安全耐久性并增加后期运营、维修的费用。因此，如何处理海水的渗入是海底隧道设计的关键技术难题之一[4]。根据海底隧道不同的地质情况，应分别设计相应的防排水方案，并根据方案实施效果进行动态调整。

5.2.1 防排水方案设计

国外海底隧道防排水系统设计中，对限量排放和全封堵方式均有采用(如表5-1[5-7]所示)。由表5-1可见，日本新关门隧道因地下水水头不高(53m)，采用了全封堵和限量排放相结合的防排水方式。其余海底隧道水头超过130m，均采用了限量排放方式，以此来降低作用在隧道衬砌上的水压力，从而使衬砌结构设计更加经济。根据国外已经积累的经验，采用全封堵方式的隧道，地下水位一般小于30m，从技术上可以将60m作为临界值。限量排放和全封堵方式两种方案比较见表5-2。

国外典型海底隧道结构防排水设计概况　　表5-1

隧道名称	长度(km)	海水水深(m)	覆盖层厚度(m)	防排水方式	排水量标准($m^3 \cdot m^{-1} \cdot d^{-1}$)
日本青函海底隧道	53.85	140	100	限量排放	0.274
日本新关门隧道	18.71	29	24	限量排放和全封堵	不详
挪威艾琳索伊至瓦尔德里伊岛隧道	7.66	100	40	限量排放	0.432
挪威 Byfjord 海底隧道	5.8			限量排放	0.046～0.258
挪威 Mastrafjord 海底隧道	4.4			限量排放	0.012～0.072

注：挪威 Byfjord 海底隧道最低点位于海平面下 223m，挪威 Mastrafjord 海底隧道最低点位于海平面下 132m。

从表5-2中可以看出，限量排放和全封堵方式各有优点和缺点，应该根据隧址所处的地质、水压和结构耐久性要求、后期运营维修等情况选择防排水方案。遵循"以堵为主，限量排放，刚柔结合，多道防线，因地制宜，综合治理"的原则，并根据方案实施效果动态调整防排水方案[4,8]。

防排水方案特点比较　　表5-2

比较项	限量排放方案	全封堵方案
特点	(1)初期支护和防水板之间设排水系统，结构渗水直接排入隧底排水沟内； (2)渗水量要有限制，需要加固破碎岩体，使渗透系数控制在可排范围内，同时注浆材料要有一定的耐久性； (3)排水系统需要冲洗等保持畅通	(1)二次衬砌和防水板之间设排水系统，将少量结构渗水排入隧底排水沟内； (2)对防水板材料性能、耐久性要求高，防水材料搭接要求密实耐久； (3)结构承受水压力大
施工难度	排水系统施工要求高，但难度不大	对防水板的施工工艺要求高，无钉铺设等难度大
对结构的影响	加速初期支护溶出腐蚀，初期支护结构密实性差，可能产生渗流量加大和沙化现象	水压需按全水头计算，初衬厚度大，且结构长期承受高水头压力，对结构耐久性不利
投资	初期支护耐久性要求稍高，增加投资，但二次衬砌厚度减薄，两者平衡后造价接近。增加运营抽水费用	一次性投资较大
后期运营风险可控性	渗流量变化，随时可以观察到是否会出现突水情况，二次衬砌受海水影响小，腐蚀慢	突水无法预知。防水板无法做到完美无缺，很多地方渗漏，二次衬砌作为最后一道防线腐蚀加快，补救困难

根据海底隧道结构所处恶劣的工程环境和其100年的使用要求，其防水设计标准一般为一级防水，即不允许渗水，结构表面无湿渍。海底隧道衬砌混凝土应采用防水混凝土，其抗渗等级应达到S12。

5.2.2　防水系统耐久性保证措施

钻爆法海底隧道防水体系包括围岩注浆自防水、初期支护自防水、防水板及垫层、二次衬砌混凝土自防水以及止水带等。其防水系统的耐久性主要从研究衬砌结构混凝土材料的自身耐久性、保证防水层与初期支护密贴的施工工艺、混凝土材料方面以及结构的构造方面进行考虑。此外，衬砌施工缝和变形缝的合理设置与处理对隧道耐久性也有较大的影响。同时，考虑应用于隧道中的起重要作用的许多新型的防排水材料和制品，加强对新型防排水材料长期耐久性与隧道的耐久性能关系的研究。各层防水设施的耐久性直接关系到整个防水系统甚至是整个海底隧道的耐久性。

(1)围岩注浆自防水

注浆的目的一是加固围岩，保证施工期间的安全；二是堵水，改善围岩的渗透系数，控制围岩水渗透量，为隧道防水层和衬砌施工创造良好的工作环境，确保二次衬砌施工后减轻运营期间的排水压力。围岩注浆自防水作为防水的第一道防线，其重要性不言而喻。具体考虑如下方法：

①通过超前地质预报系统结合超前地质钻孔的综合预报手段，综合了解前方开挖掌子面的地质情况，查明涌水的位置和富含水规律，以保证注浆方案的准确性。

②采用预注浆方式，将隧道开挖断面周围的涌水或渗水封堵于结构之外。

海底隧道与一般山岭隧道最显著的差异就是涌水源是无限的海水，必须注浆止水。在海底隧道设计中，应该对断层破碎带进行帷幕注浆止水，节理、裂隙带局部注浆止水，在海底隧道洞室四周形成注浆加固堵水圈，封闭基岩中的输水裂隙和涌水空间，将海水的水压控制在压注加固圈以外。

③采用后注浆方式，将隧道开挖断面周围的涌水或渗水封堵于结构之外。

根据超前注浆后围岩水渗透量的大小，通过调整初期支护中的环向系统注浆锚杆对地层进行注浆堵水，进一步封闭围岩水渗流通道，减少围岩水的渗入量。在施作防水板前对初期支护渗漏处进行补充注浆处理，施工期间尤其要重视该项工程措施。

④选择合适的压注材料，压注材料根据可行性、可注性、可靠性、无毒性、耐久性、易操作性等要求，针对海底隧道的特点，宜采用多种注浆材料综合进行注浆。充分利用各种注浆材料的优点，建立综合型注浆材料配套体系。在该体系下，要求既实现扩大范围注浆，又可实现控域注浆；既满足高强度加固堵水要求，又可保证开挖施工容易；既达到加固围岩和堵水目的又满足造价要求。

(2)初期支护自防水

钻爆法海底隧道中的初期支护一般是指锚喷支护。初期支护的喷射混凝土防水层是防水系统的重要方面，它直接与围岩密贴在一起，直接受地下水和海水的压力和腐蚀，能将围岩的少量渗漏水封堵在初期支护结构之外。

喷射混凝土的水泥用量大、水灰比小，采用较小尺寸的粗集料，有利于在粗集料周边形成足够数量和质量良好的砂浆包裹层，提供早期的封闭面。但同时往往由于施工单位为了施工的便利或者由于思想上对初期支护的不重视，往往导致喷射混凝土喷射不均匀，喷射质量差而达不到防水的要求。喷射方式的选择、喷射材料的选择、喷射混凝土配比的确定、喷射厚度的检查和控制等都严重影响喷射混凝土的防水效果。因此，在喷射混凝土的施工过程中应该注意以下几个方面：

①喷射混凝土有湿喷和干喷两种施工工艺，由于干喷法质量难以保证，且在干

喷过程中易造成粉尘污染，所以建议初期支护喷射混凝土采用湿喷工艺。在喷射混凝土过程中严格按照湿喷所要求的相关工序进行施工作业，控制好喷头的风压、水量大小和喷头与受喷面的距离。

②一次性喷射厚度不得超过10cm，以确保混凝土喷射密实，无空洞。

③严格控制喷射混凝土保护层厚度，确保渗水不沿钢筋头渗出。

④在施工过程中，应该注意后喷混凝土与先喷混凝土接茬面的处理等问题。

(3)铺设防水板

在钻爆法海底隧道初期支护与二次衬砌之间设防水层(限量排放方案仰拱不设防水层)。防水层通常由防水板和垫层(一般用无纺布)组成，其主要作用是将少量渗水封堵在二次衬砌混凝土结构之外，以免地下水与二次衬砌混凝土接触并通过衬砌的薄弱环节渗入隧道。垫层的主要作用是保护防水板[9]。

在海底隧道中使用的防水板大多为PVC、ECB和EVA等高分子合成材料。高分子材料抗腐蚀性和抗侵蚀性能力较强，但也存在分子易老化导致其性能衰减的问题。同时，由于防水板在施工铺设中会受到一定的损伤，因此其本身的耐久性和施工铺设的质量决定了该层防水防线的耐久性。所以，在防水板的选取和铺设过程中，应从以下几个方面保证其耐久性：

①防水板宜选用耐老化、耐细菌腐蚀、拉伸强度和断裂拉伸率较高的防水板材。

②在防水板铺设前，认真检查防水板外观质量，有无变色、斑点、刀痕、断裂、变形、穿孔等缺陷；并对其强度、不透水性、低温弯折等性能进行检验，保证材料质量符合设计要求。

③在防水板铺设前做好隧道断面检查，对初期支护有开裂渗漏的地方必须进行补充注浆，切除外漏钢筋头、锚杆头以及裸露的铆钉，以防顶破防水板，影响防水板的耐久性。经处理达到防水板铺设要求后，铺设无纺布。

④防水板的铺设采用无钉铺设，防水板的搭接采用双焊缝焊接工艺。防水板铺设不宜绷得太紧，在拱顶部应有一定富余。在焊接之前应该将焊接部位的灰尘、油污、水滴等杂物擦拭干净，焊接时不能有漏焊，焊焦点应该用同种材料焊贴覆盖。焊接完毕后对搭接双焊缝进行气密性试验检测，如果发现问题，应该及时补焊。满足要求后才能进行下一道工序的施工。

⑤对于限量排放式海底隧道段，其仰拱不铺设防水板；对于全封堵式海底隧道段，要进行全包防水。

(4)二次衬砌混凝土自防水

二次衬砌混凝土是海底隧道防水系统中的重要一环，必须保证其本身的抗渗性能。作为海底隧道防水的最后一道防线，二次衬砌混凝土必须要有较强的自防水功能，满足海水环境下海底隧道结构耐久性的要求，保证海底隧道的运营安全。

二次衬砌混凝土除了满足施工工艺要求，还应严格控制混凝土坍落度和入模温度，以减少温度收缩和干燥收缩带来的不良影响。严格控制拆模时间，严禁混凝土强度未达到设计要求前拆模，并加强混凝土的养护。

(5)防水分区

为防止防水板被穿破出现渗流和窜流，将防水板与二次衬砌之间进行纵向分段隔离，降低纵向水力联系。分区防水按模板的长度进行设计，每一模板长度为一个防水分区，并在防水分区中间设防渗肋条，如图5-1、图5-2[10-11]所示。防渗肋条焊接在防水板上，每一防水分区在左右边墙下部设注浆管控制盘，每个控制盘带注浆管，并连接于注浆盘上，要求注浆盘用胶带临时封粘于防水板上，以防浇筑二次衬砌混凝土时砂浆堵塞注浆管。

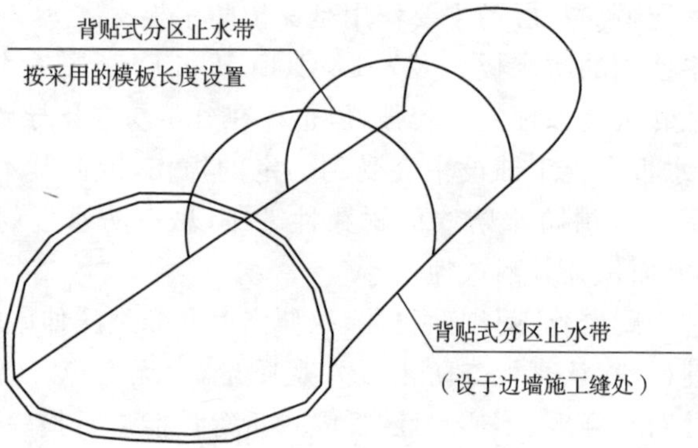

图5-1 分区防水示意图

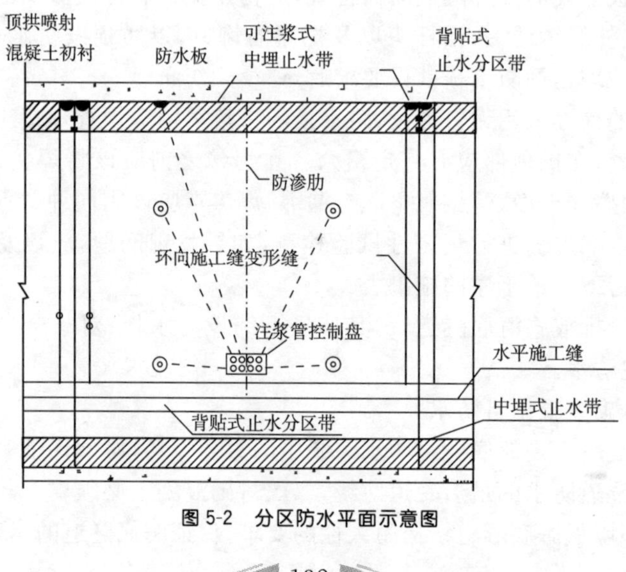

图5-2 分区防水平面示意图

(6)变形缝与施工缝防水

隧道洞口及地层突变处、与工作井相连处应设置变形缝，控制隧道纵向不均匀沉降。由于海底隧道所处的特殊环境，为保证衬砌结构的防水能力，建议隧道变形缝设三道防水线进行防水。第一道为结构外防水层，第二道为混凝土结构内部埋设可维护式注浆止水带，第三道为后装止水带和接水槽。隧道环向施工缝根据模板台车的长度确定，纵向施工缝每个断面两道，设置在拱墙下部。隧道环向施工缝建议采用背贴式止水带＋多次性注浆管＋遇水膨胀止水胶条的防水方式。纵向施工缝建议采用两道遇水膨胀止水胶条防水，中间设置多次性注浆管。遇水膨胀止水胶条具有橡胶的弹性止水和遇水后自身的体积膨胀止水的双重止水功能，止水效果好，耐久性强，质量变化率低。止水胶条直接在混凝土基面上连续均匀设置。多次性注浆管预埋在施工缝表面，一旦出现渗漏可立刻注浆，使注浆液填满密封空隙或裂缝，随渗漏随注浆，采用高压水冲洗或真空泵吸净，可反复多次注浆，从而使施工缝的防水性能得到保证。

5.2.3　排水系统耐久性保证措施

钻爆法海底隧道与山岭隧道最大的区别之一是排水问题。海底隧道纵向为“V”字形坡度，洞口在陆域段高程比洞内高，不论在施工期间还是运营期间，水都将沿隧道向洞内最低点汇集，因而需要完善的排水系统。其排水系统可以概括为：初期支护与防水板间的排水以及防水板与二次衬砌之间的排水。对于排水系统，主要的耐久性问题是保证排水管道的连接畅通、牢固，保证各排水管不堵塞，所以其耐久性主要与排水管材的耐久性以及施工的质量密切相关。

(1)初期支护与防水板之间的排水

在进行喷射混凝土和初期支护拱墙背后的注浆加固堵水时，虽然要求保证施工防水板和二次衬砌之前初期支护表面不开裂、不渗漏。但随着时间的延长，以及地下水和海水的腐蚀，仍会有地下水和海水渗入，对无纺布及防水板造成侵蚀，对二次衬砌混凝土施加压力。因此，对初期支护和防水板之间的渗漏水要有排水措施。在初期支护与防水板之间设置环向排水盲管，在拱墙底部设纵向排水盲管，将渗流水通过横向排水管直接引入隧道底部中央排水管内。

(2)防水板与二次衬砌混凝土之间的排水

考虑防水板在施工过程中可能有损坏，二次衬砌施工完成后，初期支护和防水板之间的少量水，可能渗流到防水板和二次衬砌混凝土之间，这部分渗流水虽然量不大，但处理不好也可能对二次衬砌混凝土施加水压力或引起二次衬砌的局部渗漏。为了解决这一渗水问题，在二次衬砌混凝土边墙底部埋设泄水管，将防水板与二次衬砌之间的渗流水排出。

对于钻爆法海底隧道结构来说，整个防排水系统是一个相互关联的系统工程，防水系统与排水系统相互影响，应该统一分析、综合考虑。

5.3 沉管法海底隧道防水系统耐久性

沉管法是在20世纪初发展起来的一种修建水下隧道的施工方法。相对于其他施工方法而言，沉管法施工的隧道具有施工方便、防水可靠、工期短、对航道影响小、可浅埋、与靠近两岸线路衔接容易以及可设计多线车道等优点[12-14]，因此在海底隧道的修建中得到了广泛的应用。对于沉管法施工的海底隧道，水可能以两种途径进入：透过混凝土结构和透过接缝(如伸缩缝、施工缝、管段间接缝等)。如果沉管隧道防水失败，其修复是非常困难的，后果非常严重。所以，沉管法海底隧道防排水系统耐久性的重要性不言而喻[14]。沉管法海底隧道的防排水是目前国内外用此法施工的海底隧道的关键环节之一，也是建造中的重点和难点。

5.3.1 防水设计原则与防水标准

沉管法海底隧道应该遵循“以结构自防水为主，外防水层为辅，接头防水为重点，多道防水，综合治理”的原则。因管段在干坞内预制而成，质量能够得到保证，所以沉管法隧道的防水等级一般为二级，即顶部不允许滴漏，其他部分不允许漏水，结构表面可有少量湿渍，总湿渍面积不大于总防水面积的2‰[15]。

5.3.2 防水系统耐久性保证措施

防水是沉管法海底隧道设计与施工的难点之一。沉管法海底隧道各管段在岸上整体预制，其管段本体的防水质量得到可靠保证。但是在施工现场有少量接缝以及接头，需要采取相应的防水技术。其防水系统组成可以概括为：管段结构自防水，管段外防水层以及管段接头防水。各部分防水设施的耐久性直接关系到整个海底隧道的耐久性。

(1)管段结构自防水

随着沉管隧道的发展，每节沉管管段长度越来越长，目前世界上的沉管隧道每节管段长一般在100～130m，质量一般在30000～40000t。作为沉管隧道的主体结构，管段预制件的自防水在整个沉管隧道防水体系中具有极其重要的地位。

管段防水技术与管段的结构形式有关。对于钢壳管段，由于管段被钢壳完全封闭，钢壳本身完全能够满足防水的要求，其防水性能取决于大量的焊缝的质量以及管段之间的接缝防水。

对于钢筋混凝土管段，混凝土体积大，属于大体积混凝土结构。由于混凝土导热系数低，受早期的绝热温升和表面散热等各种因素影响，会使管段混凝土内部产生温度应力。同时由于混凝土的抗拉强度低，易于产生裂缝，所以其防水性能与裂缝的发展有关。混凝土管段的自防水在设计、施工过程中应该从以下几个方面采取相应的措施来控制裂缝的发展，保证其自身的防水性能[16-17]。

①合理选择管段混凝土的抗渗等级

根据《水运工程混凝土施工规范》(JTJ 268—96)的要求，混凝土的抗渗等级由最大作用水头与混凝土壁厚决定，如表5-3所示。

混凝土抗渗等级选用表　　表5-3

最大作用水头和壁厚之比	<5	5～10	10～15	15～20	>20
抗渗等级	P_4	P_6	P_8	P_{10}	P_{12}

②合理优化混凝土配合比

降低混凝土中的单位用水量，减少混凝土干缩裂缝。具体措施包括掺减水剂和选用需水量较低的水泥。在水泥品种选择时，建议采用中低水化热水泥。根据实际情况，在满足各项性能指标的前提下，尽量降低水泥用量。合理掺加矿物掺合料，控制粗细集料的含泥量。

③合理选择施工缝间距，改善约束条件。

施工缝间距一般按14～20m左右分段为宜，采用台阶形式或分段合拢法分别浇筑底板、侧壁和顶板混凝土。

④做好施工缝的止水

施工缝是管段的薄弱环节，在复杂的应力环境下很容易出现裂缝，这种裂缝一般是通透的，对管段的防水很不利，所以在施工缝处应设置止水带。在施工缝处浇筑混凝土之前还应将已硬结的混凝土表面凿毛洗净。

⑤控制混凝土的浇筑时间

侧壁和顶板的浇筑时间应分别在底板和侧壁浇筑后7～10d内完成，以避免产生过大的拉应力而导致裂缝出现。

⑥改善施工工艺，严格实行各作业段间隔分层浇筑混凝土的制度

每层混凝土浇筑厚度不大于30cm，以利振捣密实和加快热量的散发，使混凝土温度分布均匀；对混凝土采用二次振捣法，同时在管段混凝土初凝后、终凝前进行多次抹压，以提高其表面强度和密实性。

⑦利用测温技术进行大体积混凝土信息化施工

通过测温技术，全面掌握混凝土在强度发展过程中内部温度场的分布状况，根据温度梯度变化定性定量指导施工，控制温差，延缓降温速率，达到控制裂缝产生的目的。

⑧其他技术措施

在水泥中掺入适量的膨胀剂，增加其抗变形的能力；合理控制配筋，在满足规范

要求的前提下，直径小且间距密地配置纵向筋，使混凝土的干缩变形更趋于均匀化，减小干缩变形；加强混凝土的早期养护，延长养护时间，保持混凝土表面的湿润状态。

(2)管段外防水

虽然钢筋混凝土本体具有一定的防水作用，但钢筋混凝土结构的设计理论本来就是允许出现裂缝的，裂缝限值一般为 0.1～0.3mm。实际上，由于水化热温度应力和收缩应力的作用，混凝土裂缝超过限值是有可能的，有的甚至是贯通的裂缝。既然可能有裂缝存在，就有可能渗入海水，影响隧道的正常运营。因此，为了确保管段具有非常可靠的防水性能，除发挥钢筋混凝土本体结构具有的防水能力外，增设管段外防水层是非常必要的。但是目前诸多文献[13-17]认为沉管管段防水设计应该以结构本体防水为主，在管段外侧没有必要采用防水措施。笔者则认为应该以保证海底隧道 100 年的服役寿命为目标，考虑其全寿命周期成本，虽然采用管段外防水会增加隧道的初始建造成本，但是从整个服役期的运营成本来看应是比较经济的。

管段的外防水层可以分为刚性防水层和柔性防水层。刚性防水层适于在水深不大的环境下使用，但遇到外力容易开裂和损坏，所以不常用。柔性防水层具有良好的抗冲击性和延伸性，适用于沉管隧道这种对水深要求较大的结构物。柔性防水层包括沥青油毡或合成橡胶卷材等粘贴式防水层，聚氨酯、环氧树脂、丙烯酸等高分子防水涂料，以及水泥基渗透结晶型防水涂料等无机材料。合成橡胶卷材等粘贴式防水层具有延伸率好、能适应管段变形的优点，但施工工艺繁琐，费工费时。丙烯酸等高分子防水涂料具有施工方便、延伸率好的特点。其中环氧树脂能够抵抗外力和提高耐久性；聚氨酯具有良好的延伸率，但它对人体及环境有害。水泥基渗透结晶型防水涂料等无机材料能够渗透入混凝土结构内部，与混凝土同寿命，且性能稳定，具有防腐、耐老化、环保、施工方便的特点。所以，面对具体的海底隧道工程应该综合有效性、耐久性以及经济性等各方面，选择一种价廉、与混凝土黏结性能好，耐久性佳、塑性性能和防水性能均优的材料作为外防水层。

(3)管段接头防水

管段的接头防水是沉管隧道防水的关键部位，沉管隧道管段接头设计不仅要满足接头部位在各工况下的防水要求，还要满足管段沉放对接施工中接头的水力压接功能以及管段间接头的柔性功能。

在沉管隧道兴建初期，管段接头连接方式主要有以下几种：法兰盘式结构装置；橡胶垫间注浆；钢垫板间注浆；导管法混凝土；围堰法施工。上述管段的接头均为刚性接头，其缺点是水下作业量大、构筑的接头在受力和防水方面的质量不甚理想，应用中有局限性。自 20 世纪 60 年代以来，荷兰等国采用 GINA 型橡胶止水带，用水力压接法构筑接头，继而采用 GINA、OMEGA 型两道橡胶止水带构筑防水质量更加可靠的柔性接头。从目前沉管隧道接头的防水体系来说，GINA 外止水带加 OMEGA 内止水带组成接头的双重防水系统愈来愈被人们所接受[13,14,18]。

GINA 止水带是管段接头防水的主要构件，是管段接头防水的第一道防线。一般由尖肋、本体、底翼缘和底肋四部分组成，其横断面形状如图 5-3 所示。尖肋的肖氏硬度为 30～38，作初步止水用；本体是承受水压力的主体，一般为等腰梯形，其肖氏硬度为 50～70；底翼缘是为安装专门设计的，局部用纤维织物加强；底肋是用来解决管段端面不平整时而可能产生的漏水问题，其肖氏硬度为 30～38。GINA 止水带的止水原理为：当管段初步就位后，用自动连接千斤顶把两管段端头连接好，压紧 GINA 型橡胶止水带，作初步止水，利用临时隔断间的水阀把隔墙间的水排除，GINA 型橡胶止水带受到很大的静水压力而产生弹性变形，达到接头止水，然后在内部做永久性接头。其止水效果好、水下作业少、施工工艺简便、能节省接头造价和提高接头的施工质量。

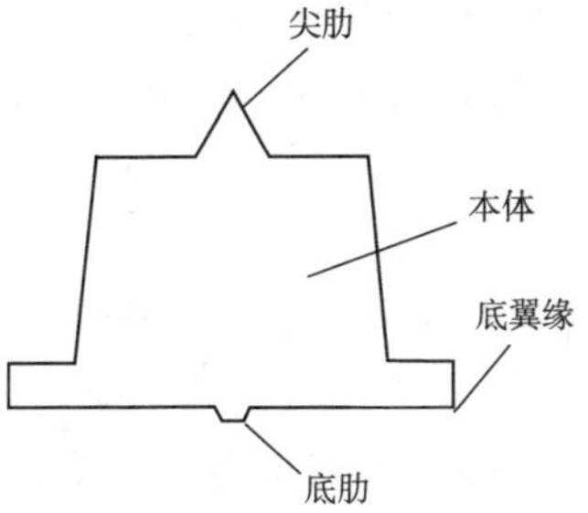

图 5-3 VREDESTEIN GINA 橡胶止水带横断面形状

但是，GINA 止水带能否达到长期止水的目的和效果主要取决于以下几个方面的因素：①组成 GINA 止水带的化学成分，在 100 年的使用期内，老化程度如何，最大的回弹值是多少；②最终接头形成后，各中间接头除去其他各种应该预留的压缩值外，尚富余多少压缩值；③在 100 年的运营期内，沉管隧道会有多少不均匀沉降值，它对采用 GINA 止水带的接头会发生多大的影响等。

所以，如果认为 GINA 止水带在整个运营期内不够可靠，有必要考虑设置 OMEGA 第二道防水。OMEGA 型橡胶止水带的作用甚至比 GINA 型橡胶止水带更为重要。它是在管段沉放对接后，抽掉两端段板之间的存水，实现水下压接形成水密性后在隧管内安装的，主要承受隧道长期运营所产生的轴向、垂直、横向位移量。在使用过程中，根据具体的水深，并经过位移验算确定具体的型号。

同样，OMEGA 止水带能否达到长期止水的目标现在也很难给出准确的答案，毕竟 GINA 止水带和 OMEGA 止水带从开始使用到现在也只有 40 年左右的时间。虽然国内外的研究者针对其性能开展了大量的试验，但这些试验多为加速试验，能否真实地反映 GINA 止水带和 OMEGA 止水带的实际劣化进程则需要时间验证。

5.4　盾构法海底隧道防水系统耐久性

盾构法海底隧道在全世界的应用较为广泛，其防水问题也是事关工程成败的重要问题。由于结构和施工的差异性，其防水设计有别于钻爆法及沉管法施工的海底隧道。

5.4.1　防水设计原则

盾构法海底隧道工程的结构防水设计应根据工程地质、水文地质、地震烈度、结构特点和使用要求等因素进行，并遵循“以防为主、多道设防、刚柔结合、因地制宜、综合防治”的原则[19-21]。采用高精度钢模制作高精度管片，以管片结构自防水为根本，以接缝防水为重点，确保隧道整体防水。

5.4.2　防水系统耐久性保证措施

盾构法海底隧道的防水系统可以概括为管片自防水、管片接缝防水以及节点防水三方面[22-24]。

(1)管片结构自防水

根据以往的经验，由于管片在制作时养护不合理，水灰比过大，出现气孔和微裂纹，导致管片自防水不过关。管片在运输、拼装中受挤压、碰撞、缺边掉角，形成积水处或渗水通道，而且盾构与管片姿态不好也会影响管片拼装质量，致使管片间错位、有台阶差，减少了止水橡胶的有效止水面积，甚至止水条错开而出现拼装缝漏水。所以，管片应该采用高性能自防水混凝土，通过采用水化热低、抗渗性好，具有一定抗蚀性的硅酸盐水泥或普通硅酸盐水泥，采用高效减水剂，掺加优质矿物掺合料，选择合适的混凝土配合比，配制以抗裂、耐久为特点的高性能防水混凝土。加强蒸汽养护或湿养护，适当增加管片混凝土保护层厚度。

另外，在管片拼装前应仔细检查管片质量。如果发现管片在运输和吊运过程中造成掉角损边及止水条损坏或脱落的要及时更换。拼装过程中，管片损坏严重的要拆下来更换后重新拼装。同时，在施工过程中及时向盾尾地层和衬砌管片间的环形空隙均匀注浆，以提高整个隧道结构的防水能力。

(2)接缝防水

管片接缝防水包括管片间的密封垫防水、隧道内侧相邻管片间的嵌缝防水以及向接缝内注浆等。其中密封垫防水最重要也最可靠，是接缝防水的重点[24-25]。

管片间纵、环缝必须采用耐久性好、性能优良的防水弹性密封垫。一般应有1～2道弹性密封垫和内侧嵌缝两道防水措施，根据地质条件及地层透水量，必要时可在衬砌中部加设注浆孔，作为补救防水措施。

实践证明，密封垫的材料性能很大程度上决定着接缝防水的短期和长期效果，于是决定着防水系统的耐久性。因为密封垫必须长时间保持接触面应力不松弛，所以其耐久性包括耐水性、耐疲劳性、耐干湿反复作用以及耐化学腐蚀性等。对于遇水膨胀橡胶还要求长期保持膨胀压力。所以，密封垫在使用之前应该对其硬度、拉伸强度、扯断强度、伸长率、恒定压缩永久变形、老化系数、防霉等级进行检测。对于遇水膨胀橡胶还应该测定其吸水膨胀率。如不满足要求则不能使用。

嵌缝防水是接缝防水的又一道防线。根据国内外设计经验，嵌缝范围一般为拱底 90°，拱顶 45°。当环缝处于变形缝位置时，建议采用柔性防水材料如聚氨酯密封胶嵌填整条环缝。嵌缝材料应选择潮湿基面黏结性、耐久性、弹性良好且抗下坠性优良的不透水材料。

对于盾构法海底隧道，应该设置一道在管片拼装结束后可以通过预留注浆孔注浆的防水线，以此来确保隧道防水的有效性，从而提高整个海底隧道的耐久性。

(3)螺栓孔、吊装孔等节点防水

①螺栓与螺栓孔之间的装配间隙也是渗漏多发处，为确保整个防水系统的有效性，应该在螺栓孔(包括注浆孔和手孔)处设置密封圈，采用遇水膨胀橡胶材料。在拧紧螺栓时，密封圈受挤压变形充填在螺栓和孔壁之间，达到止水效果。另外一种方法是采用一种塑料螺栓孔套管，浇筑混凝土时预埋在管片内，与密封圈结合起来使用，防水效果更佳。

②吊装孔在管片安装就位后，宜采用密封材料进行密封处理。如要通过吊装孔进行注浆，注浆结束后将活动端头部分拆除，清除预留孔内残余物，填入止水密封材料，然后用防水砂浆封堵孔口。

③如果在管片生产时预置吊装孔螺栓套管，则在管片拼装结束后吊装孔螺栓套管外侧采用遇水膨胀密封圈加强防水。

参考文献

[1] 莫一婷.盾构隧道衬砌接头的构造与耐久性的研究[D].同济大学硕士学位论文，2007

[2] 彭立敏，刘小兵.交通隧道工程[M].湖南：中南大学出版社，2003

[3] 沈荣喜，吴秀仪，刘长武，等.海底隧道施工过程中突水风险研究[J].武汉理工大学学报，2008，3(3)：385-388

[4] 贺行锐.海盐对混凝土的侵蚀机制与防护措施[J].建材标准化与质量管理，2005(3)：38-41

[5] 谭志文.青岛胶州湾海底隧道防排水设计[J].隧道建设，2008，28(1)：29-33

[6] PALMSTR M. The Challenge of Subsea Tunneling [J]. Tunnelling and Underground Space Technology，1994，9(2)：145-150

[7] DAHLO T. S，NILSEN B. Stability and Rock Cover of Hard Rock Subsea Tunnelsl[J]. Tunnelling and Underground Space Technology，1994，9(2)：151-158

[8] KITAMURA A. Technical Development for the Seikan Tunnel [J]. Tunnelling and Underground Space Technology,1986,11(3/4):341-349

[9] 张成平,张顶立,王梦恕,等.厦门海底隧道防排水系统研究与工程应用[J].中国公路学报,2008,21(3):69-75

[10] 剧世伟,徐宝贤,周克俭,等.一种新型公路隧道防水方法——衬砌结构自防水.中国公路学会,1998,学术交流论文集[C].北京:人民交通出版社,1998

[11] 梁巍,郭小红.厦门海底隧道防排水系设计与施工介绍[J].地下与隧道防水,2008,2:23-27

[12] 傅琼阁.沉管隧道的发展与展望[J].中国港湾建设,2004,132(5):53-58

[13] 钟辉虹,李树光,刘学山,等.沉管隧道研究综述[J].市政技术,2007,25(6):490-494

[14] 马传飞,张明德.浅谈混凝土沉管隧道防水[J].山西建筑,2008,34(16):313-314

[15] 宁茂权.海底沉管隧道的防水设计[J].铁道建筑,2008,10:58-61

[16] 庄道庆.沉管隧道的防水技术[J].东海海洋,2001,19(8):32-38

[17] 程乐群,刘学山,顾冲时.国内外沉管隧道工程发展现状研究[J].水电能源科学,2008,26(2):112-115

[18] 管敏鑫.越江沉管隧道管段及接头防水[J].现代隧道技术,2004,41(6):57-59

[19] 中华人民共和国标准:GB 50108—2001 地下工程防水技术规范[S].北京:中国计划出版社,2001

[20] 夏明耀,曾进伦.地下工程设计施工手册[M].北京:中国建筑工业出版社,1999

[21] 陆明,曹伟飚,朱祖熹.超大直径盾构隧道防水设计技术综述[J].地下工程与隧道,2008,4:17-21

[22] 潘朋.越江盾构隧道防水技术[J].铁道标准设计,2007,增刊 2:19-21

[23] 苏展强.盾构隧道防水工程研究[J].清远职业技术学院学报,2009,2(3):72-74

[24] 王晋川.盾构隧道防水设计要点[J].中国建筑防水,2009(3):12-17

[25] 朱川鄂,叶敏.盾构隧道防水技术应用[J].安徽建筑,2004(5):94-95

第6章 海底隧道衬砌混凝土表面防护技术

混凝土结构在整个服役寿命期间不可避免地会与环境中的水、液体或气体接触，而其固有的多孔性决定了混凝土具有一定的渗透性，为有害离子的侵入提供了便利通道。在物理破坏和化学侵蚀的共同作用下，即使混凝土结构设计合理、施工正确，也往往会发生劣化破坏而不能达到预期寿命，海底隧道混凝土亦是如此。因此，对海底隧道衬砌混凝土采取表面防护措施，防止外界环境中侵蚀性介质的侵入，是提高其长期耐久性、保证混凝土外观洁净的有效途径。大量研究与工程实践都表明，混凝土表面防护处理是抑制有害物质入侵，降低环境作用对混凝土的劣化，改善混凝土耐久性，延长结构服役寿命的有效措施之一，对于所处环境比较恶劣的海底隧道工程，关键部位也应进行必要的表面防护处理。

6.1 混凝土表面防护材料

当前，混凝土表面防护材料发展迅速，品种多样，工程应用也日益广泛。选择合适的表面防护材料是保证混凝土表面防护质量，进而延长混凝土结构服役寿命的基础。混凝土表面防护材料主要包括防护涂料和饰面材料两种类型，其中，防护涂料按照作用方式又可以分为渗透型涂料和成膜型涂料两大类。

6.1.1 渗透型防护涂料

渗透型防护涂料属于憎水性材料，是指防护涂料能够渗入混凝土内部，与水泥石孔隙中的水泥水化产物发生复杂的物理化学反应，在硅酸盐基材表面和毛细孔壁上形成新的产物，这种新的物质具有较强的憎水性，能够改变水泥石孔隙壁与水的润湿角，使其由锐角转变为钝角（100°～130°），也就是将混凝土基体由亲水性材料转变为憎水性材料，抑制了毛细孔对水的吸附作用，进而有效阻止以水为载体的腐蚀性物质的侵入[1-8]。

目前，应用较为广泛的渗透型表面防护涂料主要有两类，即水泥基渗透结晶型涂料和硅烷类渗透型涂料[9]。

(1)水泥基渗透结晶型涂料

水泥基渗透结晶型涂料是一种刚性防水材料,是由硅酸盐水泥、石英砂、特殊的活性化学物质以及各种添加剂组成的无机粉末状防水材料[10]。该材料能在水的引导下,以水为载体,借助强有力的渗透性,在混凝土微孔及毛细管中进行传输、充盈,发生物理化学反应,形成不溶于水的枝蔓状结晶体,与混凝土一起结合成封闭式的防水体系,堵截来自外界的水流及其他液体侵蚀性介质。该材料具有渗透深度大,防化学侵蚀、防水作用明显,无毒、无公害等特点。

(2)硅烷类渗透型涂料

凡是含 Si—C 键的化合物通称为硅烷化合物,习惯上也常把那些通过氧、硫、氮等使有机基与硅原子相连接的化合物当作硅烷化合物。其中,以硅氧键(Si—O—Si—)为骨架组成的聚硅氧烷,是硅烷化合物中为数最多、应用最广的一类,约占总用量的90%以上。由于硅烷化合物可以在硅酸盐材料表面形成性能优异的憎水膜,对于混凝土材料的防护作用十分显著,并且具有耐温度变化、耐候性、透气性、保色性、适用性强、环境污染小等优点,因此被越来越多地应用于混凝土材料的表面防护,用以提高混凝土的抗腐蚀能力和长期耐久性[1-8,11-28]。

6.1.2 成膜型防护涂料

成膜型防护是利用防护涂层自身成膜来阻挡腐蚀性介质进入混凝土,这种涂层方式对混凝土的防护效果与所形成膜的性质密切相关,膜的性质好坏直接影响混凝土的耐久性优劣。传统的成膜型防护涂料如沥青、环氧树脂、聚氨酯、丙烯酸树脂、氯化橡胶及乙烯树脂等,将其以一定厚度涂刷于混凝土表面,覆盖成膜堵塞混凝土孔隙,达到阻止外界水分侵入从而起到防护作用的目的。

目前,成膜型涂料的种类众多,我国就成膜型涂料的分类还没有统一的标准,主要分类方式有以下几种:

(1)按涂料的成膜机理可分为:转化型涂料和非转化型涂料。其中转化型涂料又包括氧化聚合型、热固化、化学交联型和辐射能固化型;非转化型又包括挥发型、热熔型、水乳胶型和塑性熔胶型。

(2)按涂膜层的状态(厚度和质感)可分为:薄质涂料(1mm)、厚质涂料(4~10mm)、粒状涂料和纤维涂料。

(3)按成膜物质可分为:沥青类、高聚物改性沥青类(橡胶沥青)、合成高分子类(合成树脂类、合成橡胶类)、无机类和聚合物水泥类。

(4)按涂料的状态与形式可分为:溶剂型、反应型和乳液型。

(5)按涂料组分可分为:单组分和双组分型,具体有合成树脂类、橡胶类、沥青类和复合类。

(6)按基料类别可分为:有机类、无机类及有机—无机复合类。

这些成膜型涂料应用于混凝土表面后,一般都能够较好地抑制外界环境介质的入侵,具有较强的防水、防氯离子侵蚀和防碳化性能等。然而,由于混凝土表面被覆盖、孔隙被堵塞,混凝土不透气,当水分从内部排出时,会将表面的防护涂层冲破,致使涂层及其防护寿命缩短。此外,成膜型防护涂料还有着自身难以克服的缺点,如长期暴露于自然环境中会老化、褪色和剥离,耐碱性差、附着力小等[10],因此,虽然成膜型涂料的应用非常广泛,但这些缺陷也在一定程度上降低了其长期的防护效果。

6.1.3 饰面材料

在腐蚀危险高的混凝土工程中,可以对混凝土表面进行渗透型涂料或成膜型涂料防护处理,从而改善混凝土的耐久性,提高其整体服役寿命;而在一些腐蚀危险较低的工程部位,根据业主的要求以及美观的需要,可以采用饰面材料,即对混凝土表面进行装饰,主要目的是使建筑物的外表美观,起到一定的装饰效果。同时,这些材料在混凝土表面的存在可防止一部分有害介质的侵入,对混凝土起到一定的防护作用。混凝土饰面材料色彩鲜艳、造型丰富、质感与装饰效果好,并且品种多样,可满足各种不同的装饰要求。对于海底隧道工程,安全防护措施是最重要的,在保证安全和资金充足的前提下,可选用适当的饰面材料对隧道混凝土表面进行装饰。目前,主要的混凝土饰面材料有装饰石材(如花岗岩、大理石等)、玻璃幕墙、饰面砖、铝塑复合板以及装饰性涂料等。由于饰面材料的防护作用有限,目前还缺乏专门研究。

6.2 混凝土表面渗透型涂料防护

渗透型涂料应用于混凝土表面后,能够渗入混凝土内部数毫米深度并与之形成憎水层,从而大大改善混凝土耐久性的各个方面,特别适合于各种恶劣环境下如海底隧道、跨海大桥等混凝土工程的表面防护。

6.2.1 渗透型涂料的防水效果

海底隧道在服役期间,不可避免地会与来自围岩渗漏的海水以及由于各种原因形成的积水接触,因此,渗透型涂料防水效果的好坏直接关系到其最终的防护效果。

混凝土表面采用渗透型涂料进行防护处理后,其吸水过程可通过中子照相进行直观观测,如图 6-1 所示[11],左列图为表面未进行防护处理的试块,水在很短的时间内便快速侵入混凝土内部,即图中的颜色较深的部分(侵入较深的部分是由于某个骨料外露引起的），而表面涂覆了 400g/m^2 渗透型涂料（硅烷凝胶）的混凝土试件（右列图），在憎水层的作用下，210min 内水分仍没有明显的侵入迹象，充分表明了渗透型涂料良好的防水效果。

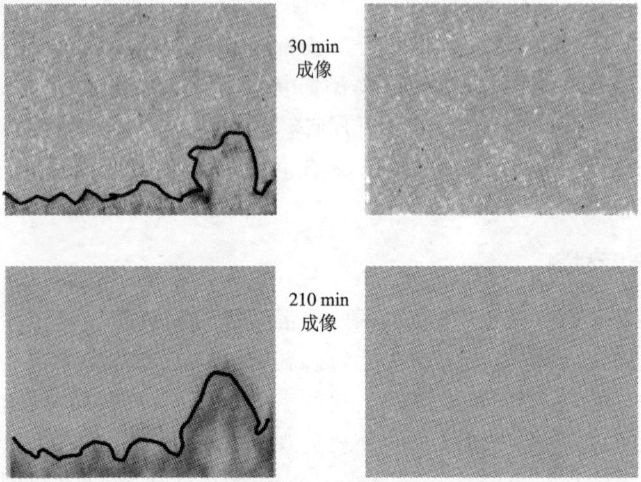

图 6-1　中子照相观察水在表面未处理和表面处理混凝土中的侵入情况

战洪艳[12-16]以水灰比为 0.4、0.5 和 0.6 的混凝土为例进行了吸水试验研究。三种混凝土经过表面防护处理后的吸水量结果如图 6-2 所示，渗透型硅烷涂料的使用量为 600g/m^2。明显可见，经过表面防护处理后，混凝土的吸水量显著降低；以水灰比为 0.5 的混凝土为例，未处理时混凝土 72h 的吸水量为 2065g/m^2，表面处理后 72h 的吸水量仅有 202g/m^2。

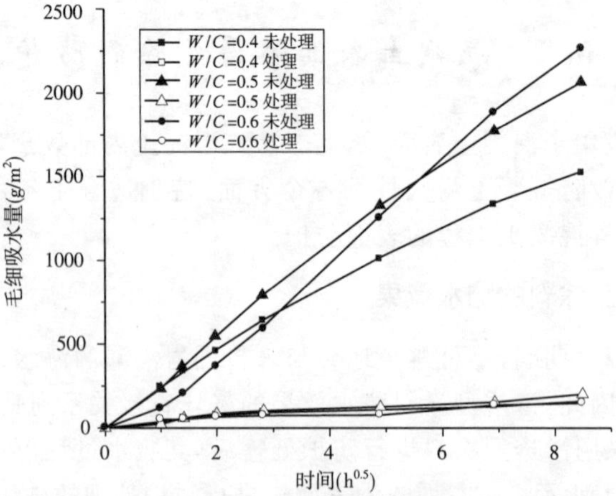

图 6-2　水胶比不同的混凝土在渗透型涂料表面处理前后的吸水量曲线

针对表面防护处理中最常用的渗透型硅烷涂料的三种典型状态，即硅烷溶液、乳液和凝胶，文献[12]对其进行了防水效果的试验比较。以水灰比为0.5的混凝土为例，用这三种渗透型涂料对其表面进行了处理，其中，硅烷溶液的吸收时间为4h，硅烷乳液和凝胶的单位面积用量都为600g/m^2。防护处理后混凝土试件的吸水量曲线如图6-3所示，由结果可以清楚地看出，三种硅烷涂料的防水处理效果都非常显著，均降为未防护时吸水量的1/10左右。

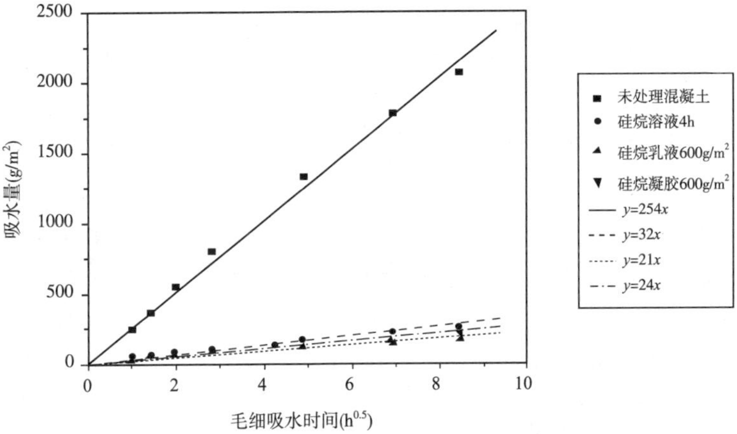

图6-3 三种渗透型涂料表面处理混凝土和未处理混凝土的吸水情况

以上结果是在实验室比较稳定的环境下得到的，考虑到工程上施工的方便，一般情况下优先考虑乳液或凝胶状态的渗透型涂料，因为溶液型的涂料容易沿垂直或顶部的处理面流淌，减少了涂料的渗透时间，从而对其防水效果产生一定的影响，尽管如此，不同渗透型涂料均具有显著的防水效果。随着渗透型涂料产品研发的不断深入，会有更多种类应用到实际工程中。

6.2.2 渗透型涂料对氯离子侵入的抑制作用

近年来陆续建设的海底隧道、跨海大桥等海工结构处于严酷的海洋环境下，其中的氯离子侵蚀是钢筋混凝土结构失效的主要原因。由6.2.1内容可知，经渗透型涂料表面防护后，混凝土的吸水率大幅度降低，因而，随水进入混凝土内部的氯离子量也势必相应降低。

文献[12]采用三种不同形态的硅烷类渗透型涂料对混凝土进行表面防护处理，图6-4为表面处理后混凝土与海水接触28d后的氯离子分布情况。可见，所有表面处理混凝土都具有很好的抵抗氯离子侵蚀性，三种渗透型涂料抵抗氯离子侵蚀的效果几乎相同；没有进行表面处理的混凝土中，氯离子渗透深度达30mm以上且含量非常高；而经表面处理后混凝土只有表层2～5mm深度内有氯离子侵入且含量很少，显著抑制了氯离子的侵蚀。

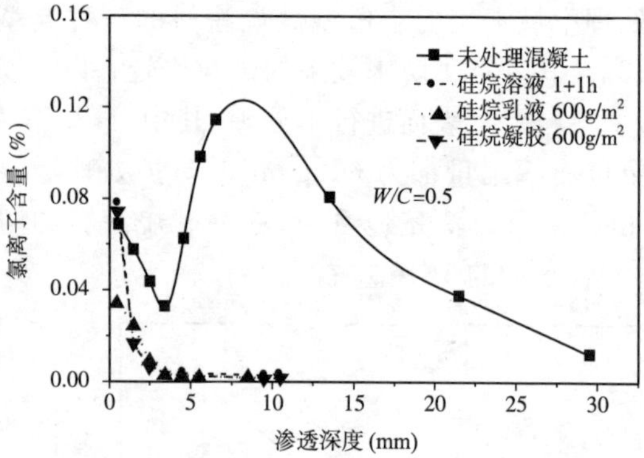

图 6-4 渗透型涂料表面防护处理和未处理混凝土与海水接触 28d 后氯离子分布

Schueremans[27,28]对位于比利时西北部邻近北海的泽布勒赫港进行了长期的试验观测。为提高码头岸壁的耐久性，1993 年当地主管部门决定在其建成后即采用渗透型涂料进行表面处理，工程中采用了不含溶剂的异丁基三乙氧基硅烷，渗透型涂料的喷涂量为 300g/m^2。研究人员分别在 1996 年、1998 年和 2005 年对该码头进行了钻芯取样分析。依据比利时标准 NBN B15—250，在现场取芯切片后分析芯样中的氯离子分布情况，测定结果如图 6-5 所示。可以看出，由于没有渗透型涂料的

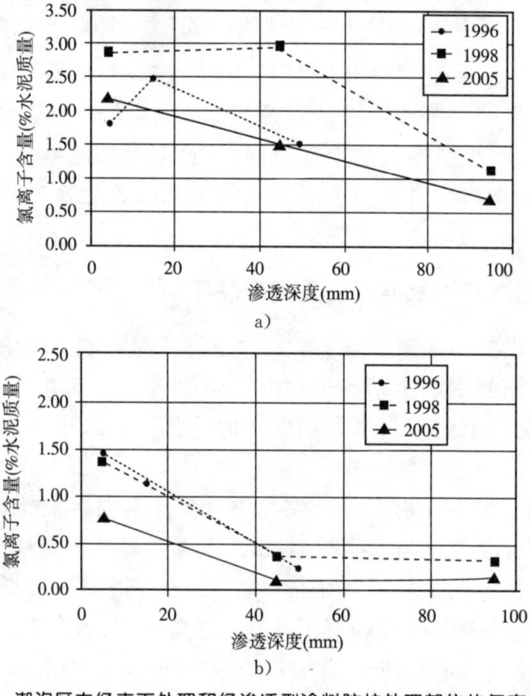

图 6-5 潮汐区未经表面处理和经渗透型涂料防护处理部位的氯离子含量

隔离阻挡，潮汐区处未经表面处理的混凝土中氯离子含量较高，外表面处为2.2%，95mm 深度处为 0.9%（占水泥质量百分比）。而在经过渗透型硅烷涂料表面防护的混凝土中，氯离子含量要低得多，外表面处为 1.2%，95mm 深度处为 0.2%。虽然在 1998 年和 2005 年的检测中，经过防护的混凝土中 15mm 深度处的氯离子浓度仍然较高，但与未防护混凝土的氯离子浓度相比大幅下降。

实验室试验表明，经渗透型涂料表面防护处理后混凝土抗氯离子性能大幅度提高，长期现场试验也验证了其良好的效果，表明渗透型涂料适合应用于在氯盐环境下长期服役的重大海洋工程如海底隧道、大型海洋平台等的混凝土表面防护。

6.2.3 渗透型涂料对碳化的影响

由于海底隧道内的车辆通行会产生大量的汽车尾气，尾气中的 CO_2 容易对混凝土造成碳化腐蚀，因此，渗透型涂料表面处理的防碳化能力也应引起关注。渗透型涂料表面防护能够大大减少混凝土的吸水，而对混凝土的透气性影响不大。由于混凝土碳化与环境及自身内部的含湿量有关，故混凝土表面进行渗透型涂料防护后势必对碳化产生一定的影响。大部分研究表明[29-31]，经渗透型涂料表面处理后，混凝土的碳化速率降低，但也有少量工程调查发现[30]，渗透型涂料处理后混凝土的碳化情况与未处理时基本一致。

6.2.4 渗透型涂料对混凝土冻融的影响

渗透型涂料表面处理后能够在混凝土表层形成憎水层，影响混凝土内部的含水状态，进而能够影响混凝土的抗冻性。

Frentzel[32] 通过 CDF 冻融试验（Capillary suction of Deicing solution and Freeze thaw test）对处理后的混凝土进行了试验研究，结果发现，试验所采用的几种渗透型涂料（硅烷溶液和乳液），在冻融试验的初始阶段均显著降低了混凝土的吸水量；但随着冻融循环的持续增加，表面防护的混凝土也开始吸收水分；但与未防护的混凝土相比较，绝对吸水量仍然较低，仅为未处理混凝土的一半左右。同时，Frentzel 还研究了冻融循环过程中表面防护和未防护混凝土的失重情况，结果表明，经过渗透型涂料防护的混凝土在 28 次冻融循环内，混凝土的表面剥落量比未防护混凝土少得多。

直至目前，对渗透型涂料表面防护后混凝土的抗冻性变化虽有一些相关研究，但是，就其抗冻机理仍存在一些争议[33]，尚需要进一步进行理论和试验研究。尽管如此，渗透型涂料的抗冻融能力已得到试验验证。考虑到海底隧道在服役寿命期间，内部运行环境基本保持稳定，混凝土并不遭受冻融循环，仅在隧道洞口处、在冬季才可能遭受冻融循环破坏。因此，对于抗冻融破坏来说，渗透型涂料可以考虑应用于海底隧道洞口附近的混凝土表面处理。

6.2.5 渗透型涂料对钢筋锈蚀的影响

钢筋混凝土结构由于耐久性原因最终破坏多以内部钢筋开始锈蚀为准则，因此，渗透型涂料在钢筋混凝土工程中的应用也涉及对钢筋锈蚀的影响。

Basheer[5]等人采用了半电池电位和腐蚀电流等检测方法研究了44周盐池浸泡条件下混凝土内钢筋的锈蚀状况，结果表明，经渗透型涂料表面防护的试件与未防护试件相比，钢筋开始锈蚀时间明显延迟。例如，未经表面防护的试块在盐池浸泡8～12周后就开始锈蚀，而经渗透型涂料表面处理后，内部钢筋在盐池浸泡20～40周才开始锈蚀。Giessler和Standke[34]等人也得到类似的结果。

任昭君[35]也对经过渗透型硅烷涂料处理的混凝土内部的钢筋锈蚀进行了试验研究，结果如图6-6所示。从图a)半电池电位值可以看出，在经过锈蚀前的非稳定阶段后，从第14周开始表面防护试件的电位值趋于稳定，并明显低于后期电位仍不断负向增大的未防护试件。图b)所示的腐蚀电流密度结果也有类似变化趋势。试验

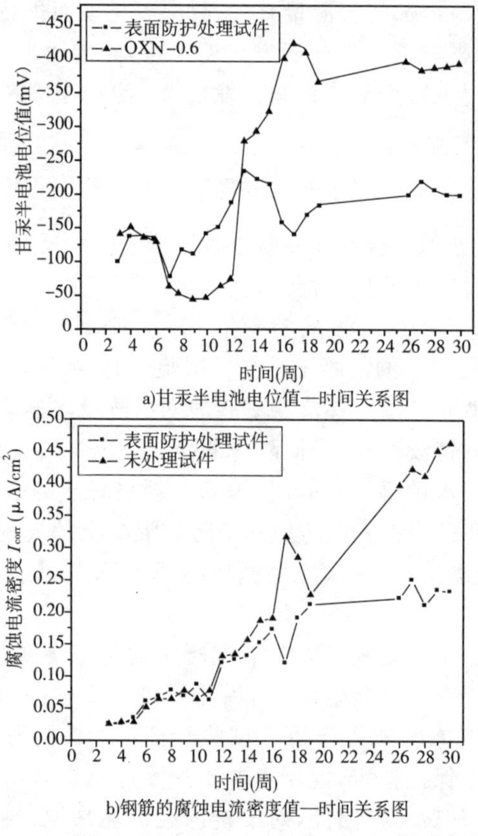

图6-6 渗透型涂料表面防护和未防护混凝土中的钢筋锈蚀

结束后,将试件劈开对钢筋锈蚀情况进行测定后发现,未防护混凝土试件的锈蚀程度明显大于防护处理的混凝土试件,锈蚀钢筋的质量损失率约为处理试件的3倍左右,充分表明了渗透型涂料对混凝土内部钢筋锈蚀的延迟效果。

综上所述,渗透型涂料对混凝土的防水性、抗氯离子侵蚀性、碳化、抗冻性以及抗钢筋锈蚀等方面均有良好的改善效果,特别适合于海洋环境下重要工程的混凝土表面防护,具有广泛的应用前景。

6.3 混凝土表面成膜型涂料防护

成膜型涂料应用于混凝土表面后,在其表面上形成一定厚度的膜层,很大程度上将混凝土与外界隔离,阻挡侵蚀性介质与混凝土表面直接接触[36-40],因此,成膜型涂料对混凝土起到较好的防护效果,相应提高了其耐久性。

6.3.1 成膜型涂料的防水效果

在混凝土表面涂刷成膜型涂料后,从理论上来说,如果涂料膜层足够致密的话,混凝土是与外界环境隔绝的,水分无法进入,从而起到防水效果。

何晓雁等[36]试验研究了一种成膜型涂料对混凝土吸水性的影响。结果表明,成膜型涂料在混凝土表面形成的保护层可以显著提高混凝土的抗水渗透能力,未涂层混凝土在0.8MPa水压力下最大渗水高度可达到30mm,而涂层混凝土在1.0MPa水压力下最大渗水高度则低于20mm。如果涂层分布均匀且致密性差,那么水分、氧气和腐蚀性介质仍可以穿透涂层进入混凝土内部。成膜型涂料涂层的不致密主要是由于涂料中溶剂挥发留下的针孔所造成的。因此,在实际工程中使用成膜型涂料时,应注意其涂层的均匀致密性。另一方面,如果涂层的附着力差的话,也容易引起涂层起皮、脱落或分层现象,从而失去对混凝土的防护作用,也就意味着防水效果以及其他保护作用可能失效。所以,还需保证膜层与混凝土表面有足够的附着力。

6.3.2 成膜型涂料对氯离子侵入的抑制作用

与防水效果道理相同,如果成膜型涂料的膜层足够密实的话,会大大抑制氯离子等有害介质向混凝土内部的侵入。赵羽习等[37]就不同种类涂料对混凝土氯离子侵蚀性能的影响进行了电通量法和干湿循环试验研究。图6-7所示为不同涂料涂层和未涂层(试件X—N)混凝土试件中的氯离子渗透深度。

可以看出,不同涂层防护的混凝土试件在若干次干湿循环后氯离子侵蚀深度大小基本稳定,说明涂层不但能有效地减小混凝土试件的氯离子渗透深度,而且也能有效地降低氯离子侵蚀的速度。但在整个干湿循环试验过程中,不同涂料防护混凝土抵抗氯离子侵蚀的能力有所不同,复合型涂料的防护效果优于单一成膜型涂料,成膜型涂料短期防护效果优于单一渗透型涂料。

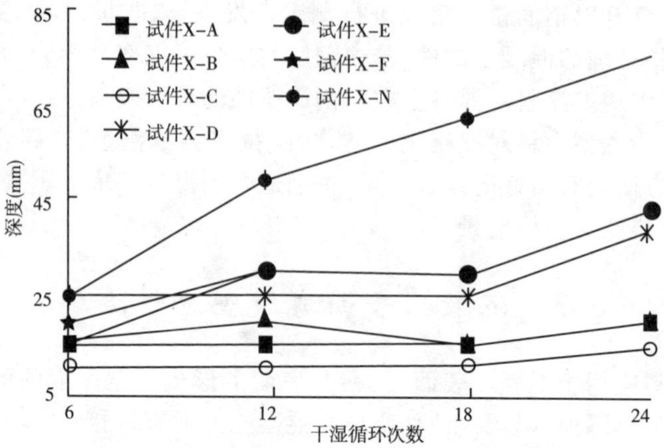

图 6-7　涂层和未涂层混凝土试件中的氯离子渗透深度

黄君哲等[41]应用三种不同的成膜型涂料制作了混凝土涂层试件，并将其暴露于华南海港码头材料暴露试验站内的浪溅区进行了长期暴露试验，研究了成膜型涂料在海洋环境下的抗氯离子侵蚀能力。结果表明，成膜型涂料涂层能够有效抵抗氯离子向混凝土内的入侵，在氯盐腐蚀最严重的浪溅区，经成膜型涂层防护的混凝土中的氯离子积聚量比无涂层处理的混凝土低得多。暴露试件在 20～40mm 深度处的氯离子，5 年龄期时，无涂层与有涂层试件对比，前者较后者高 7.3～24.9 倍；9 年龄期时，前者较后者高 9.4～70.5 倍。以 9 年龄期时的氯离子分布曲线为例，如图 6-8 所示，由三种涂料进行表面防护的混凝土中氯离子远小于未防护的混凝土，因而具有很低的氯离子扩散系数。这三种成膜型涂料均有效抑制了浪溅区氯离子向混凝土中扩散。

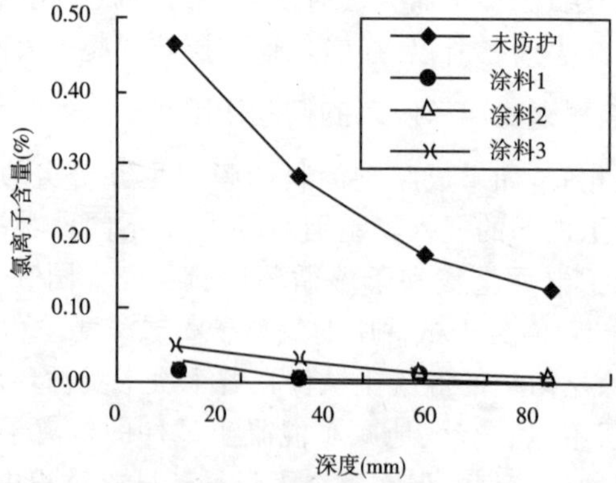

图 6-8　暴露于浪溅区 9 年后表面未防护和三种成膜型涂料防护的混凝土中氯离子含量

Al－Zahrani 等[42]采用电通量法对环氧漆＋聚氨酯面漆涂层混凝土的氯离子渗透性进行了试验研究，结果发现，无涂层混凝土的电通量为 3170C，而试验用的成膜型涂层混凝土的电通量仅为 90C 左右，说明了成膜型涂层能够有效抵抗氯离子对混凝土的侵入作用(当然，这种试验方法获得的结果中也有涂层的电绝缘效果)。

6.3.3　成膜型涂料对碳化的影响

成膜型涂料在混凝土表面形成涂层后，很大程度上阻止了环境中的二氧化碳气体进入混凝土内部，因而，成膜型涂层在致密封闭的状态下能够起到良好的抗碳化效果。孙学志等[43]通过对混凝土表面涂刷不同种类的涂料，研究了涂料对混凝土碳化性能的影响，如图 6-9 所示，其中 K 试块代表无表面涂层的混凝土，其余四种试块为经过表面涂层处理的混凝土。结果表明，涂层防护混凝土的碳化深度较无涂层混凝土的碳化深度要小，其中的三种涂层混凝土碳化深度仅为未涂层时的一半左右。同时也发现，涂层并没有完全阻止混凝土的碳化反应，这在很大程度上与涂层成膜的密闭性有关，如果涂层不够密实、存在孔洞的话，二氧化碳气体能够通过这些孔洞进入混凝土内部。

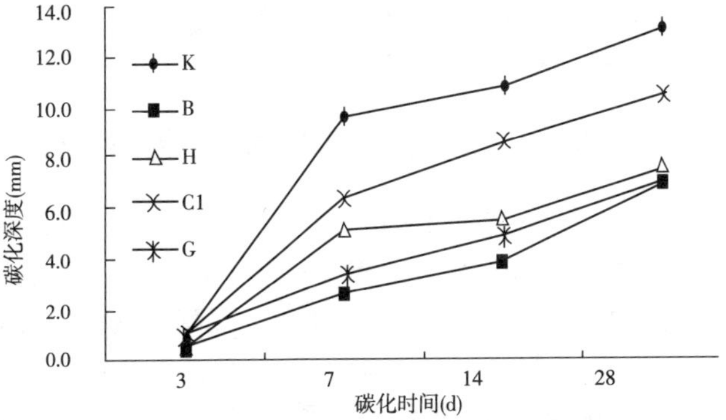

图 6-9　表面未处理和涂料防护处理混凝土不同碳化时间的碳化深度

文献[44]也认为，对混凝土进行成膜型涂料防护后，混凝土的碳化深度大幅降低，但仍有部分二氧化碳气体能够通过膜层孔洞进入混凝土内部，形成一定碳化。研究发现，未涂层混凝土的二氧化碳吸收量约为 2.1%，而进行成膜型涂料涂层后，混凝土的二氧化碳吸收量降为 0.1%～1.0%。

6.3.4　成膜型涂料对混凝土冻融的影响

混凝土材料中孔隙的充水程度是决定其抗冻性的重要因素，成膜型涂料在混凝土表面形成涂层后，有效抑制了水分侵入混凝土内部，抗冻性有所提高。何晓雁等[36]试验研究了一种成膜型涂料对混凝土抗冻性的影响。结果表明，成膜型涂层保护后的混凝土进行冻融循环试验时,试件的质量损失率、强度下降率等都比未涂层时小,混凝土的抗冻性得到较大改善。当然,抗冻性提高的程度还取决于涂层的质量,如果涂层质量较差,在有水分进入混凝土内部的情况下,混凝土的抗冻性则提高不大。

田惠文、李伟华等[38]也详细研究了包括环氧涂料、聚氨酯涂料、聚脲弹性体涂料、丙烯酸乳胶漆、氟树脂涂料等适用于海洋环境混凝土工程的成膜型涂料的特点,均显示了对混凝土较好的防护效果,特别是改善了混凝土的抗冻性、抗碳化等耐久性能。

此外,由于大多数防火涂料都是成膜型涂料[45],因此,这些特定的成膜型涂料还提高了混凝土的抗火灾能力。将这些成膜型涂料喷涂在隧道拱顶和侧壁的表面,起到防火和隔热保护作用,阻止隧道内钢筋混凝土在火灾中迅速升温而降低强度,避免混凝土爆裂、衬砌内钢筋软化失去支撑能力而导致隧道坍塌。一般来说,对隧道内的防火涂料要求是隔热效果好,施工方便,对混凝土表面附着力好、无毒、环保,能掩盖混凝土的粗糙表面,并具有一定的装饰能力。

综上所述,成膜型涂料对混凝土的耐久性如防水、防氯离子侵蚀、抗碳化、抗冻融性等方面均起到显著的改善作用。然而,如果成膜型涂料的涂层施工质量较差或者一旦遭到破坏,以上防护作用会严重削弱。在很多工程应用中,这些成膜型涂料形成的涂层在自然环境中又容易老化、褪色和剥离。因此,在实际工程应用中,需要对成膜型涂料进行充分的试验研究。

6.4 青岛胶州湾海底隧道渗透型涂料防护建议方案

对于青岛胶州湾海底隧道工程来说,由于隧道口随天气变化处于较频繁的干湿交替状态,冬季有冻融问题,而且盐雾中的氯离子非常容易被车流带入隧道中,进而侵入混凝土内部造成钢筋锈蚀,所以建议对出入口附近的混凝土表面进行适当的表面防护处理,以有效保护混凝土,抑制各种有害作用。鉴于渗透型涂料表面处理能够有效阻止或延缓混凝土从环境中吸收水分,抑制氯离子等有害介质的侵蚀,同时又不影响内部水分向外蒸发,降低混凝土发生冻融破坏的可能性,延长钢筋混凝土结构的使用寿命,并且在一定程度上还可以防止混凝土表面的污染。因此,建议胶州湾海底隧道混凝土表面防护处理优先采用渗透型涂料,并根据胶州湾海底隧道的防护要求,提出对其四个出入口附近 300m 的混凝土表面进行渗透型涂料防护处理。

对海底隧道混凝土表面进行渗透型涂料防护处理涉及诸多影响因素,通常要遵循防护处理的一般流程,如图 6-10 所示[46]。在对隧道混凝土表面进行具体处理之前,应对表面进行检查,确定是否存在起灰、剥落,钢筋是否露出,混凝土是否有裂缝,是否漏水等[47],必要时用钢铲刀、钢丝刷或压缩空气等将混凝土表面的不牢灰浆、碎屑、灰尘、海生物、不牢靠的附着物及不利于涂料渗透的污染物等彻底清除干净;如果表面污损严重,则应用高温蒸汽进行清洗;在隧道混凝土表面的施工接缝处

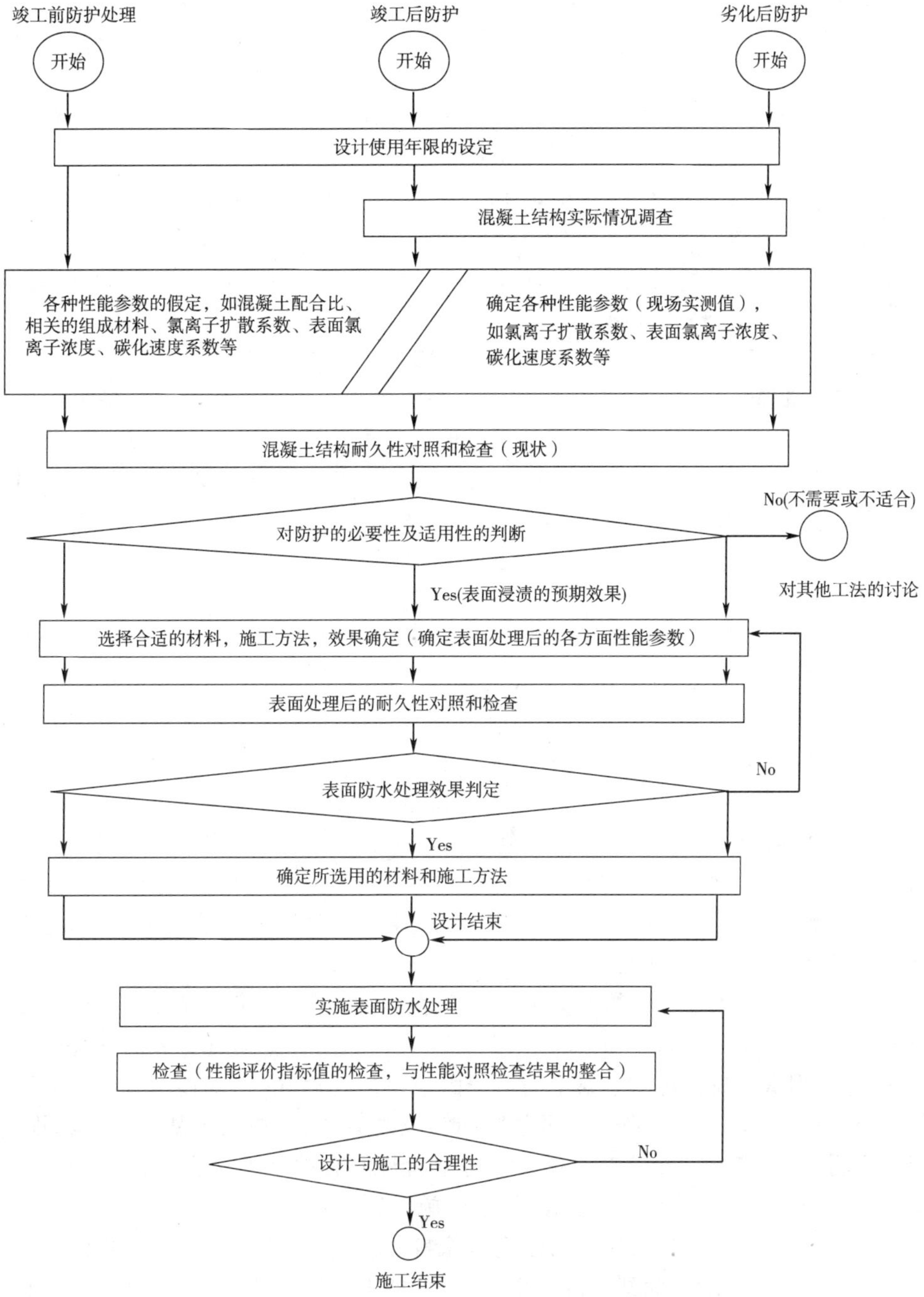

图 6-10　混凝土表面渗透型涂料防护处理实施流程

和表面有明显缺陷(如蜂窝)的部位还需要用水泥浆进行预处理及修补;渗透型涂料对 0.2mm 以下的裂缝可直接阻止水的渗透[48],不必进行处理,超过 0.2mm 的裂缝则需要预先进行修补。

另外,在对隧道混凝土表面进行渗透型涂料表面防护处理时,施工部位的环境相对湿度不宜超过 65%,喷涂涂料的混凝土表面应为干燥状态,混凝土表面越干,处理效果越好。在进行处理前,要对混凝土表面进行清除工作,需使用水冲洗时,则应在冲洗后自然干燥 72h 以上混凝土表面看不到水迹时,再施工渗透型涂料,应尽量延长喷涂前的干燥期[47];施工时的温度宜在 5~45℃之间[49];施工温度低于 5℃或隧道内有大量粉尘时,暂停施工。

同时,隧道混凝土表面处理的施工工艺也影响最终防护效果。在一般工程中,渗透型涂料通常采用真空喷射仪喷涂到混凝土表面[49]。《海港工程混凝土结构防腐蚀技术规范》(JTJ 275—2000)规定喷嘴的压强为 60~70kPa。早期认为只要经过一次性喷涂处理,混凝土就足以达到安全使用的要求。但进一步研究表明,使用一次喷涂处理所得到的防水剂渗透深度一般不超过 2mm,显然达不到对隧道混凝土的有效防护效果。因此,在对隧道混凝土表面喷涂渗透型涂料时,建议从以下三种施工方法中选择一种方法。

(1)将渗透型涂料多次喷涂到混凝土表面[15]。尽管在渗透型涂料总用量相同时,喷涂处理次数越多,最后的渗透深度越低。但由于液态渗透型涂料有一定的流淌性,在涂刷或喷涂垂直墙面和顶棚时,直接吸收时间很短,导致涂料用量难以保证,渗透深度达不到防护要求。因此,延长渗透型涂料的吸收时间成为防护处理的关键。最简单的方法是连续涂刷或喷涂多次,使混凝土表面长时间保持湿润状态。《海港工程混凝土结构防腐蚀技术规范》(JTJ 275－2000)即规定浸渍硅烷应连续喷涂实施,喷涂两遍,两遍之间的间隔时间至少为 6h。文献[50]也指出,由于渗透型涂料的涂敷质量无法通过肉眼直接观察,施工时,应根据材料种类不同,均匀地涂刷几次以确保更好的防护性能。

(2)通过在预先处理好的混凝土表面安装适当的设施,使得混凝土表面能较长时间与渗透型涂料接触。Gerdes[17,51]提出了一种利用真空箱进行表面处理的施工方法,即利用真空吸力把一个扁平的箱子固定在预处理混凝土的表面,渗透型涂料从真空箱的上部注入,在规定的吸收时间完成之后,剩余的涂料从箱子底部排出。研究表明,采用该方法可以大大提高渗透型涂料的有效渗透深度(可达到 6mm 以上)。但与直接喷涂相比,该方法比较复杂,施工比较麻烦。

(3)采用滚动工艺将高黏度的渗透型涂料如乳剂、凝胶或糊状有机物涂到混凝土表面,由于黏度较高,涂到混凝土表面后,涂料不至于流淌,可以充分保证涂料的渗透时间,达到有效防护的渗透量和深度。

对于以上三种建议的施工方法，在对隧道混凝土表面进行实际处理时，可视施工人员技术装备情况和隧道混凝土的表面实际情况而定。例如，当施工人员充足时，可采用等量多次喷涂；当人员不足但有设备支持时，可采用真空箱方法施工；当选用的渗透型涂料具有较高粘性不产生明显流淌时，则可采用滚动工艺进行处理，简单且易施工。

参考文献

[1] J. Vries, R. B. Polder, H. Borsje. Durability of Hydrophobic Treatment of Concrete [C]. Proceedings of 2nd International Conference on Water Repellent Treatment of Building Materials, Zürich, Aedificatio Publishers, 1998, 77-90

[2] S. J. Meier, M. F. Bäuml. Internal Impregnation of Concrete by Means of Silanes [J]. Restoration of Buildings and Monuments. 2006, 12(1): 43-52

[3] J. Vries, R. Polder. Hydrophobic Treatment of Concrete [J], Construction and Building Materials. 1997, 58(4): 259-265

[4] F. H. Wittmann, T. J. Zhao, H. Y. Zhan. Establishment of an Effective Chloride Barrier by Water Repellent Impregnation[C]. Proceedings of an International Workshop on Durability of Reinforced Concrete under Combined Mechanical and Climatic Loads, Qingdao, Aedificatio Publisher, 2005: 161-168

[5] J. Basheer, D. J. Cleland, A. E. Long. Protection Provided by Surface Treatments Against Chloride Induced Corrosion[J]. Materials and Structures. 1998, 31(8/9): 459-464

[6] G. Martinola, M. F. Bäuml, F. H. Wittmann. Modified ECC by means of internal impregnation [J]. Journal of Advanced Concrete Technology. 2004, 2(2): 207-212

[7] F. H. Wittmann. Protective Coatings with Water Repellent Agents[J]. Proceedings of 2nd International Conference on Water Repellent Treatment of Building Materials, Zurich, Aedificatio Publishers, 1998: 107-118

[8] F. H. Wittmann, P. Guo, T. Zhao. Influence of Cracks on the Efficiency of Surface Impregnation of Concrete[J]. Proceedings of 5th Hydrophobe Conference, Brussels, Aedificatio Publishers, 2008: 287-298

[9] 沈春林，苏立荣，李芳. 建筑防水涂料[M]. 北京：化学工业出版社，2003

[10] 普勒—斯特鲁克. 混凝土腐蚀破坏的评估与修补[M]. 北京：冶金工业出版社，1991

[11] 张鹏，戴建国，赵铁军，等. 海水暴露环境下带裂缝混凝土的表面防水处理[J]. 建筑材料学报，2009，12(2)：214-128

[12] 战洪艳. 混凝土表面有机硅处理与抗氯离子侵蚀性[D]. 青岛建筑工程学院硕士学位论文，2004

[13] F. H. Wittmann, T. Zhao, H. Zhan. Establishment of an Effective Chloride Barrier in Reinforced Concrete Structures by Means of Water Repellent Agents[C]. Proceedings of the International Workshop on Life Cycle Management of Coastal Concrete Structures. Nagaoka,

Japan,2006:201-207

[14] T. J. Zhao, F. H. Wittmann, H. Y. Zhan. Water Repellent Surface Treatment in Order to Establish an Effective Chloride Barrier[C]. Proceedings of 4th International Conference on Water Repellent Treatment of Building Materials, Aedificato Publishers, 2005:105-118

[15] H. Y. Zhan, F. H. Wittmann, T. J. Zhao. Relation between the Silicon Resin Profiles in Water Repellent Treated Concrete and the Effectiveness as a Chloride Barrier[J]. Restoration of Buildings and Monuments, 2005, 11(1):35-45

[16] F. H. Wittmann,战洪艳,赵铁军. 混凝土表面处理与氯离子隔离层的建立[J]. 建筑材料学报,2005,8(1):1-6

[17] A. Gerdes, S. Meier, F. H. Wittmann. A New Application Technology for Water Repellent Surface Treatment [C]. Proceedings of 2nd International Conference on Water Repellent Treatment of Building Materials, Zurich, Aedificatio Publishers, 1998:217-230

[18] M. Levi, C. Ferro, D. Regazzoli. Comparative Evaluation Method of Polymer Surface Treatments Applied on High Performance Concrete[J]. Journal of Materials Science, 2002, 37 (22):4881-4888

[19] 朱桂红. 对氯离子侵蚀的混凝土进行表面防水处理的可行性研究[D]. 青岛理工大学硕士学位论文,2007

[20] 朱桂红,赵铁军,郭平功. 不同湿度条件下混凝土防水处理的有效性研究[J]. 新型建筑材料. 2007,34(5):44-46

[21] T. Zhao, G. Zhu, F. H. Wittmann, W. Li. On Surface Impregnation of Chloride Contaminated Cement Based Materials [C]. Proceedings of the 5th Hydrophobe Conference, Brussels, Belgium, Aedificatio Publishers, 2008:311-324

[22] 朱桂红,田砾,赵铁军. 氯离子侵蚀混凝土有机硅防水处理有效性研究[J]. 建筑科学. 2007, 23(8):79-82

[23] 朱桂红,郭平功,赵铁军. 有机硅防水剂对氯盐侵蚀混凝土的防护效果研究[J]. 混凝土, 2007,217(11):58-60

[24] M. J. McCarthy, A. Giannakou, M. R. Jones. Comparative Performance of Chloride Attenuating and Corrosion Inhibiting Systems for Reinforced Concrete [J]. Materials and Structures. 2004, 37(10):671-679

[25] Ricky S. C. Woo, Honggang Zhu, Michael M. K. Chow, et al. Barrier Performance of Silane-clay Nanocomposite Coatings on Concrete Structure [J]. Composites Science and Technology, 2008, 68(14):2828-2836

[26] F. H. Wittmann,赵铁军,战洪艳. 钢筋混凝土的防水处理[J]. 混凝土,2004,176(6):14-16

[27] L. Schueremans, D. Van Gemert. Evaluation of the Water Repellent Treatment, Applied as Chloride Barrieer on a Quay-Wall at Zeebrugge Harbor[C]. Proccdings of Hydrophobe Ⅱ. Zurich, 1998:91-106

[28] L. Schueremans, D. Van Gemert, M. Friedel, S. Giessler-Blank. Durability of Water Repellent in a Marine Enviroment[C]. 5th International Conference on Water Repellent Treatment of

Building Materials. 2008:357-368

[29] 范宏,赵铁军,田砾,等.暴露 26 年后的混凝土的碳化和氯离子分布[J].工业建筑,2006,18(8):50-53

[30] J. Heinrichs, St. Schmeiser, A. Gerdes. Numerical Simulation of the Influence of Water Repellent Treatment on Carbonation of Concrete [C]. 4th International Conference on Water Repellent Treatment of Building Materials. 2005:27-44

[31] 吴平.渗透型有机硅憎水剂在混凝上保护中的应用[J].新型建筑材料,2003,6:55-57

[32] A. Frentzel. Water Uptake and Scaling of Impregnated Pavement Concrete Under Freeze Thaw and Deicing Agent[C]. Proceedings of 4th International Conference on Water Repellent Treatment of Building Materials. Aedificatio Publishers,2005:223-240

[33] R. S. Gislason. Water Repellents: Protection of Facades of Concrete in Wet Climate[J]. Int. Z. Bauinstandsetzen 3,1999:251-272

[34] S. Giessler,B. Standke,etc. A New Silane System for Corrosion Reduction of Steel Reinforced Concrete [C]. Hydrophobe Ⅳ. 4th Interbational Conference on Water Repellent Treatment of Building Materials Aedificatio Publishers,2005:17-26

[35] 任昭君.硅烷表面防水处理对混凝土中钢筋锈蚀的影响[D].青岛理工大学硕士学位论文,2008

[36] 何晓雁,刘曙光.JS-II 型涂料对普通混凝土耐久性改善研究[J].水利与建筑工程学报.2009,7(3):82-86

[37] 赵羽习,杜攀峰,金伟良.混凝土防腐涂料抗氯离子侵蚀性能试验研究[J].建筑科学与工程学报.2009,26(2):26-31

[38] 田惠文,李伟华,宗成中等.海洋环境钢筋混凝土腐蚀机理和防腐涂料研究进展[J].涂料工业.2008,38(8):62-67

[39] 陈西昌.铁路客运专线混凝土桥面聚脲防护涂料的性能分析和评价[J].新型建筑材料.2009,8:72-76

[40] 李人法.混凝土涂料应用的探讨[J].浙江建筑.2009,26(1):63-64

[41] 黄君哲,范志宏,王胜年等.海洋环境中混凝土涂层防腐蚀效果分析[J].水运工程,2006(2):16-20

[42] M. M. Al-Zahrani, S. U. Al-Dulajan, M. Ibrahim, et al. Effect of Waterproofing Coatings on Steel Reinforcement Corrosion and Physical Properties of Concrete[J]. Cement and Concrete Composites,2002,24(1):127-137

[43] 孙学志,王元纲,赵苏政.混凝土涂料对混凝土碳化性能影响的研究[J].江苏建筑,2008,119(2): 65-68

[44] 张誉,蒋利学,张伟平.混凝土结构耐久性概论[M].上海:上海科学技术出版社,2003

[45] 何世家.钢筋混凝土耐火特性和隧道砌体用防火涂料[J].涂料工业,2002(9)11-13

[46] コンクリートの表面被覆および表面改質技術研究小委员会报告[R].コンクリート技術シリーズ,No.68,2006.4

[47] 中华人民共和国行业标准.JTJ 275—2000 海港工程混凝土结构防腐蚀技术规范[S].北京:人民交通出版社,2000

[48] 王雨，丁高升，张桂媛. 渗透型混凝土保护剂的应用[J]. 新型建筑材料. 2008(3)：69-72

[49] 周世藻，Folker. H. Wittmann. 传傅 3-钢筋混凝土结构的修复及维护[M]，AEDIFCATIO 出版社，2001

[50] A. Gerdes，Transport and Chemische Reaktivitat von Siliciumorganischen Verbindungen in der Betonrandzone [R]. Dissertation，ETH Zurich，erscheint Demnachst

[51] A. Gerdes，Application of the Box Technology for Surface Impregnation [C]. Durable Reinforced Concrete Structures，AEdificatio Verlag，Freiburg i. r，1998：221-234

第7章 海底隧道耐久性监测技术

随着我国经济的持续快速增长,我国沿海地区正进行着历史上规模最大的基础设施建设。就青岛地区而言,正在建设的大型基础设施工程有青岛胶州湾海底隧道、胶州湾跨海大桥、青岛地铁等工程项目[1-3]。然而,这些重要的基础设施工程耐久性能否过关,使用寿命能否达到设计要求的100年,是一个现实而紧迫的问题。为了有效保证结构的安全性与耐久性,并为业主和相关人员提供及时可靠的结构服役状态信息,海底隧道等重要工程结构需要有耐久性监测措施。

7.1 耐久性监测的意义

7.1.1 耐久性监测的概念

结构的耐久性监测(Durability Monitoring),是指通过在线的传感技术,利用埋置于结构中的传感器传输结构内部的各种响应信息,达到监测结构损伤、钢筋锈蚀以及其他耐久性劣化的目的。耐久性监测的过程主要包括:通过埋入的传感器获得动态的、长期的应力应变、电化学钢筋锈蚀等参数以及裂缝开展等信息,并根据不同系统对应的监测原理,对这些特征参数进行分析,获得结构实时的耐久性状态评估。对于长期的结构耐久性监测来说,系统得到的是结构在其服役环境中老化和退化的信息。

结构的耐久性监测技术是一种人工干预影响较小的关于结构腐蚀与性能变化的真实连续监测技术,可以通过局部网络等方式对数据进行提取、分析,最终获得服役状态信息。可以说,长期的结构耐久性监测试图将目前广泛采用的离线的、静态被动的损伤检测转变为在线、动态的监测,起到监控结构安全性与耐久性并预测结构后期性能发展的作用。显然,结构耐久性监测是一门跨学科的综合性技术,它涉及工程结构、动力学、信号处理、传感技术、材料学、模式识别等多方面的知识[4-8]。

7.1.2 耐久性监测的重要性

重大工程结构，诸如跨江跨海的大型桥梁、隧道，用于大型体育赛事的超大跨空间结构，代表现代城市象征的超高层建筑，开发江河能源的大型水利工程，用于海洋油气资源开发的大型海洋平台结构以及核电站建筑等，服役寿命需要上百年。在这一漫长的寿命期内，外界环境介质的侵蚀、材料自身的老化和所承受荷载的长期作用、疲劳效应与突变效应等灾害因素的耦合作用，将不可避免地导致结构和系统的损伤积累和抵抗力衰减，从而造成抵抗自然灾害甚至抵抗正常环境作用的能力下降，极端情况下还可能引发灾难性的突发事故。因此，为了保障结构的安全性、完整性、适用性与耐久性，在役的许多重大工程结构和基础设施工程需要有效监测和评定其服役过程中的安全性耐久性状况，以便能够及时采取措施进行预防、控制和修复。在建和拟建的大型结构和重要基础设施则需要总结以往的经验教训，在工程建设的同时增设长期耐久性监测系统，为研究结构服役期间的损伤演化提供有效的实时信息。目前，结构的耐久性监测已经成为(世界范围内)土建工程领域的前沿研究方向[7-12]。

我国正处于大规模的土建工程和基础设施建设时期，许多世界瞩目的重大工程与基础设施已经建成或正在规划建设之中。重大工程建设和安全运营的需求也为重大工程结构的安全性与耐久性监测技术的研究、开发与应用提供了广阔的平台和前所未有的机遇。

7.1.3 耐久性监测的发展

对土建工程结构安全性和耐久性的监测是从桥梁工程的检测开始的，随后逐渐发展应用到高层建筑、海底隧道等工程中。第二次世界大战以后，由于各种原因不断发生一些桥梁结构的失效和倒塌事故。从 20 世纪 50 年代开始，美国和其他一些国家相继建立了结构检测的一些标准。1967 年 12 月，美国俄亥俄河上的一座主要桥梁倒塌，导致 46 人丧生，这促使重要结构的安全检测快速发展。1971 年，美国制定了国家桥梁检测标准(NBIS)，并规定了检测方法的细节、检测时间间隔和检测人员资格等[13]。根据 NBIS，当桥梁刚建成或桥梁的结构形态改变时，都需要进行相应的检测；此外，还必须对其物理状态和使用功能进行定期检测。由各种损伤导致结构突然倒塌造成巨大损失的事例很多，如美国的塔科马海峡大桥，我国重庆市綦江县的彩虹桥，台湾高屏大桥等，而这些事例中恰恰没有做好必要的检测工作，造成了巨大的经济损失和人员伤亡[14-16]。

后来，结构的现场检测设备与水平逐步有了较大的提高，各国也出台了相应的结构性能发展和服役寿命检测标准。但是，大多限于静态的当前状态检测，不是动态和实时的，对工程结构的性能发展和服役寿命缺乏前瞻性和预测性。

1986 年芬兰开始开发大跨结构监测管理系统[16]，目的是获得可靠的支撑工具，用于对现存重要大跨结构的监测，以及在结构维护、维修和构件替换时提供决策依据，整个系统可用于结构的动态监测和状态评估。加拿大魁北克省也实施了一个专门针对公路桥梁的监测计划[22]，旨在建立一个可靠的数据库，并为制定动力测试标准提供依据。在这个计划的一系列测试中，采用量测特定部位的应变和位移的办法计算动力放大系数，用垂直加速度响应来计算动力属性，并校准结构的有限元模型，动力放大系数和动力属性将作为评估结构的可靠性依据。1993 年，光纤传感器被预埋到加拿大一座碳纤维预应力钢筋混凝土大跨结构中，开通后对该结构连续监测了八个月，主要监测了混凝土内部的应变分布。利用采集到的数据和动态规划理论，建立了求极值函数模型来分析整体结构位移，应用荷载响应曲线或图形为设计、施工提供可靠的技术数据和资料，同时，在使用过程中对结构进行监测以评估其耐久性状态及寿命。20 世纪 80 年代末期，德国亚琛工业大学研制开发了一种先进的梯形阳极混凝土结构预埋式耐久性无损监测传感系统[17-31]，能够监测钢筋腐蚀各阶段的电学参数。在欧盟，1995 年启动了 BE95-1347 DuraCrete 研究项目[32]，欧洲各国共有 12 个研究机构参加，旨在发展以性能和可靠度分析为基础的钢筋混凝土结构耐久性设计和再设计方法，随后在 1998 年又资助了由 19 个研究机构参与的 DuraNet[33]（The European Concrete Durability Network），目的是提高欧洲混凝土结构的耐久性设计、评估、预报、耐久性再设计与修复水平，其中包括钢筋混凝土结构在服役期间的长期耐久性监测。国内近几年也开始针对大型基础设施工程的安全性和耐久性监测开展大量研究工作。如香港的青马大桥、广州虎门大桥、杭州湾大桥以及胶州湾海底隧道等都安设了相应的耐久性监测系统，以便在结构服役期间对其进行实时跟踪监测，动态了解这些结构的性能变化。

就目前的理论研究和工程经验来看，对钢筋混凝土结构的耐久性进行长期无损监测，然后及时做出准确预测，并采取相应的措施进行“耐久性再设计”或者补救措施，是目前钢筋混凝土结构全寿命设计的必要内容，能够为将来可能需要的腐蚀防护与修复提供决策依据。对于无法或难以检测的结构部位，如海洋中的桩基，海底隧道中的衬砌混凝土，无损耐久性监测系统更是无法替代，所获得的监测数据能够为工程的实际使用寿命判断提供依据。

7.2 海底隧道工程耐久性监测技术

7.2.1 耐久性监测技术分类

由于工程特点和环境不同，用于海底隧道工程耐久性监测的方法也较多，以下列举几种常用的传感器监测技术。

(1)光纤光栅传感监测技术

Hill于1978年制作了第一根光纤光栅，但直到1989年，Meltz才真正推动了光纤光栅的发展，并在土木结构工程中得到广泛应用[8]。我国自1999年开始对光纤光栅传感监测技术进行研究，目前有学者已经系统研制开发了管片和片式封装光纤光栅传感器，并进入工程应用阶段，形成了定型产品[8]。光纤光栅传感器的优点在于测量精度高，抗电磁干扰、传输距离长，适于工程结构长期监测的需要，已在国内外一些重大工程中应用。

在不久前贯通的厦门翔安隧道结构中，采用了光纤光栅传感器对隧道结构进行耐久性监测，解决了隧道结构长期监测的问题[34]。在该监测系统组成中，隧道每个安装位置的传感器监测信号通过连接电缆接入主干光缆，主干光缆将所有监测光纤光栅传感器监测信号传入主控室，然后通过数据采集软件存储到数据库中，利用分析软件再对隧道混凝土结构耐久性监测数据进行分析，最终评估隧道的安全耐久状况。该传感器系统安装在隧道的二次衬砌混凝土内，每个监测截面沿隧道环向共设置8个测点，如图7-1所示。通过该监测系统能够随时掌握隧道结构的安全耐久性情况，为隧道的长期安全运营提供了重要的保障。

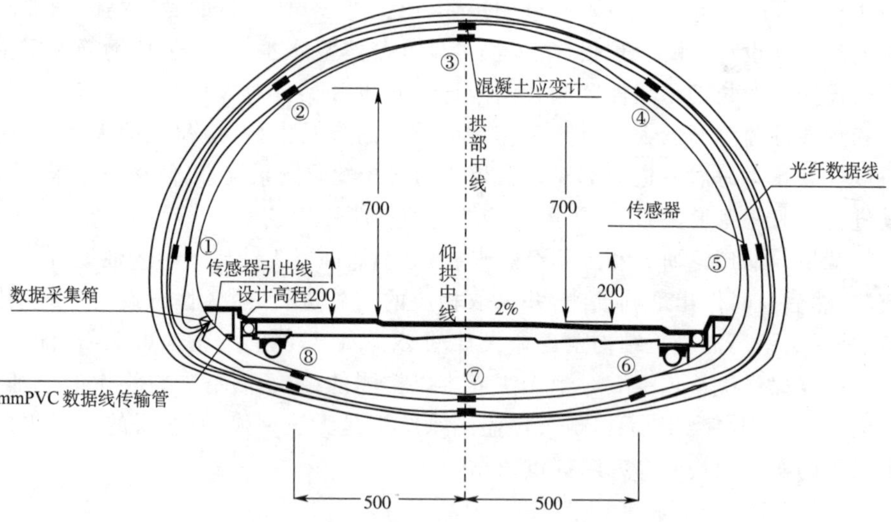

图7-1 厦门翔安隧道二次衬砌混凝土内光纤光栅传感器安装位置示意图(尺寸单位:cm)

(2)压电薄膜传感监测技术

监测结构的裂纹产生与扩展是结构损伤和耐久性失效评定的直接有效方法。作为一种感知聚合物材料，压电薄膜具有变形能力大、与基体相容性良好、自适应复杂结构形状、灵敏度高、响应快等优点。大量试验结果表明[8]，结构的应变变化将导致压电薄膜的电压线性变化，压电薄膜可以用作应变传感器。此外，压电薄膜覆盖的面裂纹出现将使压电薄膜产生脉冲电压，由此信号可以监测结构的裂缝生成和耐久性失效情况。

(3)无线传感器网络

近年来，微电子机械系统、无线通信和数字电路技术的进步促进了尺寸较小并能在短距离通信的低造价、低能耗、多功能的无线传感器的发展。针对工程结构的长期监测，Stanford 大学的 Lynch 和 Law 等提出了一种无线组块监测系统，欧进萍和李宏伟等曾将这一无线传感监测技术应用于海洋平台和一些超高层建筑结构中[8]。

(4)阳极梯传感监测技术

阳极梯耐久性监测系统是一种用于长期腐蚀监测的先进系统，它始于德国亚琛工业大学建筑材料研究所 1986 年发起的一个研究计划。在 Schieβl 教授和 Raupach 教授的领导下，研究人员对混凝土中氯离子引起钢筋锈蚀的基本机理进行了研究，从而开始了阳极梯监测系统的发展历程。自 1990 年以来，它已被成功安装到世界各地腐蚀性环境下的混凝土结构中，该耐久性监测系统已从现场获取了广泛的经验数据[17-31]。它由浇入混凝土的一组钢筋梯段传感器、一个阴极和互连的引出结构的导线组成。梯形结构的两侧是由不锈钢制成，并与钢筋段绝缘，然后倾斜地安装于监测部位的混凝土保护层中，当钢筋部分脱钝时，此钢筋段与不锈钢之间的电学参数发生变化，据此判断钢筋开始锈蚀的时间。

经过 20 余年的不断研究与应用，梯形阳极系统已逐步成熟。表 7-1 列出了使用该监测系统的部分工程实例[17,35]，涉及的工程类型包括海洋腐蚀环境中的码头、隧道、桥梁等重要基础设施，影响较大的有丹麦的 Buildings of the Great Belt Link、丹麦—瑞典的 Bridge Oresund Link 和日本的 Tunnel Project in Tokyo，我国香港和台湾也于 1994 年和 1998 年先后引进了这种耐久性监测系统用于港口和道路上的结构耐久性监测。

(5)环形电极监测技术

环形电极系统同阳极梯系统一样，都是由德国亚琛工业大学的 Schieβl 等人研发的[25]。该系统由阳极环和阴极棒组成，如图 7-2 所示，直径为 20mm，高度为 50mm。该环形电极系统可通过在结构部位钻孔安装就位，即在隧道混凝土拆模后选择适当时机，在混凝土表面上钻孔并将环形电极插入孔内，其数据盒固定在混凝土表面。该系统主要是监测隧道混凝土内部的温度以及湿度变化，尤其是由混凝土表面内外湿差而导致的混凝土湿扩散状况，从而间接监测混凝土的干燥收缩性能。

梯形耐久性监测系统的部分工程应用实例 表 7-1

国家或地区	工程名称、部位	年份	安装数量
德国	Bridge Schieβbergstraβe, Cologne	1990/91	13
奥地利	Caps of the Bridge Notsch	1991	6
丹麦	Buildings of the Great-Belt-Link, Eastern Tunnel	1991/92	168
丹麦	Buildings of the Great-Belt-Link, Cut & Cover Tunnel	1991/92	36
丹麦	Buildings of the Great-Belt-Link, Western Bridge, 6 pier shafts	1992	72
丹麦	Buildings of the Great-Belt-Link, Western Bridge, 6 girders	1992	108
丹麦	Buildings of the Great-Belt-Link, anchor block and pylon	1993/94	28
丹麦	Buildings of the Great-Belt-Link, Eastern Bridge, pier shaft	1994	14
中国香港	Immersed tubes, Western Harbour Crossing	1994	9
日本	Trails for Tunnel segments	1995	10
克罗地亚	Spray water zones of Maslenica Arch Bridge, HIMK	1995	21
埃及	Diaphragma walls and piles of Bibliotheca Alexandria	1996	51
荷兰	Segments of the 2nd Heinenoord Tunnel, RWS	1997	19
瑞士	Trial for tunnel segments	1997	5
丹麦-瑞典	Oresund-Link, Bridge, splash water zone of pylon and piers	1997/98	60
中国香港	Concrete plinth of railway, trial-installation	1998	2
澳大利亚	Tunnel Perth, BCJV	1998	4
日本	Tunnel Project in Tokyo	1998	15
中国台湾	Monitoring, foils tests	1998	6
荷兰	2nd BENELUX Tunnel, RWS	1998/99	10
丹麦	Testing of stainless steel reinforcement, COWI	1999	6
埃及	Monitoring of the walls of the Al Sukhna por	1999	71
埃及	Monitoring of the walls of the Port Said Harbour Extension	2000	69
荷兰	Monitoring of water-content and corrosion risk of the Green Heart Tunnel	2001	17
德国	Monitoring of the corrosion risk on a park deck in Munster	2002	15
克罗地亚	Monitoring of the corrosion risk of the KRK-Bridge	2003	6
巴林	Corrosion risk of the WALIAL AHEAD Flyover	2003	9
德国	Corrosion risk of park decks in Munich	2003	30
中国	杭州湾大桥	2006	48
中国	胶州湾海底隧道	2009	24

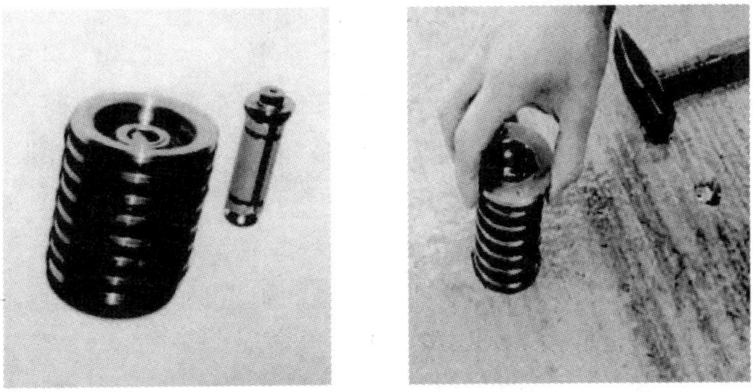

图 7-2 环形电极监测系统

此外，用于重要结构的耐久性监测技术还包括疲劳累积传感器、形状记忆合金传感器等智能传感监测系统，以及碳纤维筋式传感器、纳米自感知水泥砂浆和混凝土等[5,8]。

以上这些传感监测系统中大多都已成功应用于大跨桥梁、海底隧道等重要工程实践中。但在海底隧道耐久性监测的工程应用中，多数采用了阳极梯监测系统，该系统也是目前应用较成熟并已取得大量经验数据的耐久性监测系统。因此，以下重点针对阳极梯耐久性监测系统的组成、监测技术与原理，以及安装注意事项等进行介绍与说明。

7.2.2 阳极梯耐久性监测技术

(1)监测系统的组成

阳极梯耐久性监测系统的组成如图 7-3 所示[24,35]。主要包括阳极梯(AL)(拥有 6 个单阳极的阶梯元，其中每一个都作为独立的传感器)，阴极(C)，连接导线(连接传感器和接线盒)，接线盒，连接钢筋(CR)(通过该钢筋与导线的连接来监视钢筋的腐蚀行为)。

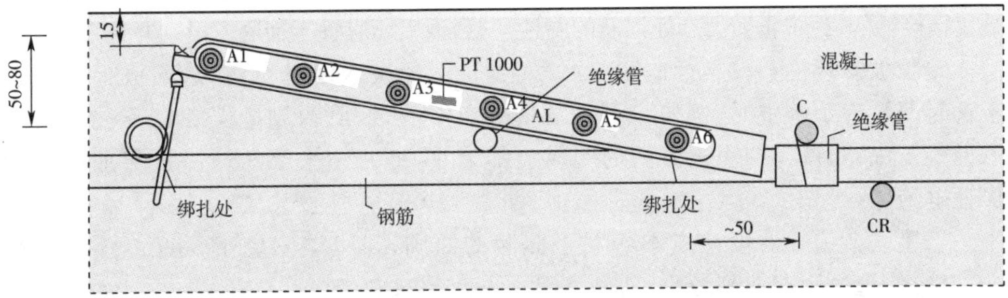

图 7-3 阳极梯耐久性监测系统组成示意图(尺寸单位:mm)

AL-阳极梯;PT100-温度传感器(固封在阳极梯中);C-阴极(安装二衬近空侧钢筋上);CR-连接钢筋

①阳极梯

标准的阳极梯由 6 个单阳极(直径为 10mm,长度为 50mm)组成。它们是由两个不锈钢棒固定在一起,形成一个梯子形状。阳极棒与钢筋外层间的距离可通过两个长度约 80mm 的螺旋进行调整。每个单阳极端部均被单独连接到监测导线上,所有导线均放在侧槽中,侧槽由环氧树脂填充。每个阳极通常引出 3 根导线,导线外包材料采用高耐久特氟龙,导线一端伸入充满环氧树脂的侧槽,另一端插入接线盒,导线的具体长度可根据实际工程需要和接线盒的位置进行确定。

②阴极

阴极由钛铂合金制成,直径为 8mm,长度为 40mm。

③连接钢筋

导线与钢筋之间用焊锡连接在一起,并用热收缩管保护连接处,以避免出现缝隙腐蚀的风险。除单阳极之外,传感器的其他部分均用不锈钢制成。

④标准接线盒

接线盒几何尺寸应尽量小,其目的是为了确保在大多数情况下,接线盒都能穿过传感器与监测位置之间的钢筋。接线盒中含有数据采集使用的插槽,只有在安装测控位置正确时,这些插槽才能够顺利连接,这样就避免了由插座原因引起的错误操作。

(2)监测系统的安装

阳极梯监测系统的安装应依据其设计详图和线路引导图,尽量避免传感器的位置影响混凝土流动,特别是在垂直结构中(如墙体、墩等),阳极梯系统的安装固定条应处于底面,其他构件中的传感器应垂直安装;条件允许时,尽量将传感器安装在插入式振动器影响不到的位置;除了连接钢筋与结构中钢筋有直接接触外,传感器与钢筋不允许有任何接触。此外,对于系统中各组成元件的位置,还须注意以下几点:

①阳极梯位置应能够监测到因有害物质侵入引起的腐蚀危害,混凝土覆盖最外部阳极不少于 10～15mm,以 15mm 为宜,最内部阳极应尽可能靠近钢筋外层。

②连接处钢筋应安装在固定的两根钢筋上,这两根钢筋与阳极梯下面的加固点是直接接触的,为防止加固点处钢筋的腐蚀问题,该钢筋应置于加固点内侧并绝缘。

③阴极安装位置应靠近监测区混凝土,且不能被水浸泡;当靠近阳极梯的混凝土长时间浸泡于水中时,例如水下构筑物或者潮汐区,阴极则应安置在不被水浸泡的混凝土中;阳极梯与阴极之间的距离应尽量小,通常不大于 1m;阴极与加固点要保证电绝缘。

④接线盒位置的设计应本着便于监测的原则,尽可能安装于靠近传感器的地方,以便使连接距离达到最小,通常情况下不宜超过 20m。

该监测系统在青岛胶州湾海底隧道中的安装情况如图 7-4 所示[24],在欧洲 Green hart 隧道中的安装情况如图 7-5 所示。

图 7-4 阳极梯监测系统在胶州湾海底隧道中的实际安装图

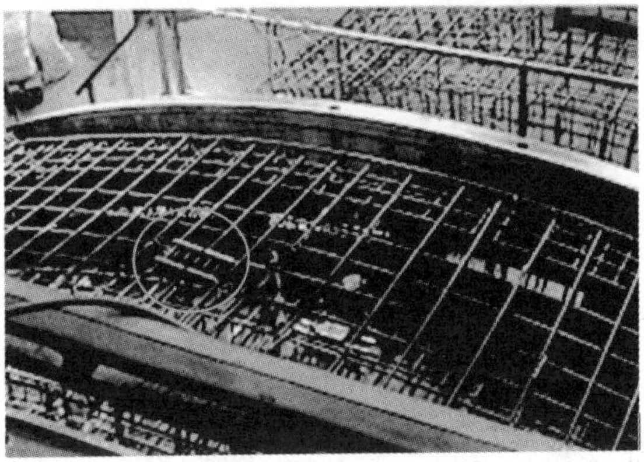

图 7-5 阳极梯系统在欧洲 Green hart 隧道中的实际安装图

(3)监测数据采集

耐久性监测传感器按照预定方案预埋入结构中,经过一系列检查后,即可以对其长期耐久性指标进行监测。在进行系统安装之前,应对传感器进行初始检查。首先,用两根导线分别连接一个单传感器(单阳极 A1～A6,钢筋连接件,阴极,PT1000 温度传感器等),采用检查短路法来检测导线和导线连接点是否正常工作,并拍照存档。

耐久性传感器监测设备安装固定好后,就可以对结构的耐久性指标进行定期数据采集和提取。传感器的定期监测可以通过专用采集设备进行。在整个监测过程中应监测以下信号:

①6 个单阳极(A1～ A6)之间的电势,连接钢筋和阴极之间的电势共 7 个电势值(应在测电流之前测电势)。

②6 个单阳极（A1～ A6）之间的电流，钢筋连接和阴极之间的电流共 7 个电流值（连接 5s 后读数）。

③相邻两单阳极之间的电阻，6 个阳极之间共 5 个数值。

④最内部阳极（保护层厚度最大）与连接钢筋之间的电阻。

⑤温度传感器的温度数据。

(4)监测数据分析

一般认为，钢筋混凝土结构的耐久性下降可以分为两个主要阶段[36-38]，即钢筋锈蚀引导阶段和腐蚀阶段，分别如图 7-6 所示的（t_0-t_1）段和（t_1-t_3）段。其中，腐蚀阶段又以混凝土的胀裂点为界分为两个时段，前一时段的钢筋锈蚀可以通过监测设备进行跟踪，后一时段的锈蚀则直接暴露于人们的视线中。通常在（t_1-t_2）阶段进行修复或采取补救措施，而且越早越经济有利。所以，上述监测系统非常必要。

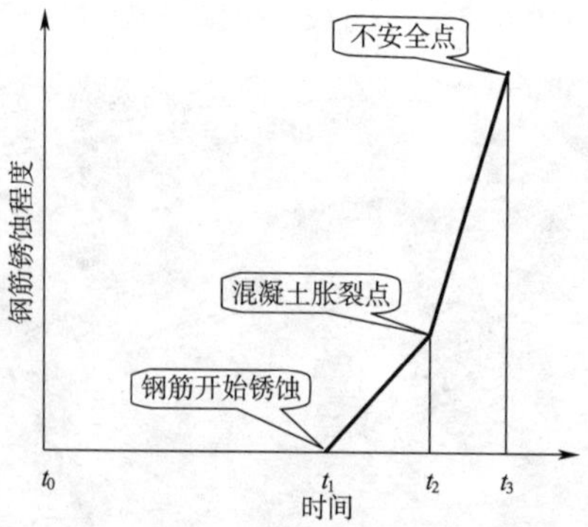

图 7-6　钢筋混凝土结构的耐久性劣化过程示意图

定期采集完监测数据后，还需要深入分析才能对结构耐久性状况做出评价和合理预测。首先需确定结构中钢筋去钝化的限值，根据实验室广泛研究和阳极梯系统的现场经验规定以下电流限值：连接 5s 后，电流 $<15\mu A$（长期电流，24h 后，$<1.5\mu A$）表明无腐蚀；连接 5s 后，电流 $>15\mu A$（长期电流，24h 后，$\gg 1.5\mu A$）表示钢筋开始脱钝。这些限值适用于未被水长期浸泡的混凝土结构；极其特殊的环境条件下，上述限值可能略有不同，在这种情况下，应根据脱钝期间大幅增加的电流和突然减小的电势确定不同的限值。

由于传感器系统中的 6 个阳极梯各处于混凝土表面到钢筋的保护层之间的不同深度，所以，可以利用所测得的各个单阳极电学数据，尤其是脱钝前锋面到达多个不同深度阳极的时间，建立钢筋脱钝前锋面发展进程的数学模型，这个模型能够依据得到的新反馈信号不断校正。于是，可通过外推计算得到图 7-6 中所示的时间 t_1。根据不同深度的每一个阳极脱钝时间 t_1，如图 7-7 所示[35]，最内侧的阳极（A6）即结构中钢筋的锈蚀时间 t_1 就可以通过建立起来的预测模型得到。如果 t_1 小于设计使用年限,则应该对结构进行耐久性再设计,及时启动腐蚀防护预案,并继续对锈蚀前锋进行监测,如此,可以对结构提前实施经济合理的补救措施[38-40]。

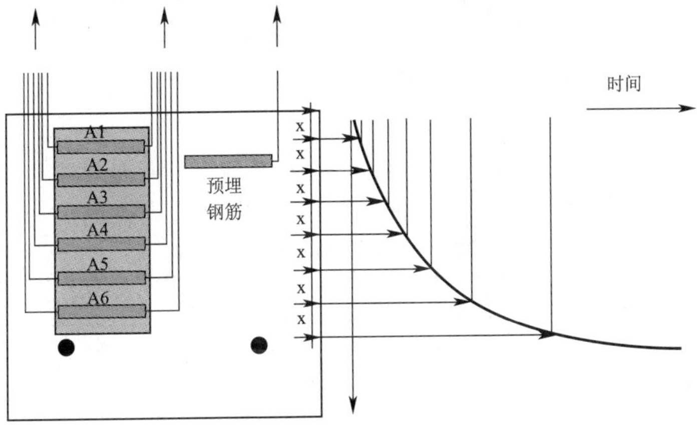

图 7-7 耐久性监测数据的分析预测示意图

7.3 青岛胶州湾海底隧道耐久性监测方案

青岛胶州湾海底隧道的最低点高程为－70.5m,至海底面距离为 44.5m,隧道的最小埋深为 25m,详细情况参见 1.2.3 节。隧道的设计服役寿命为 100 年,为了确保胶州湾海底隧道能够达到这一服务年限,在该隧道中设计并安装了耐久性监测系统,对其耐久性状况进行长期监测,以及时预测结构中可能发生的腐蚀危险并采取措施进行防护与修复,为隧道的安全运营和长期耐久性提供保障。在该隧道结构中安装耐久性监测系统,首先需根据隧道建设的实际需求和结构所处的实际环境进行合理设计,在充分考虑所用混凝土原材料和所处环境特殊性的基础上,结合混凝土结构形式和施工水平,建立所监测的隧道工程的耐久性分析初始数据库系统。然后,使用同种原材料,模拟实际工程环境,利用实验室测试数据,确定可靠的钢筋腐蚀电学参数。

依据具体的耐久性监测系统在海底隧道工程中的安装位置设计原则,结合已有的同类隧道的应用经验,一般建议在以下工程部位设计安装耐久性传感监测系统:

①在隧道的喷射混凝土中,应在围岩断裂带分布较严重的区域安装耐久性传感器,以监测喷射混凝土的实际服役情况;

②在隧道二次衬砌混凝土结构层的外表面和内表面上,也应在围岩质量较差的

区域，以及海底部分海水压力最大区域安装传感器；

③在隧道每个通道的出入口附近（干湿交替、冻融作用），在不同高度处安装传感器；

④如果在部分隧道混凝土表面进行了防护处理，则还需要在防护处理与未处理混凝土的交界处附近安装传感器来监测这一区域的腐蚀风险。除此之外，在实际的隧道开挖过程中发现有严重渗水的区域，以及灌浆和喷射混凝土未起到预期效果的区域，也应重点考虑安装耐久性传感器。

经过研究和论证，在青岛胶州湾海底隧道左右通道内的典型区域处设计安装了耐久性监测系统，部分传感器的安装部位如表 7-2 及图 7- 8 所示。

部分耐久性监测传感器的安装部位 表 7-2

传感器种类	安装部位	编号	高度(mm)	内缆(mm)	外缆(mm)	备注
阳极梯传感器	喷射混凝土	RALSC 1	1500	1000	0	F2—3 断裂
		LALSC 1	1500	1000	0	F1—5 断裂
	二次衬砌混凝土内层	RALIC 1	1500	1000	0	F3—2 断裂
		LALIC 1	1500	1000	0	F2—3 断裂
		LALIC 7	4800	1000	3500	入口 2m 处
	二次衬砌混凝土外层	RALOC 1	4800	1000	3500	F3—2 断裂
		LALOC 1	4800	1000	3500	F3—2 断裂
环形电极传感器	二次衬砌混凝土内层	RRE 1	1800	1000	0	F3-2 断裂

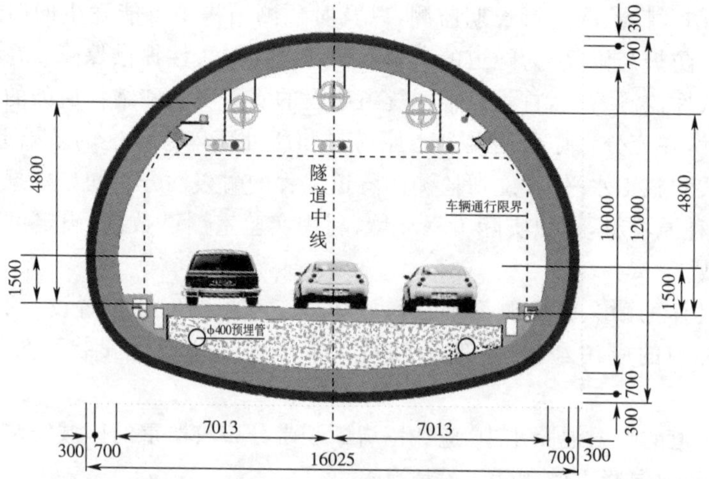

图 7-8 二次衬砌混凝土内层中阳极梯安装位置示意图(尺寸单位:mm)

参 考 文 献

[1] 赵铁军.混凝土渗透性[M].北京:科学出版社,2006

[2] 曲立清,金祖权,赵铁军.海底隧道钢筋混凝土基于氯盐腐蚀的耐久性参数设计研究[J].岩石力学与工程学报,2007,26(11):2333-2340

[3] 刘伟,王命平,赵铁军.胶州湾海底隧道二次衬砌混凝土的耐久性设计[J].海岸工程,2008,27(2):9-16

[4] 袁万城.桥梁健康监测与状态评估的研究现状与发展[J].同济大学学报,1999,(4):184-188

[5] 孙洪敏,李宏男.土木工程结构健康监测研究进展[J].防灾减灾工程学报,2003,23(3):92-98

[6] 张启伟,袁万城,范立础.大型桥梁结构安全监测的研究现状与发展[J].同济大学学报,1997,25(sp):76-81

[7] 赵翔,李爱群,韩晓林.润扬大桥结构健康监测系统传感器测点布置[J].工业建筑,2005,35(1):82-85

[8] 欧进萍.重大工程结构智能传感网络与健康监测系统的研究与应用[J].中国科学基金,2005,(1): 8-12

[9] M. Raupach, C. Dauberschmidt, L. Wolff. Monitoring the Moisture Distribution in Concrete Structures [C]. Proceedings of the International Conference on Concrete Repair, Rehabilitation and Retrofitting (ICCRRR), Cape Town, South Africa: Taylor & Francis Group, 2005:6-8

[10] M. Raupach. Durability of Marine and Coastal Structures for 100 Years the High Quality Cover Plus Monitoring Approach[C]. dubrovnik: SECON HDGK. Durability and Maintenance of Concrete Structure, Proceedings of the International Symposium, Dubrovnik, 2004:527-534

[11] 吕明,E. Grov, B. Nilsen.挪威海底隧道经验[J].岩石力学与工程学报,2005,24(23):4219-4225

[12] 王梦恕.蓬勃发展的中国水底隧道[M].北京:北京交通大学出版社,2005

[13] 栾英泉,梁力.桥梁无损健康监测系统研究简介[J].东北公路,2000,23(1):78-80

[14] 刘效尧.桥梁损伤诊断[M].北京:人民交通出版社,2002

[15] J. M. Caicedo. Monitoring of bridge to detect changes in structural health[C]. 2001 America Control Conference, Arlington, Virginia, 2001:1-6

[16] 左云.茅草街大桥健康监测方案以及传感器优化布置的研究[D].长沙:湖南大学硕士学位论文,2005

[17] M. Raupach, C. Dauberschmidt. Durability of Marine Structures Made of High-performance Concrete. Advances in Concrete and Structures[C]. Proceedings of the International Conference ICACS 2003, Xuzhou, China, 2003:919-930

[18] J. Mietz, M. Raupach. Integrated Monitoring System of Reinforced Concrete Structures[C]. 1st fib Congress 2002 Concrete Structures in the 21st Century. Osaka, Japan, 2002

[19] M. Raupach, C. Dauberschmidt, L. Wolff. Monitoring the Durability of Hydrophobic Treatment of Concrete Structures[C]. International Conference: Structural Faults & Repair, Extending the Life of Bridges: Concrete + Composites Building + Civil Structures. Common

wealth Institute, GB-Kensington, 2001

[20] P. Schießl, M. Raupach. Monitoring of the Corrosion Risk of Concrete Structures-a Review Over 10 Years Experience and New Developments[C]. Fifth CANMET/ACI International Conference on Durability of Concrete, Barcelona, Spain, 2000

[21] M. Raupach. Improving Durability of Concrete Structures by Corrosion Monitoring Systems Combined with Preparations for Protection Systems-Theory and Applications[C]. The 8th Arab Structural Engineering Conference, Cairo University, Heliopolis, 2000: 9-18

[22] R. Polder, M. Raupach, R. Weydert. RILEM TC 154-EMC: Electrochemical Techniques for Measuring Metallic Corrosion: Test Methods for on Site Measurement of Resistivity of Concrete[J]. Materials and Structures, 2000, 33: 603-611

[23] M. Raupach. Selected Examples of Corrosion Monitoring[C]. Proceedings of the 6th International Workshop on Material Properties and Design, Bauhaus-Universität Weimar, 2000: 3-6

[24] M. Raupach. A New Sensor System for Monitoring the Corrosion Risk in Existing Structures [C]. Second International Conference on Concrete Under Severe Conditions-Environment and Loading (CONSEC 98), Tromsö, Norway, 1998: 565-573

[25] P. Schießl, M. Raupach. Instrumentation of Structures with Sensors - Why and How? [C] International Congress on Concrete in the Service of Mankind, Dundee, Scotland, 1996

[26] P. Schießl, W. Breit, M. Raupach. Investigations into the Effect of Coatings on Water Distribution in Concrete Using Multi-ring-electrodes[C]. International Symposium on Concrete Bridges in Aggressive Environments, Minneapolis, USA, (ACI-SP 151-6), 1993: 119-133

[27] M. Raupach. Monitoring of the Corrosion Risk for New Concrete Structures[C]. Concrete 2000: Economic and Durable Construction Through Excellence. University of Dundee, 1993: 1261-1273

[28] M. Raupach. Permanent Monitoring of the Corrosion Risk of Steel in Concrete Structures[C]. Durability of Building Materials and Components, Omiya, Japan, 1993: 1334-1342

[29] P. Schießl, M. Raupach. Non-destructive Permanent Monitoring of the Corrosion Risk of Steel in Concrete[C]. Non-Destructive Testing in Civil Engineering, Liverpool: British Institute of Non-Destructive Testing, 1993: 661- 674

[30] P. Schießl, M. Raupach. Monitoring the Corrosion Risk to the Reinforcement Using Corrosion cells[C]. Proceedings of Rehabilitation of Concrete Structures. Melbourne, 1992: 97-105

[31] P. Schießl, M. Raupach. Monitoring of the Corrosion Risk for the Reinforcement of Bridges [C]. Proceedings of the 3rd Workshop on Bridge Rehabilitation, University of Darmstadt, Berlin, 1992: 741-752

[32] DuraCrete-Probabilistic Performance Based Durability Design of Concrete Structures[S]: General Guidelines for Durability Design and Resign. Report No. BE95-1347/R14, 2000

[33] A. Lindval, L. O. Nilsson. Models for Environmental Actions on Concrete Structures[C]. Brussels: European Union-Brite Euram, Project BE 95-1347/TG2/59, 1999

[34] 李玉宝，刘胜春，李玉才. 应用 FBGS 的海底隧道结构监测系统设计[J]. 武汉理工大学学报，

2009,31(15):84- 85
[35] 干伟忠,M. Raupach,金伟良.欧洲混凝土结构耐久性监测系统的研究与应用[C].第14届全国结构工程学术会议论文集,烟台,2005:32-35
[36] 洪定海.混凝土中钢筋的腐蚀与保护[M].北京:中国铁道出版社,1998
[37] 金伟良,赵羽习.混凝土结构耐久性[M].北京:科学出版社,2002
[38] 张誉,蒋利学,张伟平.混凝土结构耐久性概论[M].上海:上海科学技术出版社,2003
[39] 干伟忠,吕忠达,方明山.杭州湾跨海大桥混凝土结构耐久性监测系统设计[C].2005年全国桥梁学会论文集,杭州:2005:758-764
[40] 张宝胜,干伟忠,陈涛.杭州湾跨海大桥混凝土结构耐久性解决方案[J].土木工程学报,2006,39(6):72-77

第8章　海底隧道工程运营期耐久性保障措施

海底隧道所处的严酷海洋环境使隧道衬砌结构长期面临含盐水质、水中生物及矿物质、高水压和围压等因素的持续作用，使锚杆、喷层、防水薄膜和混凝土与钢筋等材料，因物理化学等损伤的积累与演化（腐蚀）而影响耐久年限[1]。此外，洞内装修与其他设施长期处于海洋大气和潮湿环境中，其耐久性问题也不容忽视。因此，海底隧道投入使用后，加强养护与维修、通风及防灾管理，对海底隧道工程安全及正常运营至关重要。

8.1　海底隧道工程运营期的养护与维修管理

海底隧道在运营期间，应加强主体结构和附属设施的养护与维修，特别是交通量大的隧道，要进行定期的养护与维修，提高应对突发性灾害的抗灾能力[2]，同时也能增加隧道工程的耐久性。

8.1.1　海底隧道工程日常养护与管理

海底隧道在运营期间应设专业的管理机构，负责隧道的日常养护与管理工作。一般来讲，海底隧道管理机构应设置土建养护组、机电维护组、监控组和安保消防组等。

土建养护组负责隧道土建结构日常检查、小修保养及病害治理，具体工作见本章8.1.2。

机电设施维护组负责隧道机电设施的日常维护与检修工作。由于海底隧道环境恶劣，机电设施需要进行经常性的维护；隧道内的各种突发事件也会造成隧道内设施的损坏，需要及时修复。机电设施的日常维护包括：日常清洁、例行检测、设备维修、突发故障处理等。通过实施一系列行之有效的维护措施，可以大大减少机电设施的故障率，节省系统维修成本[2]，同时提高机电设施的耐久性与使用寿命。

监控组负责监视控制隧道运行，对耐久性监测系统、通风系统、无线电连接系统、照明系统、交通信号及诱导系统、紧急避难设施等系统进行有效的监控，掌握隧道的运营状况，及时向相关部门反馈信息，监视有关方面的实施效果。

安保消防组负责隧道内的消防安全及紧急救援工作，其重点是预防事故发生和处理潜在的安全隐患，确保隧道安全运营。

为了确保各项工作顺利开展和良好效果，还应建立严格的管理制度及各工种的工作岗位职责，规范各班组的工作程序，使各工种之间既有分工又有合作，各司其职，各负其责[2,3]。隧道的管理不仅能在正常情况下交通运营有序，而且当出现突发性事故时，能够迅速控制事态发展并尽早排除险情，使损失降至最低程度。

8.1.2　海底隧道结构物维修管理

如果设计、施工和维修管理适当，隧道结构物一般具有良好的承载力和满足耐久性要求的使用寿命。如果对某些因素考虑不周致使设计、施工不当，或者维修管理不善，就会出现劣化现象或使劣化加速发展，从而促使结构物耐久性降低及使用寿命缩短。维修管理的目的是保证海底隧道良好的运营条件和结构物的使用功能，最大限度地延长结构物的使用寿命[4,5]。

(1)维修管理要点

隧道维修管理的要点是“预防为主”、“早期发现”、“对症下药”、“及时维护”。

隧道维修管理应以预防为主，在隧道结构物运营期间应定期进行详细检查，结合耐久性监测反馈的信息，采取必要的措施防止结构物的劣化。隧道结构物发生变异(非正常变形、开裂等)，一般都有前兆，或预先埋设的传感器能够测出，一旦发现，认真分析，做出正确的判断，采取有效措施及时处理。

(2)隧道结构物的维护检查

为了尽早发现隧道结构物的初始缺陷、损伤、劣化，应采用适当的方法进行检查。这里的初始缺陷是指施工中已发生的结构开裂、施工缝和露筋等。损伤是指运输车辆、货物、灾害等外力造成的结构开裂或破损，是在短时间内发生的，其变异不随时间而发展。劣化是指在围岩、海水、海洋大气和地下水等自然环境和车辆振动、电力的迷散电流等运营环境变化及影响造成的，随时间变化而发展的结构开裂或破损。

隧道维护检查形式一般有日常检查、定期检查和详细检查。

日常检查是指隧道养护工作的日常巡查，以目视和打击声方法为主，主要检查隧道结构的开裂、剥落、渗漏水、排水不畅等现象。定期检查是指每年度或几年开展一次的较为全面、深入的结构质量及病害情况检查，以目视、打击声、量测和耐久性监测为主，必要时采用取样、化验等手段，全面检查隧道结构的开裂、损伤、渗漏水、排水不畅、钢筋出露及锈蚀、混凝土腐蚀等情况。详细检查是在日常检查或定期检查的基础上，认为有必要对已发现的隧道结构质量问题或病害，进行详细检查，掌握病害状态，分析病害产生的原因[6]。

(3)常见隧道病害治理

海底隧道建成交付使用后，由于修建时地质水文勘察情况、结构设计、施工水平等条件的限制，随着时间的推移，运营过程中的海底隧道或重或轻都会出现一些病害。为使隧道经常处于良好的运营状态以及具有足够的耐久性以满足使用年限的要求，发现病害及时治理非常重要。

①海底隧道渗漏水治理

海底隧道在建造时都会采取有效的防、排水技术。但由于复杂的地质构造以及衬砌材料与防水材料在施工中存在缺陷，隧道在运营过程中仍会产生渗漏水。

渗漏水对隧道的危害是多方面的。它的长期作用，可能降低轮胎与路面的附着力，恶化隧道的运营条件，危及行车安全；造成隧道侵蚀性破坏，危害隧道结构的耐久性；同时还将极大地降低隧道内各种设施的使用功能和寿命。因此，存在渗漏水病害的海底隧道必须及时进行维修，以确保隧道结构的稳定、运营的安全和隧道工程的耐久性[7]。

渗漏处理方案的制定应根据渗漏调查、成因分析，结合结构的特点、环境条件、时间要求、施工作业场地的空间限制，选择适当的维修方法、修补材料、施工工艺、施工机具等，同时考虑处理方案的效果、施工性、经济性及耐久性等[8]。

一般来说，应根据不同的渗漏水程度采用不同的技术措施。

对于"点状"漏水，是指隧道衬砌中局部的漏水及涌水，主要是由于衬砌混凝土中存在蜂窝空洞、裂隙等原因而形成，可采用直接封堵法和注浆堵水法进行处理。应采用凝结速度快，高强微膨胀，抗渗性好，对基层黏接性好的材料进行直接封堵；或采用可灌性好、凝结时间可调、固结体强度高、抗渗性好、黏结力强、耐久性好、价格适宜、无毒无污染的材料进行注浆堵水。通常一种材料不可能全部满足上述材料性能的要求，所以只能依据不同需要选用不同的材料。如果向衬砌后的围岩或回填层注浆(当有防水板的情况下不采用此方法)，一般使用水泥——水玻璃浆液和双快水泥浆液；如果向衬砌内注浆则一般使用超细水泥浆液和以聚氨酯为代表的各种化学浆液。

对于"线状"漏水，是指衬砌中施工缝、伸缩缝、沉降缝及各种裂缝未能有效设置密封及止水材料而导致的渗漏。主要采用剔槽，加设排水盲沟，外加弹性密封材料封堵的方法。要求密封材料具有弹性好，与衬砌的黏结性好，抗渗性好，耐老化性好，价格适宜，施工简便等特点。目前常用的密封材料有改性沥青密封膏，聚硫、硅酮、聚氨酯密封胶和各种定型橡胶或膨胀橡胶止水条等。如果上述材料长期防水性能不理想，可采用不定型遇水膨胀的防水密封胶，遇水膨胀率为50%～100%，兼具了一般密封胶施工方便和膨胀止水条遇水膨胀的优点，可以很好地适应隧道三缝部位渗漏水治理的需要[9]。

②海底隧道衬砌裂损治理

由于形变压力、松动压力作用、地层沿隧道纵向分布及力学性态的不均匀作用、温度和收缩应力作用、围岩膨胀性或冻胀性压力作用、腐蚀性介质作用、施工中人为因素、运营车辆的循环荷载作用等，使海底隧道衬砌结构物产生影响隧道正常使用的裂缝和变形，统称为隧道衬砌裂损病害。

衬砌裂损是海底隧道病害的主要形式，隧道衬砌裂损破坏了隧道结构的整体性和稳定性，降低了衬砌结构的安全性和耐久性，影响隧道的正常使用，甚至危及行车安全[10]。

整治衬砌裂损首先要消除已有的衬砌裂损对结构及运营的危害，防止裂损扩大；其次是采取以稳固围岩为主，稳固岩体与加固衬砌相结合的综合治理措施。

在对衬砌裂损部位进行维修时，首先对表面进行清洁处理，以清除衬砌表面的煤烟、游离石灰、晶花、霉菌、油脂等附着物。当衬砌裂碎块有掉落的可能和衬砌表面局部劣化时，可对裂损部位进行打击声检查并用锤敲落或用射水法将裂块凿落。

对于衬砌断面缺损的情况，可使用含有高分子材料（环氧树脂等）的砂浆充填、涂抹修复，有时需要使用金属网和锚栓等使之与衬砌一体化。

对于衬砌开裂的情况，应向开裂处压注注浆材料，确保衬砌的一体性，使因开裂而降低的刚性得到一定程度的恢复。注浆材料一般有无机材料和有机材料两种，且各有其特色，应根据实际情况进行选择。

在开裂和部分混凝土施工缝处，由于局部的材料劣化，在比较狭小的范围内衬砌破碎块有可能掉落的场合，或设置拱架、内衬净空没有富余的场合，可以采用挡板。在衬砌表面用螺栓等固定L型钢、平钢和钢板等以防止裂块剥落；隧道断面净空富余少的场合下，可用锚拴等把金属网固定在衬砌表面上，防止衬砌破碎块掉落；施工范围宽敞的场合也可以用平钢和型钢配合金属网使用，金属网必须采用有耐火性能的，且对漏水具有耐腐蚀性和耐久性。

在开裂和部分材料劣化的条件下，在比较狭小的范围内衬砌破碎块有可能掉落，但没有漏水时，可采用贴纤维板或钢板的方法对内表面进行补强加固。

在衬砌劣化面积10m^{2}以上的大范围场合，可以使用作内衬的方法整治衬砌裂损。根据净空富余的大小可选用模筑混凝土或喷混凝土的方法进行[11]。

③海底隧道冻害治理

隧道冻害是指寒冷地区和严寒地区的洞口附近淋雨、隧道内水流和围岩积水等冻结，引起隧道边墙结冰、拱部挂冰、洞内网线设备挂冰、围岩冻胀、衬砌胀裂、隧底冰椎、水沟冰塞、线路冻起等影响安全运营和结构物正常使用的各种病害。

隧道冻害会导致衬砌冻胀开裂，甚至疏松剥落，造成隧道衬砌结构的失稳破坏，降低衬砌结构的安全和耐久性，严重影响车辆的安全和正常运行[10]。

隧道发生冻害的根本原因是有水和受冻，因此冻害治理的最有效措施是设法减少水和避免受冻。在减少水方面，洞口附近的设计形式应有利遮雨挡雨，避免隧道边墙淋雨，避免雨水流入和车辆将雨水带入隧道；如果混凝土表面涂刷渗透型涂料，使混凝土表面变为憎水性，则混凝土的吸水性、吸湿性和含水率都会大幅度降低。在隧道内部，如果能将水排除在冻结圈以外，杜绝水进入冻结圈，就能达到防治冻害的目的。因此，综合治水是防治冻害的最基本措施。综合治水要在查明冻害地段隧道漏水及衬砌背后围岩含水情况后，采取“防、排、堵、截”综合治水措施，消除隧道漏水和衬砌背后积水[10]。

对于隧道运营期冻害治理的考虑，一般采用表面隔热处理法，即在衬砌表面设隔热材料的方法。具体做法是：从衬砌表面侧起分为防止漏水的导水层、隔热层及防止火灾的防火层等三层。构成隔热层的隔热材料多采用泡沫聚氯乙烯和泡沫聚氯苯烯、泡沫尿烷等。通常先在工厂把隔热材料喷涂到防水板上做成隔热板，并考虑导水层。隔热板的搭接处和端部要在工地喷涂隔热材料形成所需壳体，以大幅度地提高作业的效率和安全。隔热材料表面的防火层可以预先喷涂在隔热板上，也可在工地装好隔热板后再喷涂[4,12]。当然还有许多方法，可兼顾装修、防冻、防火等效果。在选择具体方法时，要充分考虑安全性、经济性和施工性等。

8.2 海底隧道工程运营期通风系统

8.2.1 运营通风对海底隧道耐久性的重要性

海底隧道运行车辆排放气体中，含有大量的一氧化碳、碳氢化合物、氮氧化物和碳烟等对人体有害的成分；车辆还能携带尘土和释放热量。这些物质造成了隧道内的空气污染及热量累积。而隧道是个闭塞空间，一般只有进出口与大气相通，污染物和热量不能很快扩散，所以隧道内污染空气的浓度和热量会逐渐积累。当隧道内车辆不断来往时，如不进行必要的通风，污染物和热量的累积将可能引发衬砌结构的破坏。另外，隧道中 CO_2 的含量比普通空气中的含量要高，致使衬砌混凝土碳化的速度显著加快，从而降低隧道工程的耐久性[13]。

目前改善隧道内空气污染的实用方法是从洞外引进新鲜空气，冲淡隧道内的有害物质浓度，使空气质量满足卫生标准和能见度方面的要求。另外，考虑到海底隧道与一般公路隧道的区别，也可结合隧道的具体特点，适当提高海底隧道通风设计的卫生标准[6,14]，从而优化隧道内的空气品质，改善行车环境[15]；降低隧道污染物浓度和热量，减少对隧道结构物的影响；同时也可降低废气中 CO_2 对衬砌混凝土的碳化作用，最大限度地延长隧道结构的耐久性。

8.2.2 隧道通风方式

目前隧道中常用的通风系统有全横向通风、半横向通风和纵向通风系统等三种通风方式，它们各有利弊，通常难以达到理想的设计效果。不同系统适用的隧道长度不尽相同[16]，可以单独使用，也可以组合使用(则为组合通风系统)。

(1)全横向通风系统

全横向通风系统是用管道供风和排风。新鲜空气通常用埋置在公路下分段设置的风管均匀地分配到整个隧道空间，因此新鲜空气和车辆排出的废气混在一起，由于污染的空气比新鲜空气稍热，故浮在上面，通常用设在公路上方的管道在高处排出。一般情况下，输入的新鲜空气量比排出的废气量稍大。该通风系统不会受洞口或隧道内车辆的运动而对风压产生不良影响。它的主要优点是在双向行车或在陡坡条件下洞内发生火灾时，通过改变相邻区段的通风量比率，烟雾的移动可以得到满意的控制。但其土建和机械设备费用较高。

(2)半横向通风系统

半横向通风系统与横向通风系统相似，若它是排风系统，新鲜空气从洞口进入，并通过高处的格栅排出；若它是送风系统，新鲜空气从低处提供，污染空气从洞口排出。

在技术上，对半横向通风系统的要求不如对全横向通风系统那样严格。虽然半横向通风系统会受到洞口最大风速的限制，但它还是可以在交通拥挤和双向运行的长隧道中使用。为了降低洞口的风速，半横向通风系统可以在隧道两端使用，而在隧道中部使用全横向通风系统。

(3)纵向通风系统

纵向通风系统采取机械通风方式，使新鲜空气从洞口一端吹向另一端，或者从隧道的不同地段进行供风或排风。纵向通风无需通风管道，因而无需增大隧道断面，能充分利用车辆活塞风作用，被称为经济节能型通风方式。另外，从防火要求来看，纵向通风系统同样是十分合理的。纵向通风中，空气的流动是单方向的，使人容易在发生火灾时采用对应措施，即如果在洞内发生了火灾事故，从着火点产生的烟雾就顺着车辆运动的方向流动，而不至于危害着火点上风向的车辆和行人。纵向通风系统使有害气体的浓度在整个隧道内不是一个定值，即有害气体浓度向着流动方向有逐渐增大的特性。当隧道较长，则所需风量较大，污染空气浓度达到容许值时，可考虑沿隧道设置一定数量的竖井，以便不断排出隧道中的污染空气，并补充新鲜空气，通过合理设计风道口的各项参数，可达到预期的风量分配[17]。

(4)组合通风系统

纵向通风方式比较经济，但其安全性能却远不如横向通风，综合权衡比较，组合通风方式更易满足设计要求[16]。

8.2.3 海底隧道通风方式选择

由于海底隧道一般轴线较长，通常为长大隧道，所以目前纵向通风方式是优先选择的方案，如挪威 Valde røy 隧道[17]和青岛胶州湾海底隧道[15]。

但考虑到纵向通风方式的安全性能不如横向通风，国内外一些海底隧道采用了组合通风方式，如挪威 Laerdal 隧道，通风模式为：射流＋竖井吸吹＋静电集尘＋碳过滤[18]。香港东区海底隧道，正常交通工况下采用半横向通风方式，火灾工况下切换成全横向通风方式[19]。

8.2.4 海底隧道通风节能技术

(1)静电除尘系统(ESP)

当隧道交通组成中柴油车比例较高时，通过静电除尘装置一方面可以吸收大量的有毒烟雾，改善洞内能见度，同时通风量设计参考 CO 控制标准，可以显著降低动力消耗及土建费用。目前，ESP 技术在日本、挪威多条公路海底隧道中成功应用。

(2)空气互换管道应用

通风设计中采用纵向通风系统，除射流风机、通风竖井外，还增加空气互换管道将两孔洞通风合为一体，需风量小的孔洞如同是需风量大的孔洞的额外通风管道，藉由交换空气分担单孔道通风所需的庞大通风负荷。

(3)组合通风模式切换运行

采用纵向＋半横向＋全横向通风的控制方式。当交通量适中，采用纵向通风；交通量均衡且双向行驶，系统切换为半横向通风；一旦发生阻塞和爆发火灾，系统切换为全横向通风模式，提高安全性[16]。

8.3 海底隧道工程运营期防灾保障措施

从近年来国内外隧道发生的事故中可以得到启示，隧道交通存在潜在的危险性，只有加强运营期防灾管理，才能发挥隧道各类防灾设施的作用，才能有效地达到防灾和减灾的目的，才能提高海底隧道工程的耐久性。

8.3.1 海底隧道防灭火及灾后修复加固措施

(1)海底隧道火灾的特点

①烟雾大、温度高、能见度低。

由于隧道呈狭长形，内部空间较小，近似于封闭空间，很难进行自然排烟。火灾发生后，隧道中空气不足，多产生不完全燃烧，烟雾较大，热量不易散发，起火点附近能见度低。机械排烟系统启动后，空气流动加快，燃烧猛烈，火灾蔓延迅速并加热空气，顺风向时，空气温度可达1000℃，炽热的空气在它的经过途中可把热量传递到任何易燃或可分解的材料上。火灾中不完全燃烧会产生大量的烟雾和有毒气体，并且迅速充满隧道而又不易排出，使得洞内及洞口附近的CO浓度非常高[20]，隧道内空气温度急速升高[21]，容易造成隧道拱顶混凝土崩落。

②火灾的发生、发展不可预见。

隧道火灾多由车辆火灾引发，车辆火灾又因车载货物的不确定，同时存在发生多种类型火灾的概率，且不可预见。因此，隧道发生火灾后，火灾的发展蔓延规律、扩散速度各不相同。

③车辆、人员疏散困难。

长隧道道路狭窄，火灾发生后容易造成车辆堵塞，且长隧道不同于城市公路隧道，没有相对固定的车流量和车行高峰期，火灾发生时，隧道中的人员及车辆数量、堵塞状况和疏散难度都不确定。

④灭火救援难度大。

火灾发生后，隧道内烟雾大，能见度低，散热慢，温度较高，起火点附近未进行防火保护的隧道承重结构体的混凝土容易发生崩落。在发生火灾的特长隧道、双向交通隧道内，容易产生灭火救援路线与疏散路线、烟气流动路线的交叉，加之救援面和救援途径有限，使火灾扑救难度大。

⑤火灾后果严重。

水下隧道的火灾除了具有一般公路隧道的特点外，还具有火灾危害大和火灾发生后难以修复的特点。火灾使衬砌混凝土强度降低，衬砌结构的整体性受到破坏。主要表现在烧坏支护结构拱部及边墙，拱部较边墙严重，一般衬砌损坏厚度为10～20cm，约为隧道衬砌总厚度的1/3～1/2。严重的情况会造成拱顶掉落，边墙倒塌，进而造成隧道的部分坍塌。这对结构考虑承受相当水压的水下隧道是难以接受的，而结构的拆除可能带来灾难性的后果[22]。

(2)海底隧道防灭火对策及措施

海底隧道防火应贯彻以防为主、以人为本、“因隧制宜”的思想，对隧道衬砌结构配备完善的防火措施。主要有：所用建筑材料应不燃，且具有耐高温性能[23]；在隧道衬砌表面涂刷防火涂料；在隧道的重要地段安装防火板等防火隔热层。另外，洞内运营设备及材料应有一定的耐温品质，尤其是电气设备中的电线、电缆应是阻燃型和耐火的[24]。

除此之外，需在隧道中设置多种消防灭火系统，并加强运营期间的防火与灭火救援管理，最大限度地防止火灾的发生以及火灾发生后能够立即展开有效的救援工作，以使火灾产生的损失降到最低，最大限度地提高海底隧道工程的耐久性和使用寿命。隧道中的消防灭火系统及运营管理对策如下：

①自动喷淋灭火系统

从隧道火灾的特点可知，隧道火灾发生、发展的时间很短，只有自动喷淋灭火系统可在5min之内开始有效工作，为人员的逃生、救援、消防争取时间，对降低火灾温度很有帮助，是一种十分有效的措施。关键是自动喷淋灭火系统在长期运营中要具有可靠性，所以在运营过程中要定期对设备进行维护检修[22]。

②消火栓系统、隧道专用泡沫喷雾灭火系统

隧道专用泡沫喷雾系统结合了水喷雾和泡沫两种灭火系统，发挥了泡沫灭火和水喷雾冷却、控火的优势；可通过泡沫遮断氧气有效灭火，又可通过水气蒸发窒息而防止复燃；可节省泡沫混合液，又可保证安全性[24]。

③火灾探测报警系统

隧道内应设置火灾探测和报警系统，当发生火灾时，可利用感温式、感烟式、感光式等探测器及时发现火情并向监控室发出报警信息。并设置报警器、报警电话等人工报警设施，使火灾现场人员能及时向监控室报警。设置完善、醒目的标志、标线及运行有效的照明设施[25]。

④火灾纵向通风集中排烟系统

隧道火灾的重要特点之一是明显的浮力效应，火灾产生的热气流不断上升，并迅速向隧道两侧扩散。目前，国内长大公路隧道火灾控制多采用纵向通风，借助射流风机调压，以压力风流改变热气流平衡，较好地遏制了烟气回流。但火源下风方向情况则非常恶劣。为此，可在纵向通风的基础上采用集中排烟，从而在保证火灾救援的前提下尽可能降低对隧道结构的破坏作用[16]。

⑤交通行车管理

在交通行车管理上，严禁车辆在隧道内超速、超车。对载有易燃、易爆、有毒等火灾危险品货物的车辆，应在隧道管理人员引导下，组织车辆夜间慢速通过[24]。

⑥火灾应急救援对策

海底隧道火灾事故的发生是难以避免的，相关部门应制定火灾时的应急救援预案，在具体实施中要做到：及时报警、快速反应；成立救援组织，统筹支配救援资源；实施有效的火灾事故应急预案，包括：通风照明预案、人员疏散及救治预案、交通控制预案、消防灭火预案等。火灾发生后，应按既定预案实施人员施救及火灾救援，减少火灾损失[25]。

(3)海底隧道火灾后修复加固措施

火灾后隧道修复加固工作，包括养护维修、加固和改建三个方面。

养护维修是灾后一项经常性的工作，一旦隧道产生小的灾后损坏，就必须及时处理，对损坏处进行维修。养护维修对防止火灾后的损伤扩大具有积极意义。

加固是通过加强(加大)隧道支护结构和对火灾重大病害进行彻底整治来提高隧道支护承载能力的措施。加固分为临时性加固和永久性加固。为了维持隧道临时通车而采用的临时加固称为临时性加固；能长期保留加强隧道结构支护承载能力作用的加固称为永久性加固。

改建是指对火灾隧道进行拓宽，净空断面加大，全部支护结构更换，或者隧道路线改变等措施。这在海底隧道中较难做到。

表 8-1 为隧道火灾后损伤程度评估分级条件下的一种衬砌结构修复加固建议方案[26]，可作为海底隧道火灾后修复加固工作的参考。

隧道火灾后衬砌结构修复加固方案 表 8-1

损伤程度	修复加固方案	支护参数
轻度损伤(Ⅰ)	素喷混凝土加固	清理表面或局部喷浆或喷混凝土 5～8cm 防护
中度损伤(Ⅱ)	钢纤维(网)喷混凝土加固	钢纤维喷混凝土厚度 5～10cm；网喷混凝土厚度 5～12cm；素喷混凝土厚度 5～15cm
严重损伤(Ⅲ)	单筋(锚)喷混凝土加固	素喷或网喷或钢纤维混凝土，厚度为 15～25cm，钢筋网采用 A_3 钢筋焊接，$\phi6$～8mm 圆钢，钢筋间距为 100～200mm。局部设加强锚杆 Φ22@100cm
极度损伤(Ⅳ)	套拱(花拱)喷混凝土加固	凿除残余衬砌后，喷射混凝土厚度 15～30cm；网或钢纤维混凝土厚度为 20～25cm；设钢架(格栅)支护，钢架间距 1～2m，局部设锚杆 Φ22@100cm
破坏(Ⅴ)	局部重建方案	采用模筑混凝土厚度 30～50cm；或采用网＋锚＋钢架＋喷混凝土＋复合衬砌；衬砌背后进行回填注浆，富水段铺设防水板

作为隧道灾后修复加固的配合内容，还应将已检修、调试或新购置的通讯、给排水、发供电、照明、消防及报警等内部设施，按照修复设计要求妥善安装，并完成运行调试。

8.3.2 海底隧道抗震加固与震后修复措施

地震引起隧道的损坏是海底隧道灾害的一种。由于隧道和其他地下结构物的震害远不如地面建筑严重，因而人们对隧道抗震问题的重视程度也低于地面建筑物。然而，在一些大地震中隧道遭受严重破坏的例子很多，至于洞口被滑坡埋没、洞门裂缝变形、衬砌裂损和剥落者则更多，强震往往造成隧道和围岩特殊地段与有缺陷地段的严重破坏，而且一旦被震坏，修复相当困难[10]。国内外对隧道震害进行了大量现场观察、室内试验、理论和数值模拟研究[27～30]，为海底隧道的抗震加固提供了良好的基础。

(1)地震造成的隧道灾害

根据以往对于隧道结构的震害调查，地震作用造成的隧道灾害可分为由于围岩变位导致在隧道结构中产生强制变形所引起的破坏和结构在地震惯性力作用下产生的破坏。其中，第一种破坏多发生在岩性变化较大、断层破碎带、浅埋地段或隧道结构刚度远大于地层刚度的围岩中，是目前公认的主要破坏形式。第二种破坏多发生在洞口附近和浅埋地段[31]。

容易发生震害的具体地段与部位有：

①地震震级高，隧道距地震断裂带较近的位置。

②隧道洞口处：隧道洞口边坡、仰坡因地震造成地层断裂、滑坡和崩塌落石，破坏和封堵洞门；地震荷载引起隧道侧压增大，导致衬砌拱部上凸、塌落；地层横向剪切运动导致隧道横向错位；衬砌受纵横向地震力作用，衬砌开裂、剥落；浅埋地段的软岩因震动使围岩失去拱效应而塌落。

③特殊地层条件处：断层地带或隧道与断层、软弱带相交的部位；地层易发生液化地带；地层条件变化较大的区域，如地层由硬质到软质的过渡地带，或由挖土到填土的过渡地带；施工中曾发生围岩塌方，衬砌上部土体已松动部位。

④衬砌有缺陷的地段和部位：衬砌质量不好，衬砌背后有空洞，衬砌与围岩结合不好的地段，衬砌接缝处理不好，冻害、腐蚀导致衬砌强度降低；衬砌很薄；隧道断面形式的影响，圆形优于方形，对称结构对抗震有利，曲墙带仰拱优于直墙拱；在结构断面形状和刚度发生明显变化的部位；正在施工的隧道[10,27]。

(2)海底隧道抗震加固措施

针对上述情况，海底隧道在建造期间，应采取相应的措施加强隧道的抗震性能。

①防止地基液化的控制措施[32,33]

避开液化土层：当地基整体可能发生严重的砂土液化时，应修改线路或加大埋深以避开液化土层。

加固液化土层：对于局部地基液化部分可以采取地基加固措施，防止液化的发生。由于液化土层位于地面下较深处，建议用密砂桩、振冲桩等法处理。

加大隧道的重力：使用铁矿石骨料以增加管片混凝土的自重或在隧道下拱设置配重以增加隧道的重力，处理轻微液化地基问题。

②对于隧道或围岩刚度变化部位的控制措施

如盾构隧道管段纵向接缝可采用柔性抗震缝，除了设置有抵抗压力的橡胶垫片外，加用抵抗拉力的 Ω 形钢板；管段和竖井连接段的柔性接缝可采用不连续可动式抗震接头装置，除采用橡胶圈接缝外，沿纵向加用预应力钢拉索作为地震时的限位装置，设置垂直和水平剪切键。此外，隧道与竖井间的抗震接头，可以配置多个油减震器[32,34]。另外，处于深厚软土地基的盾构隧道，如果预计二次衬砌会出现一些有害的裂隙时，要在二次衬砌中通过配筋来进行处理[33]。

对于既有海底隧道，预计会有地震发生时，可根据隧道的实际情况采取相应的抗震加固措施：对于有滑坡危险的不安全斜坡，应使斜坡稳定，新设仰拱，新设抵抗偏压的加厚边墙混凝土，拱架防护工程，内衬砌，锚杆加固工程；对于表面有岩石滑下危险的洞口，可延长隧道，重新衬砌，进行防护；对于衬砌背后有空洞情况，应回填注浆；对于已发生变形破坏的区间，应拆除，重新衬砌，新设拱架防护，内衬砌用锚杆加固仰拱[27]。

(3)海底隧道的震后修复措施

地震灾害后的修复工作，根据震害状况的不同有相应的方法，表 8-2 及表 8-3 给出了铁路隧道在各种震害下所进行的修复工作[27]。表中所提供的只是大致的标准，海底隧道具有自身的特殊性，在实施过程中应根据具体情况参考选择不同的方法。

震害状态 表 8-2

<table>
<tr><th>部位</th><th>震害的情况</th><th colspan="4">震害的程度</th><th>代号</th></tr>
<tr><td rowspan="11">隧道本身</td><td rowspan="3">龟　裂</td><td rowspan="3">机能障碍</td><td>无</td><td rowspan="3">程度</td><td>较轻</td><td>11</td></tr>
<tr><td>无</td><td>严重</td><td>12</td></tr>
<tr><td>有</td><td>严重</td><td>13</td></tr>
<tr><td rowspan="3">衬砌塌落</td><td rowspan="3">机能障碍</td><td>无</td><td rowspan="3">程度</td><td>较轻</td><td>21</td></tr>
<tr><td>无</td><td>严重</td><td>22</td></tr>
<tr><td>有</td><td>严重</td><td>23</td></tr>
<tr><td rowspan="2">变　形</td><td rowspan="2" colspan="2">机能障碍</td><td colspan="2">无</td><td>31</td></tr>
<tr><td colspan="2">有</td><td>32</td></tr>
<tr><td rowspan="2">变　位</td><td rowspan="2" colspan="2">机能障碍</td><td colspan="2">无</td><td>41</td></tr>
<tr><td colspan="2">有</td><td>42</td></tr>
<tr><td>崩　坏</td><td colspan="4">——</td><td>50</td></tr>
<tr><td rowspan="3">路基</td><td rowspan="2">路基鼓胀</td><td rowspan="2" colspan="2">机能障碍</td><td colspan="2">无</td><td>61</td></tr>
<tr><td colspan="2">有</td><td>62</td></tr>
<tr><td>泥砂进入</td><td colspan="4">——</td><td>70</td></tr>
<tr><td rowspan="10">隧道洞口</td><td rowspan="3">龟　裂</td><td rowspan="3">机能障碍</td><td>无</td><td rowspan="3">程度</td><td>较轻</td><td>111</td></tr>
<tr><td>无</td><td>严重</td><td>112</td></tr>
<tr><td>有</td><td>严重</td><td>113</td></tr>
<tr><td rowspan="3">面壁塌落</td><td rowspan="3">机能障碍</td><td>无</td><td rowspan="3">程度</td><td>较轻</td><td>121</td></tr>
<tr><td>无</td><td>严重</td><td>122</td></tr>
<tr><td>有</td><td>严重</td><td>123</td></tr>
<tr><td>向前鼓出</td><td colspan="4">——</td><td>130</td></tr>
<tr><td>移　动</td><td colspan="4">——</td><td>140</td></tr>
<tr><td>崩　坏</td><td colspan="4">——</td><td>150</td></tr>
<tr><td>埋　没</td><td colspan="4">——</td><td>160</td></tr>
</table>

震后修复方法 表 8-3

修复方法	适用范围(代号)
只须观察、监视	11、12、21、31、111、112、121
嵌缝、溜槽引水	12、13
防止塌落的工作	12、13
锚杆锚固	13、31、41、113、123、130
喷　涂	12、13、21、23、112
拱架加固	13、32、41
局部修复	12、13、22、23、62、121、122
再打混凝土	13、23、113、123、130
拆毁重建	13、23、32、62
改　筑	42、50、140、150
加明洞	32、42、50、140、150
加固坡面	根据需要加上其他项目
去除泥砂	62、70、160
修整排水沟	62

参考文献

[1] 刘丰军，叶飞，李鹏. 世界海底隧道工程概况及对我国的启示[J]. 现代隧道技术(增刊)，2006：38-43

[2] 马俊峰. 高等级公路隧道运营管理策略[C]. 2006 年公路隧道运营管理与安全国际学术会议论文集，2006：3-9

[3] 张补才，王战兵，赵湘茹，等. 高速公路隧道运营管理初探[C]. 国际隧道研讨会暨公路建设技术交流大会论文集，2002：716-720

[4] 关宝树. 隧道工程维修管理要点集[M]. 北京：人民交通出版社，2004

[5] J. A. Richards. Inspection，Maintenance and Repair of Tunnels：International Lessons and Practice[J]. Tunnelling and Underground Space Technology，1998，13(4)：369-375

[6] 朱永全，宋玉香. 隧道工程[M]. 北京：中国铁道出版社，2006

[7] 王联果，刘洋. 病害公路隧道漏水处治技术对策[C]. 200 中国公路筑养路机械技术大会论文集，2008：164-172

[8] Toshihiro Asakura，Yoshiyuki Kojima. Tunnel Maintenance in Japan[J]. Tunnelling and Underground Space Technology，2003，18(2)：161-169

[9] 祝和权，李海燕，杜存山. 隧渗漏水综合治理技术的研究[J]. 中国铁路，2004 (5)：42- 45

[10] 杨新安，黄宏伟编著. 隧道病害与防治[M]. 上海：同济大学出版社，2003

[11] 刘永华，佘健，张志强，等. 隧道衬砌裂损及其防治对策的选定[C]. 2003 年中国交通土建工

程学术暨建设成果论文集，2003：572-575

[12] Akira Inokuma. Road Tunnels in Japan: Deterioration and Countermeasures. Tunnelling and Underground Space Technology，1996，11(3)：305-309

[13] 姜福香，赵铁军，苏卿，等. 海底隧道衬砌混凝土耐久性研究[J]. 混凝土，2007 (12)：19-22

[14] 王毅才. 隧道工程[M]. 北京：人民交通出版社，2006

[15] 苏立勇. 青岛胶州湾海底公路隧道通风方案设计[J]. 现代隧道技术，2009，46 (2)：77-83

[16] 张旭，徐琳. 长大公路隧道通风系统发展新技术[C]. 2007 年全国通风技术交流大会论文汇编，2007：29-33

[17] 罗衍俭. 长大公路隧道通风系统的选择[C]. 铁道工程学报(增刊)，北京. 1998：612-618

[18] 徐琳，张旭. 长大公路隧道组合通风设计分析[C]. 第四届亚太可持续发展交通与环境技术大会论文集. 2005：196-200

[19] 胡维撷. 考察香港东区海底隧道见闻[J]. 地下工程与隧道，1995 (2)：41-42

[20] 赵海东，王明年，郭春. 长大公路隧道的防灾救援研究[C]. 2007 年全国公路隧道学术会议论文集，2007：632-635

[21] 倪照鹏，陈海云. 国内外隧道防火技术现状及发展趋势[C]. 国际隧道研讨会暨公路建设技术交流大会论文集(下册)，2002：740-748

[22] 刘伟，曾超，涂耘，等. 厦门东通道海底隧道防火技术研究[C]. 2006 年公路隧道运营管理与安全国际学术会议论文集，2006：93-100

[23] Lars Boström，Claus K. Larsen. Concrete for Tunnel Lingings Exposed to Severe Fire Exposure[J]. Fire Technology，2006，42：351-362

[24] 刘艺，谢明才. 长大公路隧道的火灾研究及消防措施[J]. 公路，2004(1)：149-153

[25] 沈洋，屈言宾. 高速公路隧道火灾事故应急施救研究[J]. 公路交通科技，2009(8)：193-195

[26] 梅志荣，韩跃. 隧道结构火灾损伤评定与修复加固措施的研究[J]. 现代隧道技术，1999(4)：9-14

[27] 骆文海. 日本铁路隧道的抗震设计和加固[C]. 铁道工程学报(增刊)，1998：584-592

[28] 孔戈，周健，王绍博. 基于改进反应位移法的盾构隧道抗震分析[C]. 第四届全国防震减灾工程学术研讨会论文集，2009：218-226

[29] 邓芃，刘艳. 基于土与结构动相互作用的隧道抗震研究[C]. 第 14 届全国结构工程学术会议论文集，2005：69-73

[30] 陶伟明，张衹道，田兴柏. 我国山岭隧道抗震研究的新进展[C]. 铁道工程学报(增刊)，1998：124-129

[31] 吕春英，刘维宁. 铁路隧道抗震设计方法探讨[C]. 世界隧道(增刊)，2001：359-364

[32] 苏燕，周健. 上海某越江隧道抗震风险评估[C]. 中国土木工程学会第九届土力学及岩土工程学术会议论文集，2003：1139-1142

[33] 朱伟，高玉峰，钟小春. 盾构隧道抗震设计问题探讨[C]. 土动力学与岩土地震工程，2002：510-517

[34] 孙钧. 地下工程设计理论与实践发展[M]. 上海：上海科学技术出版社，1996